INNOVATIVE CAPABILITIES AND
THE GLOBALIZATION OF CHINESE FIRMS
BECOMING LEADERS IN KNOWLEDGE-INTENSIVE
INNOVATION ECOSYSTEMS

全球创新领先者

中国知识密集型企业的
自主创新与全球化

金 珺 莫琳·麦凯维◎编著

ZHEJIANG UNIVERSITY PRESS
浙江大学出版社
·杭州·

图书在版编目(CIP)数据

　　全球创新领先者：中国知识密集型企业的自主创新
与全球化 ／ 金珺，(瑞典) 莫琳·麦凯维编著. —杭州：
浙江大学出版社，2022.9
　　ISBN 978-7-308-22810-7

　　Ⅰ. ①全… Ⅱ. ①金…②莫… Ⅲ. ①企业管理－知
识管理－研究－中国 Ⅳ. ①F279.23

　　中国版本图书馆 CIP 数据核字(2022)第 116574 号

全球创新领先者：中国知识密集型企业的自主创新与全球化
金　珺　莫琳·麦凯维　编著

责任编辑	伍秀芳(wxfwt@zju.edu.cn)
责任校对	林汉枫
封面设计	雷建军
出版发行	浙江大学出版社
	(杭州市天目山路 148 号　邮政编码 310007)
	(网址:http://www.zjupress.com)
排　　版	浙江时代出版服务有限公司
印　　刷	浙江新华数码印务有限公司
开　　本	710mm×1000mm　1/16
印　　张	16
字　　数	254 千
版 印 次	2022 年 9 月第 1 版　2022 年 9 月第 1 次印刷
书　　号	ISBN 978-7-308-22810-7
定　　价	98.00 元

主要贡献者列表

（按作者姓氏拼音排序）

克莱斯·戈兰·阿尔夫斯塔姆（Claes Göran Alvstam），瑞典哥德堡大学

维托·阿蒙多拉金（Vito Amendolagine），意大利帕维亚大学

陈向东，北京航空航天大学

董颖，浙江科技大学

高鲜鑫，浙江工业大学

伊莉莎·朱利安尼（Elisa Giuliani），意大利比萨大学

郭敏，浙江大学

瓦莱丽·玛琳·亨斯托克（Valerie Hunstock），北京对外经贸大学

英格·伊瓦尔松（Inge Ivarsson），瑞典哥德堡大学

金珺，浙江大学

阿斯特里德·海德曼·拉森（Astrid Heidemann Lassen），瑞典哥德堡大学，丹麦奥尔堡大学

梁兴堃，北京大学

刘炬，瑞典马尔默大学

刘志春，北京航空航天大学

阿里安娜·马丁内利（Arianna Martinelli），意大利圣安娜比萨学院

莫琳·麦凯维（Maureen McKelvey），瑞典哥德堡大学

罗贝塔·拉贝洛蒂（Roberta Rabellotti），意大利帕维亚大学

石先蔚，上海交通大学

石涌江，英国剑桥大学

彼得·冯·苏伯格（Peder Veng Søberg），丹麦南丹麦大学

孙喜,首都经济贸易大学
王黎萤,浙江工业大学
王佳敏,浙江工业大学
虞微佳,浙江工业大学
张郑熠,南京财经大学

前　言

在《亚洲的创新空间：企业家、跨国企业和公共政策》（*Innovation Spaces in Asia：Entrepreneurs，Multinational Enterprises and Policy*）中，莫琳·麦凯维（Maureen McKelvey）探讨了亚洲企业的创新和结构转型的相关问题。本书侧重于从技术、创新和国际化的角度，以及知识密集型创新生态系统的角度，分析中国产业结构转型的关键问题。通过不同国家的学者对中国案例的深入分析，本书能让您更深入地了解亚洲企业，特别是中国企业如何从模仿转为创新，从国内市场转移到世界市场，并从追随者转变为领先者，从而影响全球创新体系。本书回答了一个重要的基础研究问题，即：中国企业如何学习创新，以及如何通过寻找机会、培养创新能力和参与全球化而在全球市场的创新空间中获取竞争力？

事实上，我们所研究的问题代表了一个变化的目标，因为"成为领先者"一词表明，时间和路径对企业的行为至关重要，成为领先者的战略目标会在不同时期发生变化。此外，在我们撰写本书的这些年里，全球经济和社会状况以及更广泛的关系在继续变化，关于全球化和国际争端的辩论不断增加。与此同时，数字化改变了许多社会经济模式和商业模式，而新冠肺炎疫情再次改变了全球化的含义，我们需要重新审视未来社会和经济的发展模式。此外，本书也有助于认识创新政策和体系在中国发挥的作用，并能为其他发展中国家提供经验教训。

本书是学者国际合作的成果。金珺副教授和麦凯维教授通过 Globelics 和 Cicalics 这两个创新网络平台开展了多年合作研究，比如在瑞典和中国分别举办公开讲座并一起进行公司参访。两位学者都注重经济发展的创新和能力建设。

　　本书英文版于 2020 年由 Edward Elgar(爱德华·埃尔加出版社)出版。中文版与英文版略有不同,主要区别表现在三个方面。首先,中文版第 1 章绪论综合了英文版的第 1 章和第 14 章的内容,对全书内容进行了总结。其次,考虑到中国读者对中国创新和国际化情况的了解程度,中文版第 2 章没有采用英文版中的中国创新和国际化发展情况介绍,而是探讨了地方政府对新能源汽车产业发展的作用,丰富了本书中有关政策和公共机构影响新兴技术企业和产业发展的研究内容。最后,中文版以创新扩散理论解读目前较为流行的数字营销现象,并作为本书第 14 章,也就是最后一章。简言之,本书中文版比英文版增加了两个专题的研究成果。

　　本书的出版得到了中国国家自然科学基金(项目号：71672172,U1509221 和 71232013)和浙江省自然科学基金(项目号：LY16G0200)以及瑞典研究委员会杰出教授研究项目"知识密集型创业生态系统：通过知识、创新和创业改变社会"(项目号：VR DNR 2017-03360)的支持。

　　我们还要感谢许多学者和实践者,他们与我们就如何看待中国近几十年来的变化进行了讨论。我们要特别感谢各章作者,他们均有多年的相关领域的研究经验。本书汇集了不同国家学者对中国知识密集型企业发展和产业转型的见解,涉及的理论范围广泛,适合关注中国创新和国际化研究的学者和研究生研读。

金　珺

2022 年 7 月,杭州

目　录

第1章 绪 论

金 珺,莫琳·麦凯维

1.1 引 言

在现代经济社会中,企业的竞争力取决于是否具备利用先进的知识进行创新并站在全球化的角度采取行动的能力。西方国家一直在发展知识并将知识转化为企业和社会创新方面遥遥领先,但近几十年来,中国经济在快速发展,中国企业正在培养自身的创新能力,并积极参与国际化。全球化对中国和世界都产生了深远影响。中国企业如何从全球市场学习和提升创新和竞争力? 本书探讨了中国企业如何提升创新和全球化能力,特别是医药、人工智能、运输、信息通信和机械制造等行业企业的创新能力和全球化。

本书不关注所有企业,也不关注企业的所有商业活动。本书关注企业国际化、创新和技术能力之间的相互关系。此外,本书重点论述那些正在努力或已经从国内市场走向国际市场、从追随者成为领先者并实施了自主创新的中国企业,包括国有企业和私营企业。这些企业一直在寻找市场、技术和生产机会,并在创新空间内通过网络获取多种资源。

一些中国企业的发展案例表明它们在一些新兴技术产业已经或正在成为领先者。例如,在人工智能领域,中国有 4000 多家人工智能技术企业(Deloitte China,2019)。此外,中国企业已经成了新能源汽车领域技术和市场的主要竞争者(Jin and McKelvey,2019),并在纳米科技产业不断提升竞争能力(Zhang et al.,2017)。这些变化引出一些话题。例如,中国带给全球经济体的颠覆性创新可以用来解释全球化机制以及国际贸易和合作范围的变化。本书的目的不是分析这些体制变化,而是更关注中国企业如何在全球知识密集型创新体系中成为世界领先者。

中国新兴跨国企业的成功案例发生在不同产业中(如第5、7、8、12和13章的案例)。知识密集型初创企业(Malerba and McKelvey,2018)现象在中国同样存在并基于先进技术快速提升它们的创新能力(如第4、10、11章)。本书各章内容表明成功的中国知识密集型企业所属产业来自医药、风电、人工智能和数据分析。那么,这些不同产业的企业是如何发展技术、提升自身创新和国际化能力呢?

本书从宏观和微观等不同角度,就创新、技术能力和全球化为什么及如何推动中国企业转型给出了答案。为解释这些经验现象,仍需进行更为抽象的理论分析。本书采用的理论包括创新管理、企业家精神、国际商务、技术经济学和战略管理等,每章都呈现了各位作者的具体研究,并总结了相关概念和理论。

1.2　分析框架和三个核心概念

Lee and Malerba(2017)认为,如果后发企业和国家抓住三个机会窗口,能够实现追赶并成为领先者。第一个机会窗口是知识和技术的变化;第二个是需求变化;第三个是机构和公共政策的变化。他们对赶超的论断包括企业的微观层面以及产业创新体系的宏观层面。本书从熊彼特创新角度梳理与其相关的、更广泛的理论文献(Malerba and Nelson,2012;Lee,2013;Lee and Malerba,2017;Zhang et al.,2017)。

图1.1代表了一个基于知识密集型创新生态系统概念的、更广泛的分析框架。我们建议将知识密集型创新生态系统概念化为企业、产业动态和创新体系之间的三方互动。本书提出这个框架的目的是帮助我们确定一系列相关因素,这些因素用来解释中国企业如何学会在全球市场上创新和竞争。各方面综合在一起,这些过程构成了企业与知识密集型创新生态系统之间的关键互动。

图 1.1 显示了以企业微观层面为中心,受到宏观层面的产业动态性和创新体系的高度影响的企业分析框架。该分析框架的三个核心概念是:企业搜索和能力、产业动态性,以及国家、产业和区域创新体系。下面将介绍与整个过程相关的各概念,后面各章将具体分析中国企业如何在全球市场上学习并进行创新和竞争。

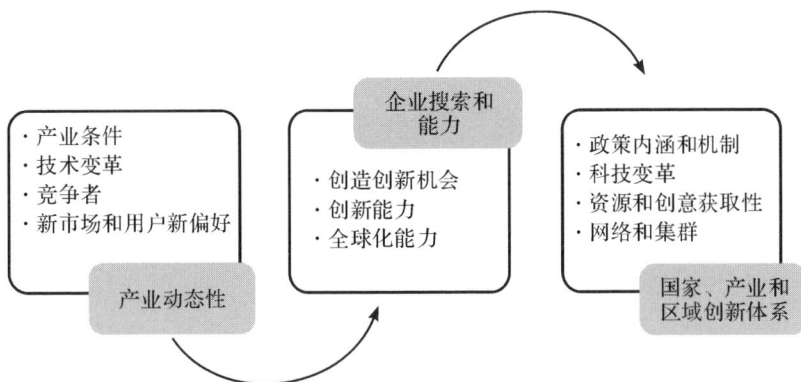

图 1.1 知识密集型创新生态系统中的企业分析框架

来源:在前期研究基础上修改的分析框架(McKelvey,2016;McKelvey and Bagchi-Sen,2015)

图 1.1 中间的方框表示企业用于技术和创新的搜索过程和能力。根据创新管理文献,我们关注企业层面的创新过程,即"创新结果包括新创意的成功应用,这是将各种资源结合到一起的组织流程的结果"(Dodgson et al.,2014)。关键概念是,企业不仅被动地获取新知识,还必须积极地寻找,从而将资源投入创造新知识和将新知识运用于能推向市场的创新中。一个关键洞见是,公共和私人知识的结合(McKelvey,2014)有助于创新提出以及企业搜索技术,并将其与其他能力相结合以实现创新。因此,由于企业异质性影响企业的创新成果,我们需要对企业搜索和战略进行研究和分析。事实上,没有真正具有代表性的企业。这些与动态能力相关(Teece et al.,1997;Teece,2007)。商业模式影响公司的动态能力,进而影响公司内部战略的可行性(Teece,2018)。创新管理的研究阐明了企业的内部能力如何应对外部知识来源,特别是企业必须依靠关系和网络来搜索、识别和抓住相关的商业机会(Dodgson et al.,2014)。企业寻求新知识以解决内部问题,还必须平衡延续和探索新思想(Nelson and Winter,1982;Laursen,2012)。

另一个关键概念是与产业动态性相关的过程,如图1.1左框所示。我们将产业动态定义为那些设定产业条件并有助于企业在其行业内采取行动的机会集的影响因素(Carlsson,2016)。在我们的研究中,产业动态性包括产业条件、技术变化、竞争者、新市场和用户新偏好。我们认为产业动态性有助于创造新的技术机会和市场机会。

产业动态性通过新技术、大公司的商业创新以及新公司的创业精神改变经济条件(Schumpeter,1934;1942)。在演化经济学和熊彼特经济学中,资本主义被描述为在经济中内生创造的变化的涌现属性(Horst and Pyka,2004;Metcalfe,2002;2008;Nelson,1996)。产业动态性与知识和创新在经济转型中的关键作用密切相关。Metcalfe(2002;2008)认为,知识是创造经济变化的主要来源,而市场是选择企业的主要场所。因此,我们需要研究新能力的获取,因为为了响应内部和外部条件的变化,企业流程、资源、能力和学习的内部组合将随着时间的推移而变化(Nelson,1996)。

图1.1右框代表国家、部门和区域创新体系。采用创新体系的定义,我们将重点放在企业与其他参与者的联系上,特别是那些促进知识生成和创新的参与者。长期以来,制度经济学和演化经济学及相关创新体系观点强调知识、网络、学习和制度在经济增长中的关键重要性(Edquist,2006;Lundvall et al.,2002;Malerba,2002;2009;Edquist and McKelvey,2000;Cooke et al.,1997;Nelson,1993)。创新体系在图1.1这个概念框架中很重要,因为它们有助于定义国家、产业和区域内的一系列互动、代理和过程。此外,与企业能力的学习和发展相关的创新体系方法也被用于从追赶过程的角度理解新兴市场(Malerba and Nelson,2012)。

不同的文献对创新体系和生态系统之间的关系做了大量讨论。关于生态系统战略的最初文献强调了企业供应链战略的重要性(Jacobides et al.,2018),或强调了影响区域的各种创业和创新生态系统(Stam,2015;Spigel,2017;Stam and Spigel,2017;Autio et al.,2018)。与创新体系定义密切相关的是,创新生态系统可以定义为参与者、活动和人工制品,以及机构和关系的一组不断演变的组合(关系包括互补关系和替代关系),这对于参与者的创新绩效非常重要(Granstrand and Holgersson,2019)。因此,通过将创新体系与企业的搜索和能力以及产业动态性联系起来,我们强调了中国知识密集型创新生态系统的转型,以及中国企业如何与其他生态系统互动。

图 1.1 表明本书的三个主要应用结果:①国家和全球经济中的机构和力量创造了新的技术和市场机会;②企业必须抓住机遇,形成新的技术和市场能力,以期成为全球市场的领先者;③通过应对这些机会,一些企业会成功,而另一些企业将失败。但通过提高生产率,这些经济过程将对经济增长和社会福祉产生积极影响。

熊彼特经济学和演化经济学的理论观点是,在现代经济中,企业的竞争力取决于其对先进知识的利用及其全球行动的能力。企业不仅自己做决定,而且还受到公共政策和创新生态系统的影响,并在该生态系统中活动。在我们的框架中,这些企业正在寻找市场、技术和生产机会,并通过全球知识密集型创新生态系统内的网络获取多种资源。因此,影响企业的众多因素也将包括影响知识创造和传播的宏观因素,如合作网络和反求工程。

1.3　三个主题和相关命题

本书围绕以下三个主题进行阐述。

- 主题 1:明确创新体系在哪些方面会影响中国企业识别创新机会并采取行动的能力;
- 主题 2:分析为什么中国企业的收购和合作会影响其技术、创新和全球化能力;
- 主题 3:探索中国企业如何发展新能力。

下面将围绕这三个主题,对各章内容进行概述。

1.3.1　主题 1:明确创新体系在哪些方面会影响中国企业识别创新机会并采取行动的能力

通过促进自主创新和全球创新,中国企业依赖于公司创新能力的发展,以获取和应对技术和市场机遇与挑战等。

本书揭示中国地方政府促进了产业的创新生态系统形成和新兴产业发展(见第 2 章)。此外,中国不同地区的高新技术产业开发区在知识密集型产业发展和产业技术转移中发挥着关键作用,尤其是产学研合作(见第 3 章和第 4 章)。高新技术产业开发区的建立,有利于区域和部门创新体系的发展

（见第3章）。专利联盟为新兴知识密集型企业提供了进行开发性和探索性创新的机会和资源（如第4章中的制药行业所示）。产业创新能力的增长是技术自力更生与合作（包括国际技术合作）之间平衡的结果，这有助于中国产业实现追赶（见第5章）。

因此，我们提出第一个命题。命题一：我们必须了解企业与知识密集型创新生态系统的关系。这是因为企业的网络关系决定了企业获取资源和创意的能力、实施管理和促进发展的能力，也决定了企业正确评估绩效的能力。

关于中国创业生态系统的内容分析了其与国家和区域创新体系以及科技园和协作网络等的关键特征，并研究这些特征对大公司和创业企业的影响。研究表明，通过相关公共政策和技术合作，促进中国创业生态系统发展，这将有助于促进私营领先企业的创新。对特定企业与其生态系统相关的研究也表明了企业与生态系统间互动的重要性。

因此，未来的研究可以关注这些问题：如何在概念上进一步将创新、全球化和技术能力的过程整合在一起？中国创业生态系统的运作方式是否与其他国家不同？如果是，原因和方式为何？中国企业及其与创业生态系统的互动有什么独特之处？与生态系统中的企业能力相关的创新是否是关键的创新？

此外，数字技术的扩散和"互联网＋"政策在中国商业中的实施表明，知识密集型创新生态系统将影响企业数字化转型的战略和过程。还需要进行更多的研究，以揭示这一过程中的影响机制，以及中小企业如何从商业生态系统的不同方面获益，从而实现这种数字化转型。

1.3.2　主题2：分析为什么中国企业的收购和合作会影响其技术、创新和全球化能力

中国知识密集型创业企业和中国跨国公司的创新能力的提高依赖于其技术能力和市场能力的提高。我们的研究表明，并购和合作是中国中小企业和跨国公司的主要国际化方法，也是中国企业建立技术能力的一种途径。

中国企业采用不同的国际技术转移方法，从绿地到合资企业，如第8章中的吉利案例。此外，国际技术合作、国际技术学习和国际技术转让取决于企业的知识库和专利组合（见第6章），以及企业的国际经验（见第7章）。最

后,不断提升的创新能力使中国企业能够将其技术转让给来自发达国家的企业,这是第 8 章所研究的中国企业的反向创新。这些有助于中国企业的国际化。

为此,我们提出第二个命题。命题二:因为中国大型企业或创业企业能将知识和技术转化为创新机会,所以中国企业有机会成为全球领先者。本书研究的企业能够学习和发展与技术、创新和国际化相关的长期能力。

本书特别关注行业前沿,并选择了那些知识密集型企业和正在成为全球领先企业的中国跨国公司。无法否认的是,中国沿海省份拥有良好的基础设施和教育投资,我们关注的企业主要来自这些地区。

今后可以就以下研究问题进行更深入的研究。例如:中国企业如何在全球价值链中提高其创新能力,实现追赶和超越?这在多大程度上取决于技术能力或市场能力?什么影响了中国企业的技术能力建设过程?知识密集型创业企业在中国的角色是什么,它们与公共政策和跨国公司的关系如何?在数字时代,我们是否应该重新定义动态能力?如果是,什么是企业的网络能力和数字能力以及动态能力的新维度该是什么?

1.3.3　主题 3:探索中国企业如何发展新能力

中国企业通过完善公共政策和促进在中国创业生态系统中的技术合作来发展创新能力,这又有助于推动领先企业的创新。

本书讨论了知识密集型企业,特别是新兴行业企业的创新能力发展,如人工智能产业(见第 11 章);本土创新对全球化的影响,如全球市场开拓的影响(见第 10 章);全球研发中心建设(见第 12 章);中国跨国公司创新生态系统建设(见第 13 章)和数字化影响(见第 14 章)等。所有这些都被视为中国企业的新创新战略。此外,合作伙伴的共同价值创造对于中国企业创新战略的成功至关重要,如第 12 章中的 CEVT 案例、第 13 章中的华为和小米案例以及第 14 章中的支付宝案例所示。

为此,我们提出第三个命题。命题三:中国企业需要自主创新,但是其内部能力应该与强大的知识密集型生态系统共同发展。

我们发现,中国知识密集型企业和跨国公司不断增强的创新能力在很大程度上取决于它们有能力提升自身的内部技术能力和市场能力。因此,促进中国公司的自主创新和全球创新取决于公司创新能力的发展,以发现并应对技术和市场机会。

今后研究可以包括：中国企业的知识和创意来源是什么？哪些因素会影响中国企业未来的创新？中国跨国公司在并购后如何促进技术创新？领先大公司的创新流程是否与知识密集型企业的创新流程有所不同？如果是，有何不同？

1.4　内容简介

我们所关注的是中国知识密集型创业企业和跨国企业，其中有些企业已成为或正在努力成为其技术和行业中的领先企业。我们对这些企业如何通过创新能力（例如：用知识进行创新）和全球化（例如：站在全球化角度采取行动）变为世界领先企业颇感兴趣。本书所研究的所有企业均具有先进技术，且内部能力强大。所研究的企业在高科技行业（例如：制药、人工智能）和中、低技术行业（例如：汽车、电信和机械制造）均很活跃。

第2章尝试回答发展中国家的地方政府是如何培育新兴产业发展的。本章以杭州的新能源汽车发展历程作为研究案例，从技术、人力、市场和财政四个方面来探讨在激励新兴知识密集型产业过程中，地方政府在区域创新体系中所发挥的作用。研究表明，地方政府应该积极扶持新兴产业发展，不仅要为技术合作提供便利条件，也要创造条件满足市场需求，这样才能创建区域创新体系。研究表明，构建区域创新体系至关重要，这样可以促使区域内的公司不太费力就能掌握新兴技术、招募良才、获取财政扶持，从而拉近与客户和/或供应商之间的联系，最终形成新兴产业不断涌现并壮大发展的良好局面。用于创造市场需求而出台的激励政策是十分关键的要素。

第3章采用生态理论和创新生态系统评价了中国的国家高新技术产业开发区。中国的国家高新技术产业开发区（例如：科技园）是国家创新体系中一个重要的政策工具，从20世纪90年代的53个发展到2016年的188个，发展非常迅速。本章主要评价了开发区内部创新活动的结构、功能和信息流，而没有评价其创新能力和输出业绩。我们采用这些测度，对1990—2014年53个国家高新技术产业开发区，特别是中关村（北京）和张江（上海）的案例进行了实证审查。结果表明，这些开发区在中国各种高科技产业的超前快速发展中起着至关重要的作用,在多样化的区域创新和创业生态系统,其作用的发挥也表现出多样化的形式。

第 4 章分析了在制药行业的技术型中小企业中,专利合作网络的嵌入性与知识密集型创业企业创新绩效的相关性。专利合作网络为这种类型的中小企业提供了获取创新资源并提高创新能力的机遇。本章根据专利合作的广度和深度规范对专利合作网络的结构进行了分析和分类。通过分析中国制药行业的中小企业,说明专利合作网络可以分为两个主要类型:探索型和开发型。与开发型专利合作网络相比,探索型专利合作网络对这些企业的创新绩效产生更显著的积极影响,从而为这类企业提供了获取创新资源和提升创新能力的突破路径和机遇。

第 5 章论述了技术自立的原因以及中国三大复杂产品行业的实证研究,旨在讨论技术学习的分类问题。本章将"技术自立"定义为一种能够导致成功的技术追赶的具体的学习方式。在理论部分,本章以技术变革的理论框架为基础,将技术依赖和技术自立定义为两种对立的技术学习方式。这个框架有助于我们了解产品开发在技术学习中的决定性作用,也为理解"技术自立如何实现"的主题奠定了基础。对电信设备、混凝土机械和柴油发动机三个产业的实证分析有助于探索行业层面的技术自力更生。我们认为,嵌入式需求的演变和一个产业技术能力的积累有助于确定对进口技术和自主创新的相对依赖。

第 6 章探讨了在欧盟、美国和日本进行跨国并购,并专注于其工艺特性的中国知识密集型企业,尤其是高新技术产业中的中小企业。本章重点说明这些企业作为技术差距程度不同的家乡和居留地区之间的连接节点的作用。本章采用技术相似性测定进行分析,结果表明家乡和居留地区之间专利技术分类方面具备同类性。描述性分析以 2003—2011 年发生的 95 次并购和投资者的专利组合特性(例如:技术专业化、经验、合作专利的大小和数量)为基础。研究表明,具有更强大的知识基础和更多样化且更大专利组合的投资者,更有可能投资更具技术差距的地区。此外,虽然这些投资者会更多地参与国内外的专利合作,但它们不太可能会像其他中国跨国企业一样建立国际化专利合作。

第 7 章描述了一项深入案例研究,研究能源行业(即风能)国际化过程中技术能力的累积进程。该案例研究纳入了与技术能力累积相关的 20 年国际化进程。本章审查了企业的战略意图以及战略进程，以便了解企业如何累积其技术能力，并从生产转换为创新。通过总部与其外国同行之间的人员流动而实现的跨境技术学习，可促进企业从生产转换为创新。此外，关键管理人员中的长期个人关系建设发展出的跨境关系和信任，可使跨境技术学习成为可能。

第8章论述了被中国跨国企业收购后，被收购企业内部的知识和技术转移过程。实证案例研究取自2010年浙江吉利控股集团对瑞典沃尔沃汽车公司的收购。沃尔沃汽车与吉利集团之间的知识转移过程包括许多不同的方面。本章通过综合绿地工厂和新发动机工厂的合作、供应系统的协调与合作、管理和工程资源的整合、联合研发中心建设以及基于紧凑模块体系结构联合平台（CMA）的开发，详细介绍了这种知识转移。吉利集团采取这些方法逐步提升其工艺、产品、功能和生产能力，从而实现全球价值链的升级。

第9章识别并分析了一种新的全球化现象，即从发展中国家的企业的角度反向创新。反向创新指在发展中国家开发并销售技术、创新和新产品，然后从发展中国家转移到发达国家的过程。随着发展中国家越来越重视研发以及发展中国家中跨国企业的日益全球化，反向创新加速发展。本章根据以创新战略和商业化位置为基础的矩阵框架和经验提出了三种反向创新类型。类型Ⅰ：以转让技术为基础的反向创新。类型Ⅱ：原始技术的反向创新。类型Ⅲ：前端原始创新技术的反向创新。企业的创新能力在这些反向创新过程中起着至关重要的作用。类型Ⅰ是发展中国家成熟技术行业内企业进行反向创新的良好战略，而类型Ⅱ和Ⅲ适用于发展中国家新兴技术和市场领域内的反向创新战略。

第10章讨论了中国自主创新和全球市场对中国知识密集型企业的影响。与之前亚洲企业的创新提升主要通过国际化、以模仿和有效的市场开发为主的研究结论相比，对10家中国知识密集型企业的研究结果表明，全球知识的重要性较低，而其自身的内部技能和知识是创新的来源。因此，这些结果提出了新的实证研究发展，并提出了这类中国企业目前和未来如何参与国内和国际技术发展的有趣问题。

第11章探讨了与视觉识别和监测系统相关的新兴人工智能产业内一家中国知识密集型企业的先进技术能力发展。采用知识管理理论进行的分析表明，由于市场需求的不明确，新产品开发需要客户的深度参与以期获取用户知识。研究表明,在知识创新过程中,在现场试验和原型中可以发现隐性知识的前语言体现。此外,隐性知识的前语言体现的是用于先进技术知识的外在化和深入开发的有用工具。

第 12 章探讨了中国海外研发中心在企业创新能力提升过程中所起的特定战略作用。该案例超出了人们对技术中心的通常了解:海外研究中心旨在获取先进技术,为发达国家的本地市场提供技术支持和服务,并开发新技术和产品。吉利中欧汽车技术中心(Geely's China Euro Vehicle Technology,CEVT)在过去几年的快速发展是其在吉利全球化中发挥战略作用的结果。其主要作用是作为服务商促使吉利和吉利汽车转变为真正的全球企业,并成为吉利、吉利汽车和沃尔沃汽车之间的中间商。CEVT 的案例研究表明,独立技术组织可担任并购(M&A)事件中双边企业之间的中间商,所涉及方面不仅包括并购之后的新产品和技术开发,还包括全球市场战略。本章提供了国际研究中心的战略与管理和全球研究战略管理(尤其是新兴国家成熟行业的业内企业)的见解。

第 13 章应用创新生态系统管理概理的视角理解后来出现的中国跨国企业的战略和发展。案例研究探讨了中国智能手机行业两家最具创新能力的企业:华为和小米。本章确认有两种互补方法可用于实施后来者战略。作为对之前的发展中国家技术赶超研究的补充,这两个案例研究表明,后发企业应与其创新生态系统中的许多其他参与者进行互动并共同创造价值,以便实现创新和赶超。

第 14 章探讨了数字化营销发展。在追求高价值回报的过程中,企业利用新兴网络生态进行产品及服务的创新扩散逐渐成为数字化营销转型的重要趋势。本章首先分析了网络生态中创新扩散的新特征,指出创新主体可视化凸显、沟通渠道交互化、扩散周期极速缩短以及社会体系多极化为企业数字化营销转型提供新路径。其次在创新扩散新特征的基础上,通过对2018 年支付宝在微博上发起的"中国锦鲤"事件的案例研究,探讨了企业数字化营销转型的实现路径,指出用户触达、沟通效率提升、极速整体营销和用户价值共创是企业数字化营销转型路径中的关键节点。最后,本章对数字网络生态下企业实现数字化营销转型提出应对策略。

参考文献

Autio，E.，Nambisan，S.，Thomas，L. D. W.，Wright，M.（2018）. Digital affordances，spatial affordances，and the genesis of entrepreneurial ecosystems. Strategic Entrepreneurship Journal，12：72-95.

Carlsson，B.（2016）. Industrial dynamics：A review of the literature 1990－2009. Industry and Innovation，23(1)：1-61.

Cooke，P.，Gomez Uranga，M.，Etzeberria，G.（1997）. Regional innovation systems：Institutional and organisational dimensions. Research Policy，26(4-5)：475-491.

Deloitte China（2019）. Global Artificial Intelligence Industry Whitepaper，accessed on 28 October 2019 at https://www2. deloitte. com/cn/en/pages/technology-media-and-telecommunications/articles/global-ai-development-white-paper. html.

Dodgson，M.，Gann，D.，Phelps，N.（2014）. The Handbook of Innovation Management. Oxford：Oxford University Press.

Edquist，C.（2006）. Systems of innovation：Perspectives and challenges. In：Fagerberg，J.，Mowery，D. C.，Nelson，R. R.（eds.），The Oxford Handbook of Innovation. Oxford：Oxford University Press.

Edquist，C.，McKelvey，M.（2000）. Systems of Innovation：Growth，Competitiveness and Employment. Cheltenham：Edward Elgar Publishers.

Granstrand，O.，Holgersson，M.（2019）. Innovation ecosystems：A conceptual review and a new definition. Technovation，90：Feb-March. Available online doi：10. 1016/j. technovation. 2019. 102098.

Horst，H.，Pyka，A.（2004）. Companion on Neo-Schumpeterian Economics. Cheltenham：Edward Elgar Publishers.

Jacobides, M. G. , Cennamo, C. , Gawer, A. (2018). Towards a theory of ecosystems. Strategic Management Journal, 39(8): 2255-2276.

Jin, J. , McKelvey, M. (2019). Building a sectoral innovation system for new energy vehicles in Hangzhou, China: Insights from evolutionary economics and strategic niche management. Journal of Cleaner Production, 224(July): 1-9.

Laursen, K. (2012). Keep searching and you'll find: What do we know about variety creation through firms' search activities for innovation? Industrial and Corporate Change, 21(5): 1181-1220.

Lee, K. (2013). Schumpeterian Analysis of Economic Catch-up. Cambridge: Cambridge University Press.

Lee, K. , Malerba, F. (2017). Catch-up cycles and changes in industrial leadership: Windows of opportunity and responses of firms and countries in the evolution of sectoral systems. Research Policy, 46 (2): 338-351.

Lundvall, B. Å. , Johnson, B. , Andersen, E. S. , Dalum, B. (2002). National systems of production, innovation and competence building. Research Policy, 31(2): 213-231.

Malerba, F. (2002). Sectoral Systems of Innovation and production. Research Policy, 31(2): 247-264.

Malerba, F. (2009). Sectoral Systems of Innovation: Concepts, Issues and Analyses of Six Major Sectors. Cambridge: Cambridge University Press.

Malerba, F. , McKelvey, M. (2018). Knowledge-intensive innovative entrepreneurship: Integrating Schumpeter, evolutionary economics and innovation systems. Small Business Economics, 54: 503-522.

Malerba, F. , Nelson, R. (2012). Economic Development as a Learning Process: Variation Across Sectoral Systems. Cheltenham: Edward Elgar Publishing.

McKelvey, M. (2014). Science, Technology and Business Innovation. In: Dodgson, M., Gann, D., Phelps, N. (eds.), The Handbook of Innovation Management. Oxford: Oxford University Press.

McKelvey, M. (2016). Firms navigating through innovation spaces: A conceptualization of how firms search and perceive technological, market and productive opportunities globally. Journal of Evolutionary Economics, 26(4): 785-802.

McKelvey, M., Bagchi-Sen, S. (2015). Innovation Spaces in Asia: Entrepreneurs, Multinational Enterprises and Policy. Cheltenham: Edward Elgar Publishing.

Metcalfe, S. (2002). Knowledge of growth and growth of knowledge. Journal of Evolutionary Economics, 12(1): 3-13.

Metcalfe, S. (2008). Restless Capitalism — The Evolutionary Nature of Capitalism. Princeton: Princeton University Press.

Nelson, R. R. (1993). National Systems of Innovation: A Comparative Analysis. Oxford: Oxford University Press.

Nelson, R. R. (1996). The Sources of Economic Growth. Cambridge, MA: Harvard University Press.

Nelson, R., Winter, S. (1982). An Evolutionary Theory of Economic Change. Cambridge, MA: Belknap Press of Harvard University Press.

Schumpeter, J. (1934). The Theory of Economic Development. Cambridge, MA: Harvard University Press.

Schumpeter, J. (1942). Capitalism, Socialism and Democracy. New York: Harper and Brothers. Reprint by George Allen & Unwin (Publishers Ltd.).

Spigel, B. (2017). The relational organization of entrepreneurial ecosystems. Entrepreneurship Theory and Practice, 41(1): 49-72.

Stam, E. (2015). Entrepreneurial ecosystems and regional policy: A sympathetic critique. European Planning Studies, 23(9): 1759-1769.

Stam, E., Spigel, B. (2017). Entrepreneurial ecosystems. In: Blackburn, R., De Clercq, D., Heinonen, J., Wang, Z. (eds.), Handbook for Entrepreneurship and Small Business. London: SAGE.

Teece, D. (2007). Explicating dynamic capabilities: The nature of (sustainable) entreprise performance. Strategic Management Journal, 28(13): 1319-1350.

Teece. D. (2018). Business models and dynamic capabilities. Long Range Planning, 51(1): 40-49.

Teece, D. J., Pisano, G., Shuen, A. (1997). Dynamic capabilities and strategic management. Strategic Management Journal, 18 (7): 509-533.

Zhang, Z., Jin, J., Guo, M. (2017). Catch-up in nanotechnology industry in China from the aspect of process-based innovation. Asian Journal of Technology and Innovation, 25(1): 5-22.

第 2 章　地方政府在促进新兴产业发展中的作用：以市场为导向的政策视角

金　珺，莫林·麦凯维，董　颖

【摘要】　本章以杭州的新能源汽车发展历程作为研究案例，分析发展中国家的地方政府如何培育和促进新兴产业发展。本章研究证实，促进行业的兴起和发展至关重要的三点是让公司能够获得新兴技术、获得财务支持以及接触客户和供应商。此外，本研究的主要贡献是从创造大规模市场需求的角度，强调了地方政府对新兴产业发展的支持。由于大规模市场需求的产生可能会促使参与者积极响应这些激励措施，公私合作有助于增加技术、基础设施和资金的可得性。因此，在各类公共和企业参与者之中激励其建立和扩大市场需求的市场导向政策，是新兴产业兴起和增长的关键。此外，随着市场的发展，政策也应适时动态调整。

【关键词】　市场需求；地方政府；新能源汽车

2.1　引　言

新能源汽车（new energy vehicle，NEV）是一种可持续的技术（Bohnsack et al.，2014），可以满足社会和环境方面的关注（Midler and Beaume，2010）。尽管这个新兴产业是社会的理想之选，但它仍未在汽车市场占主导地位（REN21，2013；Bohnsack et al.，2014）。全球各国政府都已经制定了支持该行业发展的政策(van Rijinsoever et al.，2014)。对于政策制定者和理论研究者来说，促进以实现可持续发展为目标的新兴产业(例如新能源汽车产业)的发展，仍是一个重要问题。

中国致力于成为世界新能源汽车产业的领导者以及最大市场(BNEF，2016)。自"十二五"发展规划和中国科技规划实施以来，新能源汽车的创新已成为中国的重点创新领域之一(Jin et al.，2012)。吸引中国企业和政府机构广泛关注的大力发展中国新能源汽车产业的主要目的(Midler and Beaume，2010)，是促进中国汽车行业的转型和发展，并以新能源汽车产业发展的先发者地位来获得足够的竞争优势。

作为一个高度依赖科学的新兴跨学科技术产业，新能源汽车的发展需要得到国内外区域创新体系中政府和政策的支持(Asheim and Coenen，2005；Buesa et al.，2006)。中国新能源汽车的发展引起了产业界、学术界以及政府机构的关注。中国目前对新能源汽车的研究大多集中在政策(Jin et al.，2012；Fang et al.，2013；Li W et al.，2016；Li Y et al.，2016)和产业发展(Xue et al.，2016；Jin and McKelvey，2019)。有关科学园区的研究表明，对于园区内公司来说，市场准入的重要性(Chan and Lau，2005)对于缩短许多基于技术的产业的生命周期至关重要(Löfsten and Lindelöf，2002)。并且，从区域创新系统(RISs)的角度研究政府在刺激创新和刺激经济中作用的研究，集中在财政支持、网络形式的公私伙伴关系和基础设施方面(Asheim and Coenen，2005；Hodge and Greve，2007；Chaminade and Vang，2008)。

此外，战略利基管理(SNM)方法鼓励在社会技术转型过程中建立试点的利基市场(Kemp et al.，1998；Schot and Geels，2008；Jin and McKelvey，2019)。但是，地方政府在新兴产业市场中的作用以及地方政府作用和政策的演变在现有研究中被忽略了。因此，本研究将从市场的视角，以中国杭州的新能源汽车产业发展为例，来回答发展中国家的地方政府将如何促进新兴产业的增长的研究问题。

2.2 文献综述和研究框架

基于新技术浪潮的新兴产业为发展中国家的企业提供了与发达国家的

公司同台竞争并实现追赶目的的机会（Mytelka，2004）。新兴产业的发展依赖于区域创新体系。区域创新体系是特定地理区域内的制度基础设施，它为知识的产生和传播而进行资源配置，以支持该地区生产结构内的创新（Asheim and Coenen，2005；Buesa et al.，2006）。区域创新体系可以通过降低成本、提高生产率和提高创新能力来极大地影响当地的工业经济环境。因此，受区域创新体系影响的行业通过政府机构、企业和其他组织的松散联盟之间的互动在市场上表现良好（Belussi et al.，2010；Cooke et al.，1997；Andersson，2013）。之所以会发生这些影响，是因为单一的创新参与者不能够有效地进行技术创新（Chung，2002）。企业的行为及其与区域创新体系中其他企业和其他参与者的互动，可能会影响并最终带来新的创新体系条件（Karlsen，2013）。

对于区域创新体系的研究重点在于参与者的作用、区域创新体系参与者的互动、构成区域创新体系的政府政策，以及区域创新体系的重要功能（Rubach，2013）。但是，只有少数研究从市场的角度分析了区域创新体系的作用。区域创新体系的市场在一定程度上由政府决定。区域是具有自己特殊环境的独特空间，而政府政策是形成整体环境的核心组成部分（Chaminade and Vang，2008）。

有关政府的研究集中于政府可以采取哪些措施来激励创新和刺激经济。政府可以推动区域创新体系的能力提升，而金融、学习和生产等各方面能促进区域层面的系统创新（Cooke et al.，1997）。地方政府可以通过制定详细的政策，从而在促进新兴产业的发展中发挥重要作用（Vecchiato and Roveda，2014）。例如，技术政策增强了中国风能产业发展及其在世界范围内的竞争力（Kristinsson and Rao，2008）。对现有文献的回顾表明，政府的产业支持政策可以分为三类：①资金支持和对研发或其他基于技术活动的支持；②对大学与其他机构之间紧密合作的创新网络的支持；③通过商业运作来提供信息和基础设施（Kihlgren，2003）。

在新能源汽车行业中，特定类型的科学技术知识对产业发展至关重要（Feng and Figliozzi，2012）。考虑到新兴产业具有知识密集性的特征，新兴产业的企业发展，包括产业的兴起、产业网络的形成和产业绩效，受到技术获取和资金支持的推动（McKelvey and Lassen，2013）。中国纳米技术产业发展情况相似（Jin et al.，2015；Zhang et al.，2017），即地方政府的技术和资金支持为苏州工业园区的纳米技术产业发展做出了贡献。因此，我们提出以下命题。

命题1(P1)：地方政府的作用是促进企业的技术获取和资金支持，从而带动新兴产业的发展。

Jin and McKelvey(2019)发现，新能源汽车市场的建立在杭州新能源汽车的发展过程中很重要，这在她们的研究中未被检验。我们认为市场创造是影响新兴产业公司创新活动的一个因素。政府或其政策不应忽视地方政府在新兴产业中的市场作用。因此，对于市场创造，我们提出以下命题。

命题2-1(P2-1)：地方政府的所有政策都旨在为新兴产业创造一个初始市场；换言之，地方政府的作用之一就是市场创造。

命题2-2(P2-2)：市场创造可以强化地方政府在企业的技术获取和资金支持方面的作用。

命题1、命题2-1和命题2-2的关系可以归纳如图2.1所示。

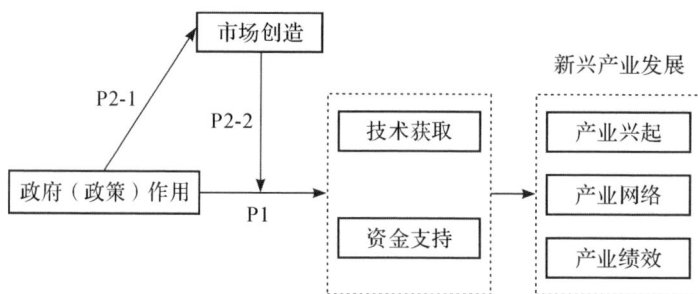

图2.1　政府/政策在新兴产业发展中的作用

在对具有环境影响的新兴产业的研究中，例如汽车产业(Geels，2002)，SNM的演化概念(Nill and Kemp，2009)被广泛用于试点政策和实践的分析中，以加速生态创新和可持续发展的扩散。例如，Foxon(2011)提出了技术、制度以及技术和商业策略的协同发展，以促进向低碳经济的转型。Rydin et al.(2013)明确了城市能源系统中各种能源生产和消费方式之间的共同演化。Taylor et al.(2013)提出，储能行业中的生态系统、用户实践、商业战略、制度和技术之间会发生共同演化。Jin and McKelvey(2019)认为，示范利基政策、新能源汽车市场、产业发展，以及参与者和他们在创新系统中的活动存在共同演化，这些促进了新能源汽车产业的发展。在可持续发展的研究中，公共政策被视为一类有助于参与者探索技术、满足用户需求和实现可持续性目标的有效的工具组合(Schot and Geels,2008),并在社会技术转型过程中得到发展(Geels and Raven,2006;Nill and Kemp,2009)。政策会根据市场的增长和新兴行业政策目的的变化而被修订。我们认为政策迭代情况是政策的适应性和弹性的表现结果,从而提出了关于新兴产业中政策适应性和弹性的命题 3。

命题 3(P3):在新兴产业的发展过程中,政策与政策的市场目的之间存在协同演化的关系(图 2.2)。

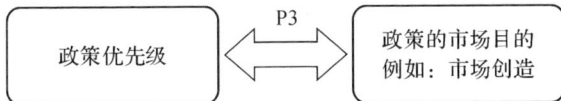

图 2.2　政策与政策的市场目的之间的协同演化关系

图 2.1 和图 2.2 为案例研究的实证分析提供了两个分析框架,分析聚焦于政府在新兴产业(例如新能源汽车产业)发展中的作用。

2.3　研究方法和变量测度

2.3.1　研究方法

案例研究被广泛认为是回答探索性研究问题的一种有效方法(Yin,2009)。根据参与实践的原则,案例研究方法可以帮助回答我们研究的问题(Herriott and Firestone,1983;Yin,2009)。案例研究还可以通过紧密的结构设计或预先指定的数据集来阐明和解释复杂的现实现象(Herriott and Firestone,1983;Yin,2009)。此外,案例研究适合于对还未揭示的观点的研究(Yin,2009)。案例研究的主要优势是在知识密集型企业和新兴产业的发展进程中,可以随时间的推移来分析研究框架(图 2.1)中变量之间的相互作用。本研究通过一个知识密集型新兴产业案例来分析由地方政府领导的区域创新体系如何影响新兴产业的发展,并使用本章定义的变量来描述这些过程的发展。

2013—2019 年,我们分别对新能源汽车服务公司的一名经理(L 先生)、杭州市政府的行政官员(H 先生)、三家汽车公司的三名经理(D 先生、S 先生和 Y 先生)等进行了 7 次访谈。每次采访的时间为 1～2 小时,采访内容包括杭州新能源汽车行业发展激励措施和政策、政策对杭州新能源汽车生态系统发展的影响、企业的新能源汽车战略等。

此外,我们收集了 2001—2019 年的 79 项国家新能源汽车政策和行动计划,2010—2019 年的 24 项浙江省和杭州市的新能源汽车政策和行动计划,2012—2019 年的 21 项上海的相关政策,以及 2015—2019 年的 22 项深圳的相关政策。研究数据还包括讲座以及与其他一些汽车制造商的工程师进行的三场非正式交流。所有的文档信息均用作研究背景和补充信息,以对数据进行三角测量。

这些实证研究材料主要进行两方面的分析。一方面,它被用来对总体政策进行发展史研究。另一方面,根据概念框架中的一些概念,对实证数据关键要点进行编码,包括市场规模、基础设施和激励政策。最后,整合这些分析以期揭示政策和市场发展的协同演化。

2.3.2　变量测度

新能源汽车充电基础设施建设公告草案和"十三五"新能源汽车推广部分中的项目表明,新能源汽车市场规模(例如:销量)、行业规模(例如:产量)和基础设施(例如:充电桩的数量)是中国新能源汽车行业的关键评估指标。我们认为,新能源汽车创新生态系统参与者与政策目标是相关联的,因为越来越多的用户代表市场,制造商的发展代表工业增长,而用户、制造商/研究机构和决策者之间的互动反映了市场形成、产业增长和基础设施的相互关系。本研究中,两个要素用来表明新能源汽车产业的绩效,即基础设施发展和产业增长。充电桩和充电站的数量可以表征基础设施的发展,而产业增长则通过新能源汽车在中国汽车行业的渗透率和新能源汽车的产量来衡量。中国汽车行业的新能源汽车销量被视为新能源汽车行业兴起的一个指标。产业网络则用行业中各种参与者的类别数量来表征。

技术和研发获取是指新能源产业发展中大学和研究机构的参与。资金资源包括政府的财政补贴和激励政策,以及新能源汽车行业的风险资本或投资意愿。由于很难获得有关风险投资的具体数据,因此,本研究中的风险投资将视为新能源汽车行业现有公司孵化的创业公司或者联合项目的增加。市场创造则用首要购买者的所有权来分析。

2.4　新能源汽车产业政策与发展

本节介绍了中国新能源汽车的发展以及杭州新能源汽车产业的相关情况，从技术获取、资金支持和市场创造等方面诠释杭州地方政府对新能源汽车发展的影响。

2.4.1　中国新能源汽车产业政策

自 21 世纪初以来，中国对新能源汽车的研发和商业化进行了大量投资。2001 年，中国发布了专注于新能源汽车的国家高科技研究与开发计划（"863"计划），以支持新能源汽车的研究和示范。自第十个五年规划以来，新能源汽车的发展是国家五年规划中汽车产业发展的优先重点领域之一。当 2010 年新能源汽车产业以及其他六个产业被国务院确定为中国战略新兴产业①，以及《节能与新能源汽车产业发展规划（2012—2020 年）》（被称为2020 年规划②）印发后，中国政府进一步提高对新能源汽车产业的支持水平。2015 年 10 月，国务院办公厅发布了《关于加快电动汽车充电基础设施建设的指导意见》③，以支持新能源汽车产业的发展，随后各部委发布了一系列实施细则。目前，我国已经制定了《新能源汽车产业发展规划（2021—2035年）》。此外，推出了"双积分计划"（2021—2023 年），该计划旨在支持新能源汽车行业，刺激汽车制造商统筹燃油车的生产和销售④。对新能源汽车的消费者和生产者的补贴也将被取消。

根据政策重点的变化，中国对新能源汽车的政策可以分为三个阶段。2015 年之前，尽管中国的新能源汽车政策涉及了基础设施和研发，但强调的是促进新能源汽车的消费，例如生产和购买新能源汽车的补贴以及给新能源汽车发放免费专用牌照。自 2015 年以来，新能源汽车的基础设施（包括充

---

①　《关于加快战略性新兴产业的培育和发展的决定》，网址：www. gov. cn/zwgk/2010-10/18。

②　该通知由中国国务院于 2012 年 6 月 28 日发布，网址：www. gov. cn/zwgk/2012-07/09。

③　该指南由中国国务院于 2015 年 10 月 9 日发布，网址：english. www. gov. cn/policies/latest_releases/2015/10/09；http://www. gov. cn/zhengce/content/2015-10-09/content_10214. htm。

④　这种双积分计划被认为类似以前的汽车碳配额制度，网址：english. www. gov. cn/state_council/ministries/2019/07/05。

电桩和充电站)已成为激励政策的核心。采用双积分计划的《新能源汽车产业发展规划(2021—2035年)》将改变中国汽车产业的创新系统。图2.3显示了中国新能源汽车政策重点变化的三个阶段。

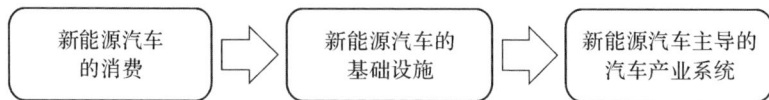

图2.3　中国新能源汽车政策重点的变化(2010—2019年)

2.4.2　全国及杭州的新能源汽车发展

受到政策和大型公共活动(如2008年北京奥运会和2010年上海世博会)的电动汽车招标项目的鼓励,越来越多的整车和汽车零部件制造商进入新能源汽车和纯电动汽车市场,如奇瑞、东风、长安和上海大众。但是,在2012年的发展规划发布之前,新能源汽车产业的发展缓慢,如图2.4所示。自2012年以来,中国新能源汽车市场发展迅速(如图2.4和图2.5所示),2018年新能源汽车的销量已达125.6万辆。此外,2019年的前六个月总共售出61.7万辆新能源汽车,比前一年同期增长了49.6%[①]。此外,如图2.5所示,2018年,中国的新能源汽车渗透率已增加到近4%。新能源汽车在中国汽车产业中的渗透率的不断提高,表明中国新能源汽车市场在持续增长。中国已成为全球三大新能源汽车市场之一。

充电桩是新能源汽车行业的主要基础设施。如果没有完善的充电桩系统,那么新能源汽车长距离行驶将难以实现。随着中国新能源汽车市场的发展,充电桩的数量逐年增加,从2010年的约1100个(Zhu,2017)增加到2018年的31万个。到2019年6月底,全国已建成约100万个充电桩或充电站,其中,41万个为公共充电桩,59万个为私营充电桩。

作为中国新能源汽车行业的试点城市之一,杭州市政府制定激励措施,以支持杭州新能源汽车的发展。正如Jin and McKelvey(2019)分析的那样,杭州新能源汽车试点市场的政策重点是在公共交通中使用新能源车,例如公交车(2007年的新能源公交车)、电动出租车以及从换电模式到基于新能

---

① 数据来自新闻《全国充电桩数量排名前100万》,网址:english. www. gov. cn/news/topnews/201907/15。

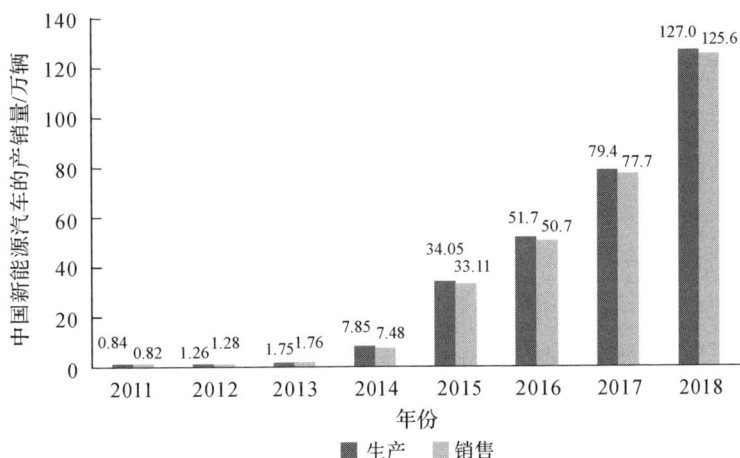

图 2.4　2011—2018 年中国新能源汽车的产销量

（数据来自中国汽车工业协会）

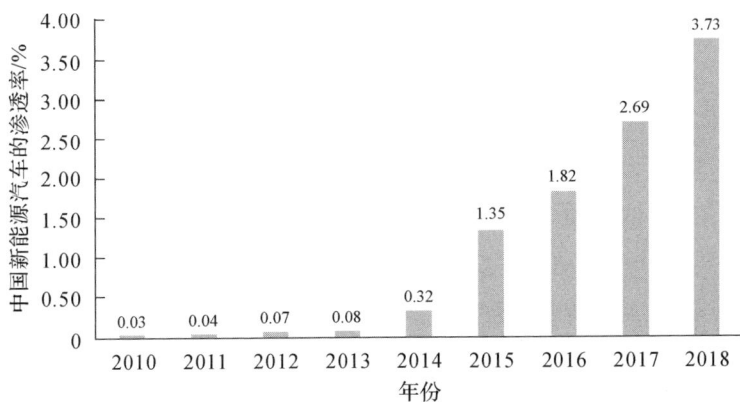

图 2.5　2010—2018 年中国新能源汽车的渗透率

源租赁和共享商业模式的微公交项目。在国家政策的指导下,杭州市从
2015 年年底开始鼓励建设新能源汽车充电桩和充电站。2018 年,杭州新能
源车销量约 5.64 万辆。截至 2019 年 7 月,杭州新能源汽车保有量已超过
15 万辆,其中 42%的新能源汽车由个人消费者拥有。此外,截至 2020 年年
底,杭州累计建成各类充电桩约 5.7 万个。截至 2019 年年底,浙江省已经在
高速公路的加油站附近建造了 156 座快速充电桩站。

电动出租车、新能源汽车租赁和新能源汽车共享市场吸引了许多公司
参与新能源汽车行业的竞争。超过 20 家公司专门从事新能源汽车的能源系

统和核心组件或新能源汽车的电站服务的研发和生产，这揭示了新能源汽车行业的爆炸性发展趋势。例如，为开发新能源汽车，万向集团于2002年成立了万向电动汽车有限公司。杭州已经有六家电池公司。康迪电动汽车有限公司以及由吉利和康迪成立的微公交（服务）公司将通过创新新能源汽车共享模式，为杭州汽车产业的发展和转型做出贡献。浙江的一些主要新能源汽车生产商，如康迪和众泰，也随着杭州新能源汽车租赁和新能源汽车共享市场的增长而壮大。因此，新能源汽车行业的上下游公司已经发展并逐渐形成新能源汽车产业网络。

2.5　政府在新兴产业发展中的作用

上文揭示了我国特别是杭州的新能源汽车产业的兴起、行业绩效的提高以及新能源汽车产业网络的成长。本节将检验图2.1和2.2所示的三个命题，涉及政府在技术获取、资金支持和市场创建以及基于杭州新能源汽车发展的政策和市场目标的协同演化这三个方面的作用。

2.5.1　政府在新能源汽车行业中的作用

（1）技术获取

地方政府在新兴产业发展中的首要作用是让企业便利地获得技术。杭州的新能源汽车案例表明，对于新兴产业，技术获取可通过两种方法来实现：一种是通过公司的创始人或关键人物的科学背景或公司的技术经验；另一种是通过刺激该地区的科技环境，使公司能够从其他机构和公司获取技术。

从新能源汽车行业企业的技术经验和参与者来看，2012—2015年，旨在保持充电时间、安全性和收益之间的平衡，电池更换是杭州市的优先模式，因此，用于换电站的电池技术要求影响了电动汽车的设计和开发。L先生自新能源汽车服务公司成立以来就一直担任技术经理，在电动汽车行业拥有丰富的专业知识。他在2013年接受采访时说："我们知道如何安全地将换电和充电系统连接到国家电网，因此我们制定了新能源汽车电池更换的技术要求……电动汽车的核心部件是电池系统，而领先的电池公司未及时答复我们的要求。因此，我们与小公司合作进行汽车生产，并与中国美术学院合作进行新能源汽车设计。"随着快速充电技术的发展，杭州建造了快速充电桩。"在政府政策的引导下，充电已成为主要模式。但是，我们仍然保留了新能源汽车的换电站和换电服务。"L 先生在 2016 年的采访中提到。

此外，杭州新能源汽车产业的公司通常有新能源汽车关键组件的技术和生产经验。例如，康迪（共享新能源汽车的供应商）具有汽车电池方面的技术背景，这与比亚迪（中国和世界领先的新能源汽车制造商之一）的技术背景相似。

从科学技术环境的另一个方面来看，尽管杭州的新能源汽车案例没有直接表明技术机构的参与，而且杭州不是中国重要的汽车制造基地，但位于杭州及其附近城市的许多大学在技术研究方面（例如，电力、控制系统和设计）表现出色并享有盛誉，例如，位于杭州的浙江大学和中国美术学院及上海的同济大学。H 先生表示："我们邀请中国美术学院的教授为我们设计了用于新能源汽车租赁和新能源汽车共享的第一款车型。"

因此，本案例表明，公司正在与技术机构和大学建立联系并建立区域创新体系（Löfsten and Lindelöf，2002；Asheim and Coenen，2005；Chaminade and Vang，2008），这是技术发展的重要决定因素并影响创新的方向（Hekkert et al.，2007）。此外，本案例研究验证了技术可得性对新兴国家产业发展的重要性（Cho and Lee，2003；Mu and Lee，2005）。

（2）资金支持

资金支持在新兴产业的发展中起着至关重要的作用（McKelvey and Lassen，2013），这在杭州的新能源汽车的发展中得到了证实。研究发现，地方政府可以促进资金支持的作用。提升新能源汽车在中国市场渗透率的资金支持政策，包括从中央到地方政府给新能源汽车的制造商、购买者和用户的补贴、奖励、税收减免等。例如，新能源汽车行业的制造商——从零部件供应商到整车制造商，都可以向中央和地方政府申请资金来支持他们对新能源汽车的研究和开发，例如"863"计划的新能源汽车（Jin et al.，2012）和 2020 年计划中的财政资源（Jin et al.，2016）。由于基础设施决定汽车行业的形成和发展（Geels，2002；Harrison and Thiel，2017）以及将政策重点转移到基础设施上（图 2.3），资金支持也调整支持领域以专注于基础设施的建设。如自 2015 年 12 月起，新能源车的充电桩增加和新能源汽车市场的扩张。L 先生表示："由于基础设施的激励政策，许多私营公司进入了这一市场。……我们（国家电网）也建造了许多新的充电桩和快速充电桩。"

除了对研发、基础设施和市场的资金支持外，中国财政部（MOF）还会根据生产和销售情况向新能源汽车制造商给予补助。此外，双积分计划为新能源汽车产业的新造车势力提供了间接获得财务回报的机会。如 Y 先生在访谈时提到："我们与一家传统汽车制造商合作，让其为我们生产新能源汽车。他们可以将我们的新能源汽车数量用于燃油车的配额。"

与其他新兴产业类似，许多公司受到新能源汽车产业的吸引。新能源汽车产业的新创企业以及在位公司的新能源车合作项目显示了新能源汽车对公司的投资诱惑。例如，杭州的新能源汽车租赁和共享业务吸引了从汽车制造商到 IT 公司和酒店的多家公司，在新能源汽车网络上进行跨行业投资，涉及共享信息系统、服务系统、电池充电和换电系统等。

对杭州及全国的新能源汽车案例的研究表明，直接和间接的资金支持巩固了新能源汽车产业网络和市场的成长，以及新能源汽车的研发投资。此外，补贴的分配和不断增加的投资促进了新能源汽车的产业和市场发展。因此，通过多元化的资金支持，杭州新能源汽车的发展加强了地方政府在新兴产业增长中的作用（Feng and Figliozzi，2012）。

（3）市场建立与扩张

正如先前的研究（Jin et al. ，2016；Jin and McKelvey，2019）所指出的那样，市场的建立可以被视为新兴产业发展的基础，政府可以在其中发挥关键作用。我们认为，此作用是由于创建的市场使初创企业更容易接触到市场和获得收益。而在公司起步阶段，即使是小小的销售额也有助于企业家增强自信心并加速其商业化进程。市场创建还将吸引其他人在早期投资新兴的知识密集型产业从而建立产业网络。

新能源汽车的案例可以看作是新兴市场发展中市场创造重要性的一个很好的例子。鉴于新能源汽车技术不成熟的弱点以及汽车行业艰难的转型情况，新能源汽车在市场上还不能像汽车或替代交通那样占领重要地位，仅购买补贴不足以吸引个人购买新能源汽车。发展新能源汽车和建立新能源汽车市场已成为所有国家的需求。

这个问题在杭州也发生过。"尽管有针对个人的购买补贴，但市场增长却相当缓慢。如果个人对新能源汽车不了解，很难做出购买新能源汽车的决定。……道路上的电动出租车将帮助更多市民接受这种新产品。这就是为什么我们强调让公共交通使用新能源汽车的原因。"H 先生如是说。因此，杭州的电动出租车、新能源汽车租赁和新能源汽车共享被认为是对公共交通的补充，政府参与其中。新能源车的租赁模式的宣传还有助于提高人们购买汽车的欲望，从而建立消费市场。反过来，这个市场需要提高生产规模，并有一个规划合理的新能源车充电系统，这将有助于降低成本和鼓励消费者购买新能源车。因此，命题 1 和命题 2-1 得到验证。

从新能源汽车的案例来看，在新能源汽车推广之前，杭州没有新能源汽车市场，没有新能源汽车工厂，也没有相关产业。由于政府希望使用新能源汽车代替传统车辆来解决能源危机和空气质量问题，因此制定了吸引民众使用新能源汽车的政策。通过与国家电网合作建立杭州新能源出租车有限公司，民众对电动出租车的需求逐步增加。随后该公司的新能源汽车订单及配套设备的需求增加。因此，相关的新能源汽车市场逐渐引起人们的注意。新能源车设备和汽车的公开招标使许多汽车制造商将注意力转移到新能源汽车上。同时，为确保市场的持续推广，政府的补助金也在不断调整。此外，中国新能源汽车市场的光明前景已经吸引了越来越多对新能源汽车研发的投资和并购（合并与收购）。例如，北汽与萨博合并，进行与新能源汽车相关的创新，有助于北汽的新能源汽车的生产和销售。据新闻报道，作为北汽集团电动汽车子公司的北汽在 2019 年上半年售出了其欧洲系列新能源车 49076 辆，比前一年同期增长了 1506.9%，令人印象深刻。再者，参与新能源汽车发展的公司和机构表示，市场是吸引公私合作的、直观的可视化平台。例如，杭州新能源汽车共享和专车业务的发展，使新能源汽车制造商可以收集和分析新能源汽车的运行数据，以改善新能源汽车的技术、设计和生产。"从我们新能源汽车专车服务公司自配的司机收集的运行数据中，我们公司（汽车制造商）可以知道平均行驶里程、人们新能源车叫车的热门区域、新能源汽车的行驶系统等情况。然后，我们可以改善新能源汽车的研发和设计。"S 先生说。

中国新能源汽车市场的发展吸引了合资企业对中国新能源技术的更多投资。D 先生在谈到中国新能源汽车市场的吸引力和双积分计划的影响时说："我们投资了中国的新能源汽车发展，并将于明年初在中国市场推出我们的新能源汽车，这不在我们先前的计划里。"

因此,市场创造增强了政府政策在技术获取和资金支持方面的作用。因此,证实了命题 2-2。

2.5.2　政策的适应性和弹性:政策和市场的演变

如第 2.4.1 小节所述,随着中国新能源汽车产业的发展,各个阶段的政策重点都在变化(图 2.3)。随着政策要点的变化,新能源汽车政策的市场目的也发生了变化(图 2.6)。如案例研究所示,在早期阶段,鼓励在公共交通和共享汽车中使用新能源汽车是为了创造市场以提高消费者对新能源汽车的认识。然后,策略的重点可以转移到新能源汽车的基础设施,例如新能源汽车的充电池和充电系统,以促进市场扩展和维护。双积分制的政策可以理解为汽车产业中新能源汽车的销售配额和新产业规划,这将有助于推动汽车业成为以新能源汽车为主导的产业。该政策可被视为促进产业转型的政策。

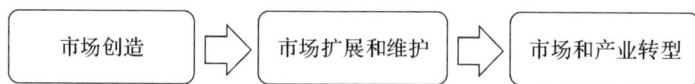

图 2.6　新能源汽车产业政策的市场目的的转变

Jin and McKelvey(2019)提出了利基政策的协同演化概念,这为本研究中可能涉及市场创造政策的剖析提供参考。我们在当前分析中仍采用了演化概念。整合图 2.3 和 2.6,我们提出了市场目标和政策重点的协同演化特性,如图 2.7 所示。我们将这种特性定义为新兴产业中政策的适应性和弹性。因此,命题 3 得到验证。

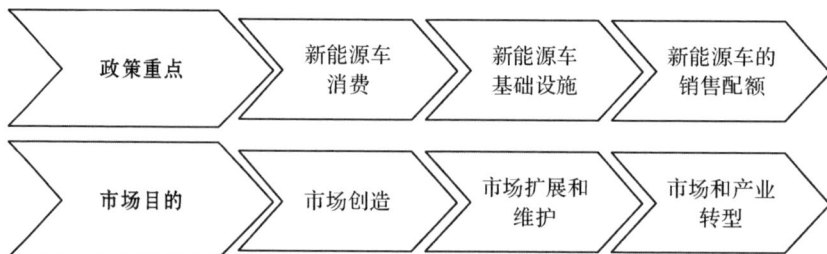

图 2.7　新能源汽车产业中政策重点与市场目的的协同演化

2.6　结论与意义

本章探讨了地方政府如何在中国新兴知识密集型产业（例如新能源汽车产业）的发展中发挥作用。以杭州为例的地方政府促进新能源汽车产业发展的研究证实了以往的研究结果，即政策在环境友好产业的发展中起着至关重要的作用（Kemp et al.，1998；Schot and Geels，2008）。本研究表明，促进新兴产业发展的关键在于使公司能够获取和利用新兴技术、招募人才并寻找客户和/或供应商，以期促进新兴产业的兴起和发展。这验证了McKelvey and Lassen（2013）关于知识密集型创业企业发展的研究发现。

杭州的新能源汽车案例显示了以市场为导向的政策作为发挥地方政府在新兴产业增长中作用的工具手段的重要性。本研究提出了两种市场导向政策的观点，即一方面以市场创造作为市场导向政策的核心，另一方面强调政策的适应性和弹性。

我们认为，市场创造是地方政府在区域创新体系中促进新兴产业（如新能源产业）发展的关键作用之一。从长远来看，公司可以从市场中获得投资回报，潜在的市场将加速新技术的商业化，对技术的投资将吸引更多人才向该产业集聚。大规模市场的建立将激励参与者积极响应这些激励措施。因此，各类机构的行动可能有助于企业增加获得技术、基础设施和资金的机会。市场创造最终会促进行业可持续创新体系的形成。中国光伏（PV）行业面临的壁垒以及光伏企业的全球战略（Jin et al.，2019）表明了发展精心设计的本地市场的重要性。因此，政府应在新兴产业市场创建中发挥作用，这在以前的研究中被忽略了。这是因为新兴知识密集型产业的市场，例如新能源汽车和光伏汽车的市场，不能仅基于个人的需求来发展。

本研究强化了政策与新兴产业的协同演化过程。这个协同演化过程表明政策具有适应性和弹性。随着市场的发展，激励政策的目标可能会从鼓励新能源汽车的消费转变到市场创建和消费者新能源汽车意识提高，变到为促进市场扩张和维护的新能源汽车基础设施建设，再到推进汽车市场和产业转型的新能源汽车配额制度。市场的快速变化引发了这种转变。这些发现验证了 Jin and McKelvey（2019）关于市场发展中政策的演化本质的研究结果。

我们将进一步深化研究，以考虑新能源汽车行业政策和技术的未来演化。例如，跨地区行驶时由于缺乏足够的基础设施网络而导致新能源汽车存在长途行驶方面的不足。由此新能源汽车产业被认为是一个具有一定地方保护色彩的产业。政府如何努力减少地方保护、权衡在开放市场中国际竞争对手的正面和负面影响，以及提高本土汽车制造商的经济利益？考虑到电池的回收利用以及由于增强技术和人工智能技术广泛应用带来的技术变革，政府应采取什么措施来引导新能源汽车产业的绿色可持续发展？此外，政府未来如何引导企业投资燃料电池技术和其他新能源技术？这些都是今后值得思考和研究的一些问题。

参考文献

朱茜(2017). 2017 年中国电动汽车充电桩建设规模数据汇总. ［2017-11-24 ］. https://www. qianzhan. com/analyst/detail/220/171024-6879e4a6. html.

Andersson，P. (2013). Rethinking regional innovation. Systemic Practice and Action Research，26(1)：99-110.

Asheim，B.，Coenen，L. （2005）. Knowledge bases and regional innovation systems：Comparing Nordic clusters. Research Policy，34 (8)：1173-1190.

Belussi，F.，Sammarra，A.，Sedita，S. （2010）. Learning at the boundaries in an "open regional innovation system"：A focus on firms' innovation strategies in the Emilia Romagna life science industry. Research Policy，39(6)：710-721.

BNEF (Bloomberg New Energy Finance) (2016). Electric vehicles to be 35％ of global new car sales by 2040. ［2016-2-25］, https://about. bnef. com/blog/electric-vehicles-to-be-35-of-global-new-car-sales-by-2040/.

Bohnsack, R., Pinkse, J., Kolk, A. (2014). Business models for sustainable technologies: Exploring business model evolution in the case of electric vehicles. Research Policy, 43(2): 284-300.

Buesa, M., Heijs, J., Martínez Pellitero, M., Baumert, T. (2006). Regional systems of innovation and the knowledge production function: The Spanish case. Technovation, 26(4): 463-472.

Chaminade, C., Vang, J. (2008). Globalization of knowledge production and regional innovation policy: Supporting specialized hubs in the Bangalore software industry. Research Policy, 37(10): 1684-1696.

Chan, K., Lau, T. (2005). Assessing technology incubator programs in the science park: The good, the bad and the ugly. Technovation, 25(10): 1215-1228.

Cho, H., Lee, J. (2003). The developmental path of networking capability of catch-up players in Korea's semiconductor industry. R&D Management, 33(4): 411-423.

Chung, S. (2002). Building a national innovation system through regional innovation systems. Technovation, 22(8): 485-491.

Cooke, P., Gomez Uranga, M., Etxebarria, G. (1997). Regional innovation systems: Institutional and organisational dimensions. Research Policy, 26(4-5): 475-491.

Fang, K., Bao, J., Ye, R., Zhu, F. S. (2013). The economic benefit analysis and environmental value assessment of the pure electric taxi based on the demonstration operation in Hangzhou, China. In: Proceedings of the International Conference on Energy 2013. Lancaster, Pennsylvania: DEStech Publication, pp. 53-62.

Feng, W., Figliozzi, M. A. (2012). Conventional vs electric commercial vehicle fleets: A case study of economic and technological factors affecting the competitiveness of electric commercial vehicles in the USA. Procedia: Social and Behavioral Sciences, 39: 702-711.

Foxon, T. (2011). A coevolutionary framework for analysing a transition to a sustainable low carbon economy. Ecological Economics, 70(12): 2258-2267.

Geels, F. W. (2002). Technological transitions as evolutionary reconfiguration processes: A multi-level perspective and a case-study. Research Policy, 31(8-9): 1257-1274.

Geels, F. W., Raven, R. (2006). Non-linearity and expectations in niche-development trajectories: Ups and downs in Dutch biogas development (1973—2003). Technology Analysis and Strategic Management, 18(3-4): 375-392.

Harrison, G., Thiel, C. (2017). An exploratory policy analysis of electric vehicle sales competition and sensitivity to infrastructure in Europe. Technological Forecasting and Social Change, 114: 165-178.

Hekkert, M., Suurs, R., Negro, S., Kuhlmann, R., Smits, S. (2007). Functions of innovation systems: A new approach for analysing technological change. Technological Forecasting and Social Change, 74(4): 413-432.

Herriott, R., Firestone, W. (1983). Multisite qualitative policy research: Optimizing description and generalizability. Educational Researcher, 12(2): 14-19.

Hodge, G. A., Greve, C. (2007). Public-private partnerships: An international performance review. Public Administration Review, 67(3): 545-558.

Jin, J., McKelvey, M. (2019). Building a sectoral innovation system for new energy vehicles in Hangzhou, China: Insights from evolutionary economics and strategic niche management. Journal of Cleaner Production, 224: 1-9.

Jin, J., Dong, Y., Chen, J. (2012). Incentive policies to address climate change in China. International Journal of Innovation and Technology Management, 9(4): 1250031.

Jin, J., Zhang, Z., McKelvey, M. (2015). The emergence of knowledge intensive entrepreneurship in China: Four science-oriented nanotech start-ups in Suzhou. In: McKelvey, M., Bagchi-Sen, S. (eds.), Navigating Innovation Spaces in Asia. Cheltenham: Edward Elgar Publishers, pp. 144-166.

Jin, J., Mckelvey, M., Ruan, A., Guo, M. (2016). Role of business model innovation and public-private partnership in the development of new energy vehicles: Experience from Hangzhou, China. In: DRUID Conference 2016, Denmark.

Jin, J., Zhang, Z., Wang, L. (2019). From the host to the home country, the international upgradation of EMNEs in sustainability industries — The case of a Chinese PV company. Sustainability, 11 (19): 5269.

Karlsen, J. (2013). The role of anchor companies in thin regional innovation systems lessons from Norway. Systemic Practice and Action Research, 26(1): 89-98.

Kemp, R., Schot, J., Hoogma, R. (1998). Regime shifts to sustainability through processes of niche formation: The approach of strategic niche management. Technology Analysis and Strategic Management, 10(2): 175-198.

Kihlgren, A. (2003). Promotion of innovation activity in Russia through the creation of science parks: The case of St. Petersburg (1992—1998). Technovation, 23(1): 65-76.

Kristinsson, K., Rao, R. (2008). Interactive learning or technology transfer as a way to catch-up? Analysing the wind energy industry in Denmark and India. Industry and Innovation, 15(3): 297-320.

Li, W., Long, R., Chen, H. (2016). Consumers' evaluation of national new energy vehicle policy in China: An analysis based on a four paradigm model. Energy Policy, 99: 33-41.

Li，Y.，Zhan，C.，de Jong，M.，Lukszo，Z. (2016). Business innovation and government regulation for the promotion of electric vehicle use: Lessons from Shenzhen，China. Journal of Cleaner Production，134 (15): 371-383.

Löfsten，H.，Lindelöf，P. (2002). Science Parks and the growth of new technology-based firms — Academic-industry links，innovation and markets. Research Policy，31(6): 859-876.

McKelvey，M.，Lassen，A. H. (2013). Managing Knowledge Intensive Entrepreneurship. Cheltenham: Edward Elgar Publishers.

Midler，C.，Beaume，R. (2010). Project-based learning patterns fordominant design renewal: The case of electric vehicle. International Journal of Project Management，28(2): 142-150.

Mu，Q.，Lee，K. (2005). Knowledge diffusion，market segmentation and technological catch-up: The case of the telecommunication industry in China. Research Policy，34(6): 759-783.

Mytelka，L. (2004). Catching up in new wave technologies. Oxford Development Studies，32(3): 389-405.

Nill，J.，Kemp，R. (2009). Evolutionary approaches for sustainable innovation policies: From niche to paradigm? Research Policy，38(4): 668-680.

REN21 (2013). Renewables 2013 Global Status Report. Paris: Renewable Energy Policy Network for the 21st Century (REN21).

Rubach，S. (2013). Collaborative regional innovation initiatives: A booster for local company innovation processes? Systemic Practice and Action Research，26(1): 3-21.

Rydin，Y.，Turcu，C.，Guy，S.，Austin，P. (2013). Mapping the coevolution of urban energy systems: Pathways of change. Environment & Planning A，45(3): 634-649.

Schot，J.，Geels，F. (2008). Strategic niche management and sustainable innovation journeys: Theory，findings，research agenda，and policy. Technology Analysis and Strategic Management，20(5): 537-554.

Taylor, P. G. , Bolton, R. , Stone, D. , Upham, P. (2013). Developing pathways for energy storage in the UK using a coevolutionary framework. Energy Policy, 63: 230-243.

van Rijinsoever, F. , Welle, L. , Bakker, S. (2014). Credibility and legitimacy in policy-driven innovation networks: Resource dependencies and expectations in Dutch electric vehicle subsidies. Journal of Technology Transfer, 39(4): 635-661.

Vecchiato, R. , Roveda, C. (2014). Foresight for public procurement and regional innovation policy: The case of Lombardy. Research Policy, 43(2): 438-450.

Xue, Y. , You, J. , Liang, X. , Liu, H. (2016). Adopting strategic niche management to evaluate EV demonstration projects in China. Sustainability, 8(2): 142.

Yin, R. K. (2009). Case Study Research: Design and Methods. 4th ed. Thousand Oaks, CA: Sage Publications.

Zhang, Z. , Jin, J. , Guo, M. (2017). Catch-up in nanotechnology industry in China from the aspect of process-based innovation. Asian Journal of Technology Innovation, 25(1): 5-22.

第3章 中国科技园区的创新生态系统发展水平评价

陈向东,刘志春,瓦莱丽·玛琳·亨斯托克

【摘要】 作为国家创新体系重要的创新设施之一,中国国家高新技术产业开发区的组织和运行,与欧洲、北美一些国家和地区科学园区的发展有可以类比之处。科技园区在中国迅速发展,从 1990 年初沿海和内陆地区的 53 个增加到 2016 年的 188 个。国内外学者在经济和创新研究的不同领域都曾开展对这些体系的评估研究,但主要针对创新能力和产出绩效的评估。本章重点从创新生态系统的角度对中国科技园进行评价,特别关注典型区域创新活动的结构、功能、知识和信息流动。本章设计并提出了一个基于创新生态系统的创新绩效分析框架,并对 1990—2014 年中国 53 个科技园的创新生态系统绩效进行相应的实证检验,分析了中国科技园区在动态创新流动方面的发展特征,以及北方和南方典型区域对比之下的园区创新特点。研究结果可为中国高科技产业园区的发展政策和相关研究提供参考。

【关键词】 创新生态系统;国家高新技术产业开发区;科技园区;高科技产业;中国

3.1 引 言

中国国家高新技术产业开发区(本研究以科技园区具名,以便与国际上的相关研究相对应),可以视为国家级科技型工业园区,在发展形式上与欧洲和北美的科学园区有可以类比之处，但又存在较为重要的差异。中国的科技园区都经过国家层面管理机构的批准和认定，通常位于较大城市以及沿海较为开放的工业技术集群地区，存在着市场驱动和政策驱动的交叉作用。科技园区通常以高度聚集的知识创新和技术创新活动及其开放性设施建设为开端，旨在整合国内外先进技术资源，取得必要的风险基金和运行管理经验，并以有利于相关区域高科技企业、孵化器和初创企业运营的优惠配套政策为其发展特征。作为政府最突出的国家创新政策之一，科技园区的建设始于 1988 年 8 月，通过"火炬计划"的实施来实现以特殊的区域型创新政策促进高新企业发展的重要格局（PCAST，2003）。

这一期间，所谓高科技内涵在相关的政策范围，主要涉及微电子、电子和信息技术、空间科学和航空航天技术、材料科学和新材料技术、光电子和光电子、机械集成技术、生命科学和生物技术、能源科学和新能源资源、高效节能技术、生态科学和环境保护技术、地球科学和海洋工程技术、基础材料科学和应用技术、制药科学和生物制药技术等新技术以及传统产业改造技术。特别以 1992 年为重要发展节点，中国国务院批准了 53 个国家技术产业开发区。此后，国家火炬计划（科技园）（中国科学技术部实施的一项加快高科技产业基础研究政府重要计划）的规模不断扩大，截至 2015 年 12 月，全国已有 149 个国家级的科技园区。

作为国家级科技园区，区域内的高科技企业享有经济优惠政策及其带来的额外收益，例如相对较低的进出口关税（特别是对那些用于产品出口的材料或部件收取零关税）、更方便的融资机会（如银行发行的公司债券），以及其他相关政策如高科技产品公司仪器的快速折旧等。

2013 年，以 114 个科技园区运行规模为基准，约 7.8 万家公司的总收入达到 20.3 万亿元（其中高科技类型的企业占 30% 以上）。而在科技园区工作的 1400 万名员工中，近一半在高科技企业工作。大多数高科技企业属于新兴技术领域中的战略支柱产业。

国家高新技术产业开发区分布于中国的典型城市和地区。由于大学、研究机构和许多其他相关资源的差异，知识资源和技术创新储备基础各不相同，这些科学园区的创新质量和生产数量也可能有很大不同。根据 Chen（2014）对 88 个这样的科技园区的研究，基本上可以确定 5 种不同的发展模式，即：①本地大学和研究所支持的垂直技术转移特征模式，如北京中关村科技园和武汉东湖科技园;②区域创业集群初创企业支撑模式,如深圳区;③地方政府政策及多种来源支持的产业转移支撑模式,如中西部地区中型城市的科技园区;④强大东南亚地区商业文化和产业转移支撑模式,如在苏州和无锡的投资集聚科技园;⑤国际先进生产资源(特别是来自大型海外跨国公司的研发机构)支撑模式,如上海张江科技园。

本章通过创新生态系统理论框架来分析科学园区的发展,希望综合多种科技园区发展驱动力量的作用。此类观测和评价框架的分析概念和分析技术本身就具有一种综合考察的优点。具有高技术创新特点的高科技企业的经营需要快速的市场响应,但也可能依赖更具创新特点的政策支持,特别是在金融支持方面,因此,创新生态系统的研究视角更适合在区域层面开展创新研究。该研究框架可以结合特定地区的多种要素和资源,突出区域创新活动的非线性特点。也就是说,不局限于所谓投入和产出方面的分析,以区域特征为代表的科技园区的建设客观上不可避免要受到区域市场、政策、企业和大学,以及区域商业习惯和文化的影响,这样的创新活动更像是多样化成长环境中的生物衍生和演化过程。某些特定地理区域上的创新活动更可以看作是创新活动理论综合分析的集成载体。创新生态系统研究的另一个突出要点是创新活动的可持续性,而科学园区发展的重要性质正是创新可持续发展的品质,或说是以这种持续创新为代表的创新质量。也是由于这类原因,在与创新生态体系相关的一些国际国内研究工作中不难发现针对科学园区的创新及技术转移的研究,包括国别和区域差别的研究。因此,本章对中国典型科学园区(国家高科技产业开发区)的研究就以创新生态系统的理论和视角展开。

3.2 文献综述

创新生态系统的概念起源于美国总统科技顾问委员会于 2003 年发布的一份报告—《维持国家创新生态系统:信息技术制造和竞争力》(PCAST,2003)。根据该报告,一个国家的技术创新的领先地位取决于动态的"创新生态系统",而不是一个相当机械的投入端到产出端的线性过程。总结国内外学者对这一概念的延伸研究,可以得出创新生态系统研究的三个维度:创新结构，创新力和创新的因素流动。创新生态系统的评价方法也是这类系统思路的另一个重要方面。

在有关科学园区创新活动的评价研究方面，包括国际国内的研究，特别针对中国科学园区，也都有一些相应的研究试图将创新生态系统的概念和理论解释用于评价高科技区和经济技术开发区（都在不同程度上重视高科技对地区乃至国家整体经济产出的作用）。例如，Rishikesha(2011)曾应用创新生态系统框架研究美国硅谷和印度案例中的高新技术产业园区，而吴长年和魏婷(2005)、苗红和黄鲁成(2007)等研究工作则应用创新生态体系观点对苏州科技园区的案例的研究，特别采用多层模糊综合评价法贯彻其中的主要原则，研究结果认为这一科技园区的技术创新生态系统的发展处于健康状态，但在所谓维持能力、创新环境质量等指标上有所不足。孙洪昌(2007)通过建立技术开发区创新生态系统模型，通过综合生态位分析方法，分析了高新技术开发区内"首创型"企业的创新活动。这些研究是本研究应用创新生态系统观点和方法的重要参考。

在针对科技园区的评估维度和相关指标的建构方面（更多是从创新活动的产出绩效和创新效率的角度），也有一些相应的研究可资参考。陈益升等(1996)选择结构和功能维度指标评价科技园区，例如孵化场地面积、孵化企业数量等作为评价国家高新区的创新功能评价指标。也有学者更注重科技园区发展和形成过程及其整体性能，如庞莹等(2009)的研究应用中国53个科技园区样本，重点研究这些园区的形成、生产过程特质和工业技术创新活动三种类型。王萍和刘思峰(2009)则应用熵评价方法，对中国15个科技园区样本进行研究，并提出针对科技园区创新能力评价的指标体系，包括本土创新能力的投入、资源分配能力、管理能力、设施支持能力和生产能力等5个维度，相对而言比较重视其中的管理问题；刘昱含(2010)则用数据包络分析(DEA)方法，以及主成分分析和聚类分析技术的组合方法，以中国13个试点科技园区为研究对象，提出一种科技园区创新效率的评价体系；杜海东(2012)的研究注重创新效率测度的三个子系统—技术创新能力、制度创新能力和设施支持创新能力以及其间关系。

显然，目前有关创新生态系统的研究和有关针对科技园区建设及其创新产出等两个方面的研究都有一些典型工作成果，但主要从创新活动的制度维度、功能或结构维度及其类型特征的研究相对较多，也在一定程度上反映创新生态系统的研究观点,但将创新生态系统观点,特别是从科技园区的资源状态、具有可持续创新性质的产出状态、具有知识和信息流动特征的过程状态结合起来的研究还相对较少。此外,对科技园区这类兼有政策作用和市场作用的机制的研究应当重视其内在要素的定义和其中的相互作用,而不仅仅是科技园区的创新产出。事实上,创新政策导向的重要问题是可持续性,即经由政策和市场的交叉作用来促进和诱导其创新活动向高附加价值的高科技市场推进。因此,分析其中必要因素的动态特性和相互作用比单体要素的研究和观测更为重要。本研究本着这样的研究思想,希望提出一种适应于中国科技园区(即国家高新技术开发区)建设发展状态的、结合动态发展和要素流动的观测和评估分析框架。

3.3　科学园区创新生态系统的概念和结构

3.3.1　科学园区创新生态系统的概念分析

根据前面的分析,本章结合科技园区发展特点,定义其创新生态系统的相关内涵如下。

为体现创新生态系统的研究观点,应注重科技园区的三个状态的分析和观测,即:①园区创新活动的起始状态,相当于系统的初始投入水平;②园区创新活动的阶段外部绩效状态,相当于特定时间段的产出水平;③园区创新活动的要素流动,特别是知识和信息的流动。其中,科技园区创新生态系统的核心观测应当聚焦园区要素,特别是知识和信息要素的流动上面,因为这些要素的流动可以生动体现园区各类创新主体和组织相互关系及创新活动的动态发展潜力,一般反映为产品流、信息流、资本流、人才流等。通过这样的三维视角研究一定时间范围内科学园区的创新生态系统发展和性能是较为贴切的。

因此,本研究更侧重于评估科学园区创新生态系统中必要创新要素的动态流动。

3.3.2　科技园区创新生态系统结构

鉴于以上分析,本章认为科技园区创新生态系统应是一个创新活动的有机体,其构成包括关键能动要素(如人力资本要素)和环境要素(如相关的政府政策和市场需求),以及必要的资源要素(如人力资源、创新创业资本要素等),其中生态要素之间的流动要素(创新性知识和信息)应是主要的观测内容。因此,从创新生态系统的研究和分析角度,本章提出如图 3.1 所示结构图形作为研究框架。该研究框架侧重于起始端要素、产出段水平,以及要素"流",而不仅仅是要素本身。政府政策和市场反应都可看作是科技园区建设和发展有机体的必要环境因素,也是科技园区创新生态系统的组成部分。

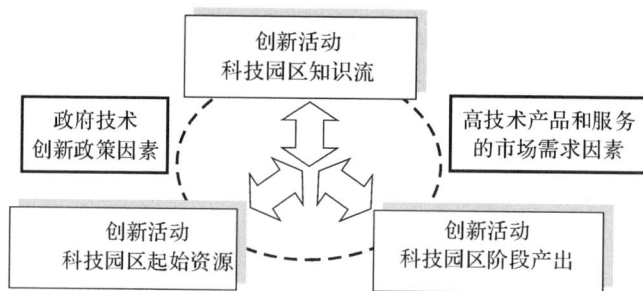

图 3.1　创新生态视角的科学园区检验研究框架

关于创新活动的能动要素,本章认为创新有机体包括来自拥有当前知识资源的所有权人(关键技术发明人及其团队、创业者、技术成果的所有权人等),以及促进知识资源转化的必要资源如创新创业金融资本等要素。其中,知识资源所有权人、高技术产品生产者(创业者)构成科技园区创新生态系统的能动要素,包括知识创新活动的参与者、发明人以及高科技企业生产和创造、创新活动的所有权人等,同时也包括其中的创新服务组织。这些资源和组织背后通常也具有强大的政府政策背景。一般而言,在科技园区的发展机制中和给定的时间空间里,所有创新活动的参与者群体及相应的创新服务组织共同构成所谓创新社区,这是科技园区特有的发展状态。创新社区包括三类技术创新活动源泉性机构,即高等院校和科研机构、高科技创新创业公司、高科技服务组织(包括金融服务和技术服务)。其中,高科技企业是技术创新活动的聚焦点或活动载体,大学和科研机构是知识和技术创新活动的主体和参与者。创新服务组织包括公共服务组织和公共技术平台。公共服务组织通常由两个主体组成,一个是直接为创新孵化的初始生长过程提供适当的孵化环境和条件的生态载体;另一个是提供创新孵化的平台型机制,如知识产权结构、技术转移中心、人才培养组织、金融机构、咨询机构等专业性服务组织。

　　基于上述分析框架,本章提出两个结构图形来刻画科技园区的研究重点。图 3.1 用于描述科技园区创新生态系统的三维度观测框架,其中纳入科技园区创新活动的政府政策因素和市场需求因素,图 3.2 则用于强调科技园区的要素流动以及动态变化。

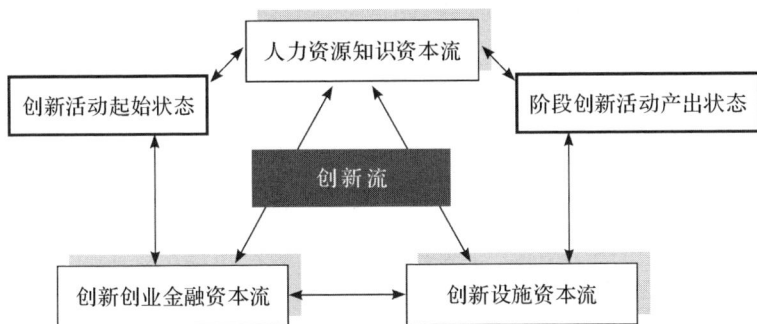

图 3.2　以创新生态体系观点的科技园区观测框架

　　从生态系统角度看,生态系统因素可以由内部环境和外部环境两部分组成。创新生态系统的内部能动要素是具有新鲜科技知识和创造力的人才资源,以及创新活动所需的金融资本和服务质量因素,同样也需要相应的人力资源来推动。然而,这些内部能动因素需要外部能动因素来激励其运作,这些因素包括创新文化、地域社会文化差异、法律环境、区域经济条件和区域创新的资源禀赋,其中政府创新政策及其发展趋势应当是最重要的因素。

　　政府政策是影响科学园区创新的独特干预者和调节者,我们将其作为积极的内部因素看待。同时,适当水平以上的市场需求是科技园区技术创新活动发展的重要影响因素,并且反映在产品工序以及工艺创新的延伸驱动上面,从而推进科技园区的技术创新健康发展,并最终反映为具有增长潜力的经济收益。

　　关于科技园区要素动态流动,从创新生态系统的研究角度看,更重要的地方在于区域潜在创新力量上的两种流量驱动,即有形要素流动(或基于材料/设施的要素流动）及无形要素的流动（或可具体为知识和信息的流动）。具有创造性意义的知识和信息流动主要在于其有效载体，即人力资源，特别是各类专门人才的流动，因为这类人力资源更适合于在科技园区这样的多要素交互作用的平台上发挥力量，其客观表现大多以包含创造性思维优势的知识和相关信息流动来反映。另一方面，与设施型资本流动和货币型资本流动相伴随的，往往也是专业人力资源的积极参与和导向作用。因此，图3.2中的三类要素流动仍然以丰富的人力资源发展为后盾。

3.4 科学园区创新生态系统角度的评估框架

基于对科学园区创新生态系统的整体视角的分析和描述，本章针对科技园区创新生态系统的评价主要从"态"（初始状态）评价、"流"（创新要素流动）评价和"势"（阶段产出优势）评价三个方面展开。其中，"态"主要用于评价园区创新投入的情况，"势"主要用于评价创新产出情况，"流"的水平和强弱则体现创新生态系统的生动程度。因此，本章构建的科技园区创新生态系统评价体系是由一系列有内在联系、有代表性、能够概括科技园区创新活动的要素组成的，特别突出了其中的要素流动，也可用来作为产出势的解释因素。尤其是，不同地理位置和不同文化背景下的科技园区通过三个方向上的差异及其分析，也可以表现其中的创新文化影响。这些维度的考察，特别是对"流"维度的观测可以代表创新生态系统的基本概念和思想及其独特的观察角度。

3.4.1 起始状态（简称"态"指标）——评价参数

表3.1是本研究用于评价科技园区框架的"态"维度典型指标，这些指标也是参考国家/地区创新活动相关的科学技术统计资料中可得性便利来选取的，同时也能反映科技园区创新生态位的概念思想。

科技园区"态"维度主要关切园区建设的金融资本、人力资本（技术与管理人才）、设施资本（创新活动的设施准备）以及相应的政策支撑水平。一个表现优秀的创新园区体系通常可以获得更广阔和更优越的生态位，这是科学园区的类似情况。当创新体系本身运行良好时，它可以连续获得更广泛和更优越的生态位,并沿着快速和良好的可持续方式发展。例如,如果这些人才能通过科学园区内部的创新活动拥有更多的空间发挥他们各自的能力和精力,人才生态位就可以更强能力发展。同时,政策在推动创新发展中起着越来越重要的作用。科学园区政策生态位显示了对科技园区创新活动的支持力度。

表 3.1　科技园区"态"维度评价典型指标

1 级指数	2 级测量	3 级测量
生态位 (初始投入)	起始段 资本投入水平	研发支出与当地生产价值的比例
		技术转移支出
		年末实现外资企业累计投资
		委托国内研究机构进行科技活动的支出
		上市公司在股票市场上融资的股本
	人才投入	每万人拥有本科或以上学历的人数
		从事科技活动的人员占全体员工的百分比
	政策投入	财政和技术支出占当年财政支出的百分比
		科技项目总数
		扣除所得税后研究开发支出豁免金额在研究开发支出总额的百分比
		国家级科技企业孵化器数量
	设施(固定资产等)	高科技企业科技仪器占企业总数的百分比
		本年度每平方公里实际管理面积的固定资产投资总额

3.4.2　阶段创新活动产出势(简称"势"指标)——评价参数

"势"指标代表阶段性创新活动产出,具体分析可以包含三个方面:科技产出效应(技术产出)、显著市场效应(市场价值)、经济产出和社会效益(社会效益)(表 3.2)。通常社会效益产出代表了技术创新活动带来的社会积极影响,包括个人就业、财政收入、制度创新辐射、发展模式示范作用等。

表 3.2 "势"指标评价

1 级指数	2 级测量	3 级测量
"势"指标	知识/技术产出水平	每万人新增发明专利数量
		发表科技文章数
		国家或行业标准数量
	经济产出水平	高科技企业总收入占园区经营收入的百分比
	社会效益产出水平	企业销售收入利润率
		人均税金
		就业人员的平均工资
		国外设立研发和制造机构数量

3.4.3　创新生态系统流(简称"流"指标)——评估指标

　　创新生态系统中的创新活动可以通过创新创造的元素、人才、信息和现金流的积极流动来反映(表 3.3)。因此，创新生态系统流可以包括价值观、信息、人才和其他相关资产。价值流主要是创新生产过程中产生的高科技收入，并且价值增加和转移过程也可以是流系统的重要组成部分。信息流是指高科技公司内部或之间各种研发和生产的交流和交流。人才流动对创新活动更为重要，通过组织内部和组织之间人才的积极流动，可以产生先进的知识以及相关的产品和流程创新。此外，超出整个科学园区或来自外部资源的信息流量在很大程度上依赖于人才流动。这尤其适用于中国海外归来学者在各种高科技产业和科学园区的根本创新中发挥关键作用的情况。

表 3.3 "流"指标相关的统计指标

1 级指数	2 级测量	3 级测量
系统流	高科技收入流量	人均业务/技术承包商
		新产品价值占增加值(万元)的百分比
		技术收入占科技园总收入的百分比
		技术服务出口占总出口的百分比
		担保资本总额

续表

1 级指数	2 级测量	3 级测量
系统流	高科技信息流	在本年度确认的高新技术企业数量
		国家科技奖励数
		本年新注册企业占企业总数的百分比
	高科技人才流	本年度新增海外归来学生数占新增员工的百分比
		国家"千人计划"新选定的人数
		大学毕业生占新雇员总数的百分比
	能源要素流	工业企业(万元)新增加值的综合能耗

3.5　中国高新区创新生态系统评价实证研究

3.5.1　数据源和评估样本选择

本章有关创新生态系统评价研究的数据来自国家科技部火炬高技术产业发展中心编写的《中国火炬统计年鉴》和《国家高新技术开发区企业统计报告》,以及科技部编制的《高新区综合统计报告》。由于中国科技园区数量在不断增加,我们选取较早期间我国政府批准的 53 家国家高新技术产业开发区(简称科技园区)作为研究样本,因其拥有更完善的统计信息,便于开展较长时间的研究,从而保证研究结果的有效性。

3.5.2　创新生态系统评价方法

本章通过应用创新生态体系的概念来构建科技园区创新活动的评价框架。同时,对三类体现创新生态水平的评价指标可以考虑应用多种多维定量分析方法,如,主成分分析(PCA)、分析、层次分析(AHP)、能量分析、模糊评估方法和神经网络分析方法等。每种数据分析方法都有各自的优点和应用范围。PCA 方法可以在保证原始信息量的同时有效降低多类指标维度,特别是在被测指标类型数量较多时(马天慧和黄春毅,2009)。同时,PCA 方法得到的有效主成分彼此独立,参考其对应的指标含义可以对不同主成分赋予相应的物理意义。在综合评价函数中，每个主成分的权重取决于其对原始测量信息集的贡献率水平。通常意义上，样本之间具有最大差异的那些指标会反映在贡献率更大的主成分上面，这有助于确定客观合理的权重水平及其主成分含义，从而克服其他一些评估方法中定义权重的主观偏差（俞立平等，2009）。因此，本章应用 PCA 方法，对 53 个样本科技园区创新生态系统中的"态""势""流"进行分析，以捕捉足够的信息。

3.5.3　结果分析

基于主成分分析方法，本章通过分析 53 个样本科技园区相应指标数据，得到三个主成分，每个主成分所包含的指标意义分别对应上述分析的科技园区创新生态体系的"态"指标、"流"指标、"势"指标。同时，这一主成分分析结果也表现出，在所有科技园区样本的三类指标上，"态"维度对应的统计指标之间差别最大（形成第一主成分），而"流"维度对应的统计指标差别次之，"势"维度对应的统计指标间差距最小。同时，通过主成分分析也可获得每一个科技园区样本在三个主成分维度上的得分及其汇总，可用来反映相应样本科技园区在创新生态体系框架下所处的位置和发展水平。表 3.4 列出了其中排名最靠前的 10 个科技园区的发展水平。

表 3.4　创新生态系统测量排名（前 10 名）

科技园区	"态"维度	"流"维度	"势"维度	汇总
北京	11.34	15.21	26.79	53.33
上海	11.37	10.2	15.73	37.3
深圳	10.44	10.22	14.62	35.28
成都	10.58	11.24	12.15	33.96
武汉	10.29	10.63	12.63	33.55
广州	9.99	10.22	12.81	33.02
济南	10.06	12.14	10.34	32.53
西安	10.59	10.28	11.47	32.34
杭州	10.64	10.63	10.34	31.6
合肥	10.35	10.21	10.85	31.4
STD	0.469	1.573	4.902	6.535

科技园区	"态"维度	"流"维度	"势"维度	汇总
STD (total)	0.436	0.868	2.738	3.775
STD (NT)	0.318	0.260	0.661	0.825

注:STD 是前 10 个科学园区的标准差,而 STD(NT)是其余 43 个科学园区的标准差,STD (total)则是所有 53 个科技园区样本的标准差。表中仅选取前十个样本的原因是其余样本在三维度得分水平方面非常相似。

研究结果可以清楚地显示以下两个显著特征:

(1)参考表 3.4,对于所有 53 个样本科学园区,第一主成分"态"维度的得分水平相似,尤其在前 10 以外的其他 43 个样本之间的得分标准偏差相对最小,而产出方面的"势"指标上的得分差距存在较大差异,尤其在前 10 样本群中标准差最大。这也说明,从创新产出角度看,53 个样本区的创新活动水平是高度集聚的,尤其是那些排名靠前的样本之间,此类集聚现象更为突出。同时,各样本之间在"流"维度上的得分差异也较大,尤其表现在前 10 名样本科技园区之间,这意味着中国科技园区的创新效率存在较大差异。这一点在 10 个排名靠前的样本园区中表现更为突出(参考专门针对 10 个样本园区的偏差统计水平)。但在余下的 43 个样本园区中,"流"维度的得分差距则最小,说明以要素流动来解释产出势的差异,不如用初始投入的"态"维度指标的作用。

显然,创新生态系统视角中的所有绩效参数在这些样本中分布相当不均衡,特别是在前 10 名科技园区中,这也意味着极少量的科技园区在创新生态体系观测框架下,尤其在产出势测度上更为出色。同时,本研究也体现出,创新活动的"流"维度测度在本研究中较为重要,是第二个差距表现显著的变量。

(2)处于中国南方的科技园区总体表现优于北方,因此,本章将所有样本再分为南方与北方地区两组,以便进行更详细的对照。根据主成分分析结果,将此 53 个样本科技园区在 3 个维度中作 2×2 维度的考察(图 3.3 和表 3.5;图 3.4 和表 3.6)。如表 3.4 所示,样本科技园区的"态"维度与其他两个维度的值相比聚集现象更为显著,即"态"维度相关测量值以垂直方向观察,而其他两个维度方向则沿水平方向对比考察。

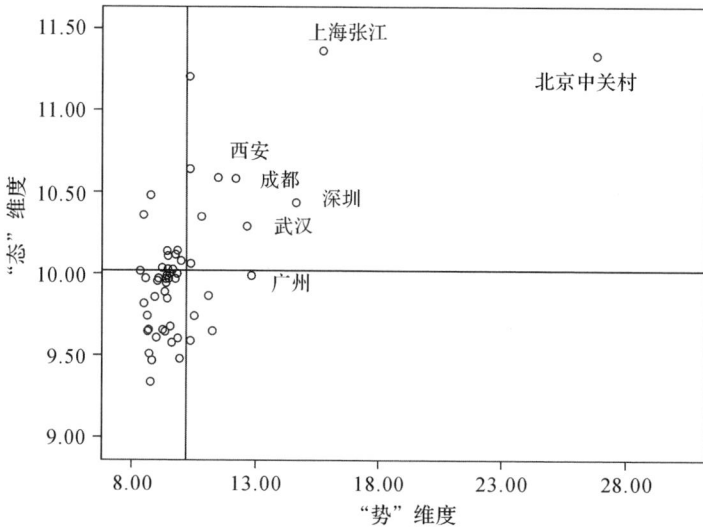

图 3.3 中国科技园区创新生态系统评价结果——"态"维度与"势"维度的对比
(注:基准线定义为该维度上所有样本的平均值)

可以看出,北京的中关村科技园居于生态位首位,上海张江、成都、深圳、杭州、西安、武汉东湖、杭州、合肥、天津、广州、长沙等地位于前14。然而,沿三维度量的样本科技园区之间也存在一定差异。表 3.5 提供了以"势"维度观测的典型城市科技园区相关位置。为方便对比样本之间的差异和相似性,这里只列出了那些"势"维度得分(图 3.3 和表 3.5)和"流"维度得分(图 3.4 和表 3.6)大于平均线的样本园区。

表 3.5 创新生态系统观测的我国典型科技园区排名结果("态"vs."势"维度,参考图 3.3)

项目		北方地区	南方地区
"势"+	投入态＋A	北京、西安、济南	上海、南京、杭州、成都、深圳、合肥、武汉
	投入态－A	天津、长春	广州、长沙、佛山

注:基准线定义为该维度上所有样本平均值,＋A 和－A 分别表示相关样本得分高于或低于平均线。

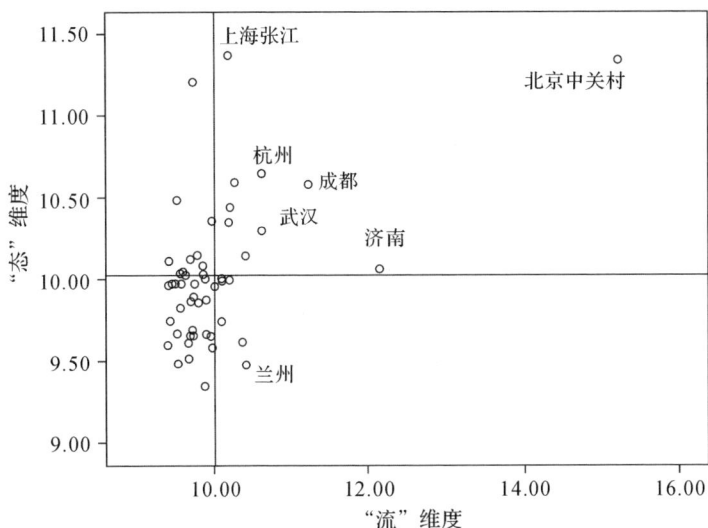

图 3.4　中国科学园区创新生态系统的评价结果——"态"维度与"流"维度比较
（注：基准线定义为该维上所有样本的平均值）

表 3.6　创新生态系统评价下的科学园区城市排名结果（"流"与投入维度，参见图 3.4）

窗口		北方	南方
流维度＋	投入态＋A	北京、西安、郑州、济南	上海、杭州、成都、武汉、深圳、合肥
	投入态－A	石家庄、大连、天津、兰州	广州、重庆

注：基准线定义为该维度上所有样本平均值，＋A 和－A 分别表示相关样本得分高于或低于平均线。

　　根据实证分析结果可以看到，每个科技园区创新生态综合水平在"流"维度上是不同的，但值得说明的是，样本园区在这一维度上的差异每年表现也不同，表明这一维度测度具有显著动态特点。可以说，本研究中我国典型科技园区排名在前 12 至前 16 名的样本园区都是承载国家重大创新活动的重要基地。从这一评价中也可以看出，总体得分上，沿海和内陆园区的差异表现较小；相对而言，北方和南方园区确实存在较大差异，这可能也表现了重要的市场机制发展和市场文化环境方面的差异。同时，科技园区当地的经济发展的影响也比较重要。总体而言，地方经济发展因素、重要的区域性城市的市场经济及创业文化因素都可能在城市为基础的科技园区创新活动中发挥关键作用。

3.6　中国科技园区典型案例

3.6.1　北京中关村科技园区

中关村科技园区位于中国首都北京，地理上聚集全国性高端技术创新资源，拥有大量先进的高等学校和科研院所及其高科技人才。中关村科技园区可以用六大优势来体现其典型性以及支持科技园区发展的各种优秀资源：①有相当多的高科技和创业公司，如联想、百度、东方资本、用友软件等发端于中关村，并从创业之初便拥有自己独特的知识产权资源；②有相当多的跨国公司研发中心，如来自英特尔、微软、IBM、AMD、甲骨文、诺基亚、西门子、爱立信、富士通、ABB、法国电信、NEC 等大型高科技跨国公司的研发中心，不少也落户于中关村，使其成为世界级各种创新资源的中心；③有相当多的大学和国家实验室设施，如以清华大学和北京大学为代表的 32 所高等院校及其设施，206 所重点科技研究所，112 个国家重点实验室，95 个国家工程（技术）研究所，以及 38 个国家工程实验室等；④有相当多的学术和高科技企业领域的领军人才，如中关村地区乃至北京市拥有中国科学院和中国工程院等 591 名院士及科技领导者，约占全国总数的 40％，以及高新技术企业员工 159 万，其中硕士和博士研究生 17.2 万名，海外留学回国人员 1.6 万名及 6000 余名创业人才；⑤有相当多的科技风险资本和金融基金机构，例如各种科技银行、天使基金、风险投资基金、创业基金会、信贷融资经纪人、知识产权经纪人、工业产权转让经纪人等；⑥更重要的是，中关村科技园区拥有相对比较强的创业文化。这些优点使得中关村科技园区在创新活动的投入、产出和知识与信息流方面都具有突出的地位。

2009 年，中关村科技园成为第一个国家科技创新示范区，当时也有大量的政策创新支持，包括股权激励和科技融资改革。2010 年下半年，中关村通过"1＋6 项"系列政策，成为吸引人才、吸引技术（技术转移）、充实资源结构调整和产业发展等诸多创新资源方面的平台。从创新生态体系的角度来看，人才、信息和价值创造的动态流动受到极大激励和有效提升，成为以后建立的其他科技园区发展的样板。

追溯中关村科技园发展路线可以发现,这一积极的创新转型故事可以分为四个时期:

(1)"电子一条街"时期(1983 年 1 月至 1988 年 4 月)

中关村原本是北京市北部中国科学院各类研究所之中的一条街道,20 世纪 80 年代初期,在中国沐浴改革开放春风的时代背景下,布满了个体或集体所有制形式的电子商店,以"前店后厂"的形式生产和销售以及专卖各类电子信息产品。正是这种活跃的电子市场的私人所有权形式(所谓"下海")打开了走向更为宽阔天地的商海,也发展出大量来自附近国有研究所(主要是中国科学院)的技术支持类商人或企业家,并于此成立了他们自己的创业企业。

(2)开发和实验期(1988 年 5 月至 1999 年 5 月)

1988 年,以这些创业型小型电子信息公司为基础,北京新技术产业开发区和实验区经国家批准成立,一年后形成所谓"一区五园"的格局。

(3)中关村科技园区(1999 年 6 月至 2009 年 2 月)

1999 年,中关村管理委员会组建成立。新成立的管理机构涵盖 10 个附属的科技园区,形成"一区十园"格局。

(4)国家创新示范区(第一个国家高新技术产业开发区)(自 2009 年 3 月)

自 2009 年批准并于 2012 年修订以来,中关村科技园区升级区可容纳 16 个园,规模发展进一步拓宽,走出了一条有特色的发展路线,并形成独特的定位模式。该园区许多发展成就居于全国榜首。2013 年,中关村科技园区总收入达到 3 万亿元,连续 6 年平均年增长 20%,其中,高科技服务收入占总收入的 1/3。中关村科技园区的主要科技产业包括电子信息、环境保护、先进制造、新能源、生物制药和新材料产业,其中电子和信息产业一直是中关村科技园区的传统领先部门。中关村科技园区的另一角色是积极扶持创业型企业,由大量教育和培训资源以及人力资源支持。新成立的创业公司通常占比达到约 25%,包括约 160 亿元(2012 年数据)的启动投资,此外还有建立于大学校园的科技园区(2012 年为 14 个,占全国大学科技园区的 15%)和国家科技孵化器(28 个,占总数的 6.5%)。由此可以看出中关村科技园区具有很强的政策支持资源特点。

3.6.2　上海张江科技园区

上海张江是关于中国科技园区发展的另一个传奇故事。张江科技园区成立于1992年,其地区科技资源与北京中关村相似,有类似的知识积累和一流的科技信息支撑条件,例如,上海地区拥有43所重点高等院校,50多个国家级研究机构,34个国家重点实验室和31个国家工程研究中心。上海也是吸引众多技术人才的创新中心。张江科技园区还具有上海地区独特的外资丰富的优势,特别是高科技和密集研发特征的大型跨国公司的投资。

总体来看,张江科技园区的独特优势是易于进入国际市场,可以灵活获得高科技融资,金融服务设施相对完备,有多元化投资融资渠道和工具可供选择,如上海股权交易中心(场外业务)、科技银行,更多的财务担保机构,150家初创企业投资银行,等等。由于地方政策灵活,自2000年以来,国内外高科技公司和跨国公司大量投资张江,包括中芯国际(半导体制造国际公司)、罗氏集团、辉瑞、AMD等。这为张江科技园区提供了从海外进口、学习和技术转移的独特市场地位。事实上,上海张江和北京中关村科技园区之间的主要区别在于,前者与国际高科技跨国公司的关系更密切,相对政策导向而言更强调市场条件和机遇,而后者与国内大学/国家研究机构联系紧密,同时有更强有力的政策创新。

3.7　结　论

通过对中国53个典型中国科技园区的分析(更准确地说,应称为"国家高新技术产业开发区"),从创新生态系统视角调查,可以总结出以下四个特点:

(1)早期建立的国家科技园区在中国各种高科技产业的快速发展中发挥着至关重要的作用。

(2)典型国家科技园区的发展路线是积极的政府创新政策支持和市场响应,但不同地区的发展特征有所不同。科技园区的起源可以完全是市场导向,如北京中关村科技园区的发展情形,但政策创新也起着积极的作用。如果考虑高等院校的聚集、不同地区商业和创业文化差别,以及市场经济发展的多样化,则不同地区的科技园区发展确实有着比较重要的差别化特征。同时,除了特殊的大型都市如北京和上海,在其他一些城市中,中国南方的科技园区要比北方城市科技园区发展更为活跃。

(3)从创新生态系统的观测理论和出发点来看,如本研究中使用的三维度观测框架分析,53 个科技园区在表现初始投入状态的"态"维度上水平是相似的,但在表现产出状态的"势"维度上则有显著不同,而在表现知识资产和技术信息的动态流动的"流"维度上的差异居中,这表明样本科技园区的创新效率存在较大差异。同时,以表现生态系统动态发展内在质量的"流"维度也应是观测和分析科技园区建设的重要参考。在本研究中,这一"流"维度上样本科技园区的水平还存在不同时间跨度上较大的波动。

(4)我国科技园区的整体发展还体现出较大的不均匀发展特征,少数科技园区的发展十分突出,例如本研究中列出的前 10 名科技园区。这一非均匀分布的发展特点也说明科技园区的创新活动表现出一种区域创新的资源聚集特点。这些发展突出的科技园区在中国高科技发展和创新政策方面有着重要的示范性作用和影响力。

参考文献

陈益升,欧阳资力,陆容安 (1996). 国家高新区考核评价指标体系设计. 科研管理,(6):31-35.

杜海东 (2012). 基于动态系统模型的科技园区创新能力影响因素分析. 科学管理研究,(2):9-12.

刘昱含 (2010). 基于创新视角的我国科技园区发展状况评价. 博士学位论文,湖南大学.

马天慧,黄春毅 (2009). 应用主成分分析方法对区域规划指标体系进行降维及评价. 科技情报开发与经济,19(29):125-127.

苗红,黄鲁成 (2007). 区域技术创新生态系统健康评价初探. 科技管理研究,(11):101-103.

庞莹,刘志迎,姜山 (2009). 我国高新技术开发区比较研究. 科技进步与对策,(3):68-71.

孙洪昌（2007）．开发区创新生态系统建构、评价与二次创业研究．博士学位论文，天津大学．

王萍，刘思峰（2009）．基于熵值法的高新园区自主创新能力综合评价研究．科技管理研究，（7）：161-163．

吴长年，魏婷（2005）．开发区生态系统健康研究——以苏州高新区为例．四川环境，（6）：54-58．

俞立平，潘云涛，武夷山（2009）．科技评价中不同客观评价方法权重的比较研究．科技管理研究，（7）：148-150．

PCAST （2003）. Sustaining the Nation's Innovation Ecosystems：Information Technology Manufacturing and Competitiveness. https://www.medicalmodsim.com/file/pcast-04-itreport.pdf.

Rishikesha，K.（2011）. Silicon Valley to India：Build an innovation ecosystem and good thinking will come. Ievy Business Journal，10：55-60.

第4章 专利合作网络对科技型
中小企业成长的影响
——以中国制药产业为例①

王黎萤,虞微佳,王佳敏

【摘要】 技术快速变革和全球市场竞争日益激烈的今天,企业拥有专利的数量和质量成为其生存和发展的关键,但科技型中小企业的创新资源匮乏且创新能力薄弱,只有选择和嵌入与企业发展相适应的专利合作网络才能真正促进企业创新绩效的提升。本研究打破以往对专利合作进行整体网络研究的范式,从自我中心的企业专利合作网络的构建开始,基于专利合作的广度和深度对专利合作网络进行二元结构分类及多重网络模式构建,以中国制药产业的科技型中小企业为例,探察和分析网络结构特征和演化规律对科技型中小企业成长绩效的影响机理。本研究结果表明专利合作网络可分为利用型专利合作网络和探索型专利合作网络,两种专利合作网络均对科技型中小企业的创新绩效产生积极影响,其中探索型专利合作网络所生成的影响更为显著,反映出科技型中小企业开放式创新的特征更适合高合作广度和高合作深度的专利合作网络发展模式。

【关键词】 专利合作网络;科技型中小企业;制药产业;影响机理;成长

---

① 本项目为国家社会科学基金重点项目(16AGL001)、浙江省软科学重点项目(2015C25040)、浙江省自然科学基金项目(LY16G020022);"浙江省哲学社会科学重点研究基地:技术创新与企业国际化"项目受中小微企业转型升级协同创新中心、浙江工业大学重点创新团队资助。

4.1 引　言

科技型中小企业是加快培育和发展生物医药等战略性新兴产业的重要载体，对国民经济增长和社会进步具有极为重要和深远的意义，但创新资源匮乏和创新能力薄弱始终是科技型中小企业难以突破的成长瓶颈。在开放式创新和网络化生存的今天，大量的科技型中小企业通过合作申请专利，购买、转让或许可专利技术，构建专利联盟等形式逐步建立专利合作网络，以此来获取创新资源和提升创新能力。专利合作已成为合作创新的重要形式，并且合作规模、强度、范围和密度都呈现递增趋势（栾春娟等，2008；刘凤朝等，2013）。在专利合作数量激增的背景下，管理开发专利合作网络资源已经成为科技型中小企业突破成长瓶颈的重要途径之一。科技型中小企业与多元创新主体间的专利合作逐渐向以社会网络为载体的关系邻近性发展，不同创新主体间合作程度与合作距离会影响企业创新资源的获取和创新能力的提升，现实中不乏由于广泛合作而导致对外部技术过度依赖的空心化企业，也存在由于重复合作而陷入技术刚性困境的企业（Nathan and Kovoor-Misra，2002；张首魁和党兴华，2009）。显然，科技型中小企业只有选择和嵌入与企业发展相适应的专利合作网络，才能真正促进企业创新绩效的提升。但是，目前对于企业主动构建及选择不同模式的专利合作网络，以及在网络中建立基于协同性伙伴关系的协调机制来促进企业创新绩效提升的研究还不够深入（Chesbrough et al.，2006；Schilling and Phelps，2007；陈劲等，2011）。利用更为客观的专利合作数据构建可视化的网络结构及开展网络动态演化的纵向研究，成为探究网络情境下提升科技型中小企业创新绩效的重要切入点。

4.2　专利合作网络的研究评述

4.2.1　专利合作网络的界定及构成

随着各国专利数据库的逐步完善以及相关分析软件的发展,专利合作网络创新模式逐渐成为国内外相关研究热点。基于专利权人合作信息、发明人合作信息、专利引文和引证信息以及专利权人间关联关系等,运用复杂网络理论(Burt,1995)和社会网络分析工具(UCINET、NETDRAW、PAJEK 等软件包),从网络视角研究企业与其他组织之间的专利合作网络。研究者在 Web of Science 数据库中对"Patent Network(专利网络)"进行从 1994 年 1 月至 2015 年 1 月的文献检索,集中在社会科学和经济管理领域,共得到 273 篇文献。从近 20 年每年出版文献数以及每年引文数可以看出,专利网络研究是近五年的研究热点。研究进一步对"Patent Cooperation Network(专利合作网络)"进行检索,发现相关研究集中在近 10 年,且是近三年的研究热点。研究针对"Patent Cooperation Network"的检索文献进行分类分析,相关文献主要在创新网络、研发网络、专利合作、知识转移、产业集群、产学研合作、技术预测等领域展开研究。其中运用专利数据或社会网络分析开展的研究占 85%,研究者不仅关注专利合作申请者的相关信息分析,还运用专利引文等信息多维度分析专利合作网络及其对创新绩效的影响。研究者关注了科技型中小企业的网络角色(Franco and Heiko,2011)、专利合作对公司竞合关系的影响(Peck-hool,2010;陈劲等,2011;Murphy et al.,2013)、研发合作网络结构(Arza and López,2011;Eslami et al.,2013;Cassi and Plunket,2014)等基于企业视角的自我中心网络的相关研究,研究对象不仅涉及企业与高校,还有企业与企业、企业与公共组织之间的合作网络研究。通过专利合作申请和专利引文数据的多维度挖掘开展合作网络的研究,研究者还进一步关注网络效应对知识溢出、知识交互等的影响(Romero de Pablos,2011;Miguelez and Moreno,2013)。由此可见,"专利合作网络"的研究逐步向基于企业视角的、探讨多维网络结构对创新绩效影响的内在机理和促进机制方向发展。综合上述分析,本研究将"专利合作网络"界定为企业在研发合作、产学研合作、技术转移过程中，通过合作申请专利、购买、转让或交叉许可专利而形成的多维度的复杂网络。

专利合作网络主要依据地理接近性、技术接近性和社会接近性进行区分和构建，具体分类见表 4.1。

表 4.1　专利合作网络的构成分类

指标分类	指标差异	构成分类	参考文献
地理接近性	地域差异	跨国专利合作网络 区域专利合作网络 企业间专利合作网络	Lei et al. (2013)；Paier and Scherngell(2011)；向希尧等(2010)；刘晓燕等(2013)；叶春霞等(2013)
技术接近性	技术合作方式差异 技术运用方式差异	专利合作申请网络 专利技术转移网络 专利联盟 专利池	Beaudry and Schiffauerova (2011)；Murphy et al. (2013)；司尚奇(2010)；Phelps (2010)；Peck-hool (2010)
社会接近性	合作对象差异	产学研专利合作网络 科研项目合作网络 发明人合作网络	Arza and López (2011)；Bertrand-Cloodt et al. (2011)；栾春娟等(2008)；马艳艳等(2011)；刘凤朝等(2013)

对跨国、区域及企业间的专利合作网络的研究较为普遍，这些研究侧重从地理空间界定网络的整体布局。针对产学研合作网络、发明人合作网络的研究则通常依据合作对象的差异来构建网络。无论基于地理空间分布，还是基于合作对象差异构建的专利合作网络，主要是依据合作申请或专利引文来构建关联关系，属于专利合作申请网络的研究范畴。只有少量研究是针对专利技术转移网络的。技术联盟或专利池是建立在契约关系基础上的专利合作网络，集中体现了专利合作申请关系、专利技术转移关系组合形成的复杂网络类型。事实上，对于专利合作网络的模式研究可以借鉴合作创新的相关研究加以拓展。例如 Rothaermel and Deeds(2004)根据企业与供应商、顾客在三元合作创新中的不同目的，将合作创新区分为探索性合作创新和应用性合作创新，并研究它们对企业创新绩效产生的不同影响。Lam(2003)采用案例研究方法将美国跨国公司的合作创新网络归结为集中式网络，而将日本跨国公司的创新网络归结为分散式网络。Corsaro(2012)则通

过访谈同属一个创业网络的 46 家高科技公司,结果发现质疑型、探索型和信任型三种不同的网络配置模式可并存于同一个创新网络中,并通过跨界活动相互影响。上述这些研究为探索以企业为中心的专利合作网络构建提供了积极的启示,通过区分专利合作的不同目的、专利合作的广度与深度,以及网络资源配置的差异,可以更深入地剖析专利合作子网的形成,这为探讨网络自相关、共同主体特征与网络内生因素对企业成长的影响提供了更为科学的验证途径。

4.2.2 专利合作网络对企业成长的影响

学者们基于不同视角对企业成长机制进行了探索,发现本质上影响企业成长的关键因素包括企业自身资源优质度、企业与外部环境的互动性、客户市场的适应性和技术创新的先进性。专利合作网络的动态演化会导致嵌入网络中的企业成长也发生变化,因此,如何动态有效地构建、优化、调整专利合作网络来实现企业持续成长逐渐成为近期研究热点。专利合作网络对企业创新绩效的影响一直存在争论,文献研究显示主要存在三种不同的观点(表 4.2)。

表 4.2 专利合作网络对创新绩效影响关系的不同观点比较

观点分类	主要观点	支撑文献
资源观 (Resource Based View)	专利合作有利于整合异质资源,提升合作者的能力禀赋,对创新绩效的增长具有正向作用	陈子凤和官建成(2009);Ozbugday and Brouwer(2012)
演化观 (Evolutionary View)	专利合作对创新绩效的影响呈现倒 U 形,那些合作过密或缺乏合作的网络比具有平均合作强度的网络的创新绩效要低,重复合作会对创新绩效产生负面影响	Bertrand-Cloodt et al.(2011); Tom and Ron(2012); 刘晓燕等(2013)
能力观 (Ability View)	只有将企业内部能力与外部网络资源互动整合,才能真正促进企业创新发展	Dovin et al.(2008); Holger et al.(2011); 张华(2013)

持资源观(Resource Based View)的学者认为专利合作有利于整合异质资源,对创新绩效的增长具有正向作用。如陈子凤和官建成(2009)分析了 9 个创新型国家和地区的研发合作网络,发现它们具有小世界特征,而较短平均路径长度和较强的小世界性会促使其产出更多的创新。Ozbugday and

Brouwer(2012)对 1993—2007 年的荷兰制造业影响产业创新的因素调查显示，公司之间专利合作申请的增加对产业创新绩效的增长具有显著作用。然而，资源观学者较多关注静态专利合作网络对创新绩效的作用，忽视了专利合作网络动态演化特征对创新绩效带来的影响。

持演化观(Evolutionary View)的学者指出，专利合作对创新绩效的影响呈现倒 U 形，那些合作过密或缺乏合作的网络比具有平均合作强度的网络的创新绩效要低，甚至重复合作会对创新绩效产生负面影响。例如 Beaudry and Schiffauerova(2011)对加拿大纳米技术领域的发明合作进行研究表明重复合作对专利产出有负面影响。Tom and Ron(2012)运用专利合作申请数据对德国电工电子产业的 270 个劳务区域的分析显示，区域合作强度对区域创新绩效的影响呈现倒 U 形，具有平均合作强度的区域比那些合作过密或缺乏合作的区域的创新绩效要高。刘晓燕等(2013)通过对集成电路产业专利合作网络知识扩散因素的影响因素研究表明，企业所在网络密度与知识扩散呈现负相关。虽然演化观学者关注了动态专利合作网络对创新绩效的影响，却没有揭示专利合作网络演化影响创新绩效的内在过程机制。

持能力观(Ability View)的学者强调，只有将企业能力与外部网络资源互动整合，才能真正促进企业创新发展。Dovin and Gooderham(2008)指出网络能力与企业绩效的提高是密不可分的。Graf(2011)通过对德国和法国区域内组织创新网络的研究显示网络中的守门人角色受到组织吸收能力的影响。张华和郎淳刚(2013)对发明者合作网络的理论研究指出，不同的自我监控水平在网络构建与网络机会利用方面的差异将导致其发展出不同的知识创新(Bertrand-Cloodt et al.，2011)。能力观学者突出了专利合作网络对创新绩效的间接影响，指出只有动态考察嵌入网络多样性和企业行为的交互作用，才能较为全面地理解专利合作网络对企业创新发展的影响机制。

上述这些观点充分说明专利合作网络直接影响企业成长这种作用关系的局限性。网络资源观的学者关注网络能力、内部资源要素整合对企业创新绩效的影响及在企业间持续互动的重要作用(Hagedoorn et al.，2006；方刚，2011；张巍和党兴华，2011)。网络演化观的学者们认为网络选择机制、网络邻近性等都影响网络演化及对网络惯性的突破(Glückler，2007；蔡宁和潘松挺，2008；向希尧和蔡虹，2011)。网络能力观的学者则认为专利合

作网络对企业创新绩效的影响受到企业网络能力、吸收能力等因素的作用
及调节。有学者指出,企业在吸收外部知识能力上存在差异,正是这些能力
的差异导致了企业成长及创新绩效的不同。还有学者指出,如果企业有较
强的网络能力,则可通过外部网络迅速提升技术能力。但在现有研究中,企
业行为这一重要的特征变量始终无法较好地融入网络研究模型中,一方面
是由于不同行业、规模、成长阶段的企业行为差异较大且受到较多因素影
响,缺乏一致可行的分析框架;另一方面是由于已有的、基于个体选择的社
会经济复杂网络模型主要以 Watts 的 WS 模型和 Barabasi 的 BA 模型为主,
未能很好地解释网络增长规则与个体行为选择的对应关系。然而,专利合
作网络并不局限在特定区域内互相联系、在地理位置上集中的公司和机构
的集合,其更强调以企业为中心向外拓展的多主体之间的、受技术接近性和
社会接近性影响的合作关系。因此,企业对于网络资源认知及选择在专利
合作网络影响创新绩效关系中发挥了不容忽视的作用,尤其是针对企业成
长性的研究,更需要探讨多样性专利合作网络协同演化影响创新绩效的间
接作用机制。关注企业行为的差异性和能动性是进一步探究专利合作网络
与企业成长关系的研究重点。

4.3　专利合作网络模式的构建

专利合作网络的本质是基于社会网络嵌入的知识流转和资源整合的交
互创新过程,尤其是合作网络中知识的增加又能引起管理提升并提供发现
未利用资源的机会,因此对专利合作网络影响企业成长的研究,可以更为深
入地理解网络情境下的企业的成长机制。本研究打破以往对专利合作进行
整体网络研究的范式,从自我中心的专利合作网络出发,考察影响企业获取
资源广度及深度的不同类型专利合作网络结构差异,剖析关键能力对专利
合作网络影响企业成长的内在驱动作用,为科技型中小企业提供"依托专利
合作网络—培育企业能力—促进企业成长"的突破路径及成长规划。

4.3.1　专利合作网络模式构建的理论假设

以往专利合作网络的研究大都是从整体网络出发,依据地理接近性、技

术接近性或社会接近性对专利合作网络进行分类,本研究则从自我中心的企业专利合作网络的构建开始,基于专利合作的广度和深度对专利合作网络进行二元结构分类及多重模式构建,探察和分析网络特征(研究示意图见图 4.1)。专利合作网络模式的构建借鉴 Corsaro(2012)的研究,从自我中心网络和企业行为与能力互动视角,将科技型中小企业专利合作网络划分为探索型和利用型两种模式,拟利用网络规模、网络密度、网络多样性等表征专利合作广度,利用网络关系强度、网络节点距离、网络中心性等表征专利合作深度。我们把通过增强专利合作广度构建具有高异质性网络资源,目的是获得更广泛的、新的外部知识资源的网络定义为探索型专利合作网络;把通过增强专利合作深度构建具有低异质性网络资源,目的是利用更紧密合作关系对已有外部知识资源进行更深层次运用的网络定义为利用型专利合作网络。两种模式下的不同专利合作广度与深度组合下的专利合作网络对科技型中小企业的成长会产生不同的作用。基于上述分析,研究提出以下假设:

假设 1:专利合作网络模式可以划分为探索型专利合作网络和利用型专利合作网络。

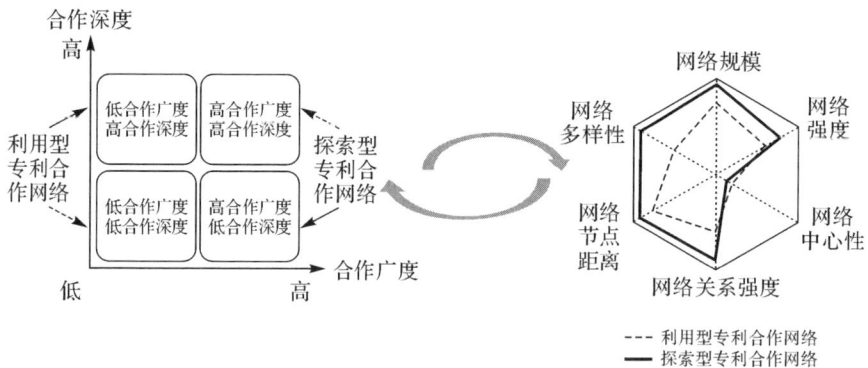

图 4.1 专利合作网络的模式及网络特征

4.3.2 专利合作网络模式构建的探索和实证分析

以制药产业为例,研究选取主板、中小板和创业板上市的制药科技型中小企业作为研究对象,本研究的授权发明专利数据来源于中国国家知识产权局专利检索数据库。鉴于发明专利的技术含量和创造性水平最高,本书只选择发明专利作为研究对象。从中国知识产权局专利数据库中下载制药行业上市企业所对应的合作专利信息,即包含两个及以上专利申请人,且有一个专利申请人为制药行业上市企业的情况。将申请日、分类号、发明人、专利权人等题录信息以统一格式导入 Excel 表格中进行汇总,选取 2000—2014 年的专利文献数据作为研究样本。经过筛选和数据净化处理,最终得到合作专利申请人共计 125 个,已授权的合作申请专利数 817 个,实际构成 389 个无向的合作关系对。

　　研究进一步对这 389 条科技型中小企业合作发明专利进行汇总,提取出合作发明专利中的专利申请人,利用 Gephi 软件绘制出以企业为结点、企业之间专利合作关系为联系的专利合作整体网络拓扑图(见图 4.2)。对整体网网络规模进行分析,发现共有节点 300 个、联系边 389 条,然后对整体网中的各个子网进行分析,发现其中规模最大的网络存在节点 97 个,占整体网 32%;存在联系边 210 条,占整体网 53%,为当前专利整体网络下规模最大的子网,因此将该子网作为样本对象进行分析,共计合作申请企业 97 家,实际构成 210 个合作关系对象(见图 4.3)。

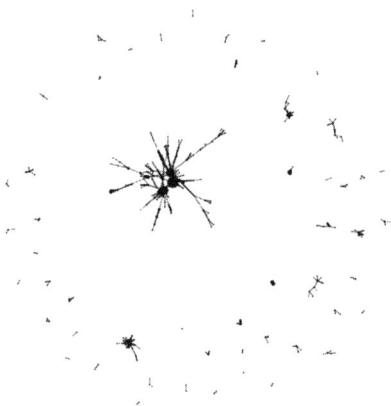

图 4.2　专利合作整体网络拓扑结构

　　为研究制药类企业的专利合作网络模式,进一步构建专利合作网络中每个合作主体的自我中心网络,获取相应网络的 8 个网络指标向量数据,分别为节点度、接近中心性、中间中心性、特征向量中心性、加权度、聚类系数、三角关系数和结构洞。利用 SPSS16.0 统计软件对样本中每个自我中心网络的指标向量进行探索性因子分析,结果表明 KMO 指标为 0.674,Bartlett

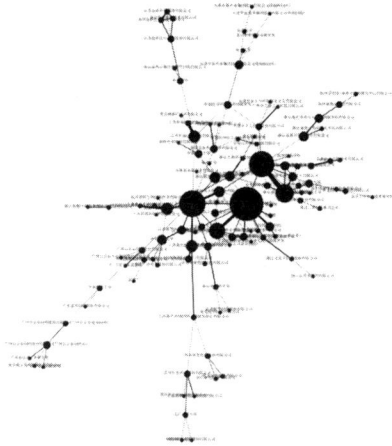

图 4.3　专利子网的合作关系拓扑结构

球形检验为显著,说明专利合作网络呈现二维结构特征,其中解释方差为70.403％,信度系数为0.84,这说明制药业的科技型中小企业专利合作网络具有二维结构特征。探索性因子分析结果表明存在两类因子:因子 1 中包含加权度、接近中心性、中间中心性、特征向量中心性共 4 个指标,这类指标主要反映节点与其他节点间联系的强度,强调专利合作的频次和深度,符合假设中对利用型专利合作网络的界定;因子 2 中包含节点度、聚类系数、三角关系数和结构洞共 4 个指标,这类指标反映的是节点在网络中与之相连的节点个数,衡量节点在网络中的重要程度,强调的是企业开展专利合作的广度,体现了企业与其他企业合作的数量,符合假设中对探索型专利合作网络的界定。

　　本研究进一步取衡量专利合作网络深度的加权度指标和衡量广度的节点度指标,将合作的广度和深度两者关系绘制在坐标轴上,并以广度平均值与深度平均值建立分割线,将企业划分在四个不同的区域中(见图 4.4)。在低合作广度区域中,较多企业分布在低合作深度区域中,有部分企业分布在高合作深度区域中,结合前述研究,将这一类型的专利合作网络定义为利用型专利合作网络。在高合作广度区域中,较多企业分布在高合作深度区域中,有部分企业分布在低合作深度区域中,结合前述研究,将这一类型的专利合作网络定义为探索型专利合作网络。探索型专利合作网络的结构特征指标均优于利用型专利合作网络,说明制药业的科技型中小企业专利合作网络倾向于向高合作广度和高合作深度的探索型专利合作网络发展,企业的专利合作范围和对象较为广泛和丰富,但存在合作的频度不多、合作深度有待加强等问题。因此,科技型中小企业专利合作网络呈现探索型专利合作网络和利用型专利合作网络两种特征,研究提出的假设 1 得到支持和验证。

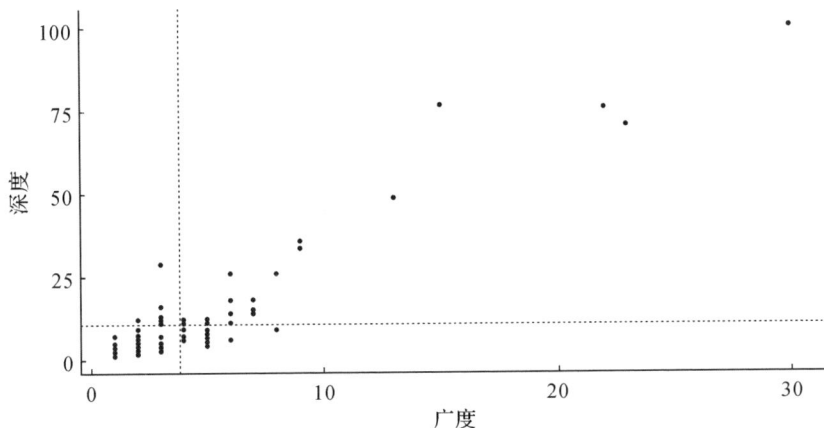

图 4.4　基于专利合作广度和深度对专利合作网络的结构模式

4.4　专利合作网络影响科技型中小企业成长的作用机制

4.4.1　专利合作网络影响机制的理论假设

企业成长理论历经古典经济学、新古典经济学、新制度经济学、后凯恩斯主义、彭罗斯的企业成长论的影响,研究范畴较为广泛,涉及企业行为、企业成长、组织结构及管理等各种基本内涵。企业成长理论出现了所谓的"丛林现象",目前尚未形成一个统一的理论体系。本研究基于内部能力与外部网络资源整合的角度考察企业成长,认为企业成长是在内部能力的影响和干预下,不断挖掘、整合、利用外部网络资源,进而提升内部能力,最终实现企业可持续成长的过程。对于科技型中小企业成长机制的相关论述数量众多,虽然学者们基于不同的角度对影响因素进行了探索,归纳起来主要有创业者(含管理能力与企业家才能)、治理结构、人力、融资与财务、生产运作、产品与市场、研发、企业文化、内外信息交流、集群与孵化、外部竞争环境这11项。

综上所述,本质上影响科技型中小企业成长的关键因素体现在企业自身资源优质度、企业与外部环境的互动性、客户市场的适应性和技术创新的先进性。专利是技术创造和发明的成果,它与企业技术创新能力关系密切,是公司技术创新能力的重要衡量指标。构建专利合作网络不仅有利于提升企业专利数量和质量,还可以为企业发现新资源提供机会及路径。因此,面对开放式的网络竞争环境,动态有效地构建、优化、调整专利合作网络来实现科技型中小企业持续成长将逐渐成为研究热点。基于上述分析,研究提出以下假设:

假设2:探索型专利合作网络对科技型中小企业成长具有显著的影响。

假设3:利用型专利合作网络对科技型中小企业成长具有显著的影响。

4.4.2　专利合作网络影响机制的分析和影响方式的探索

在对专利合作网络和企业创新绩效做回归分析之前,本研究先对两个网络模式的数据进行信度和效度检验。利用 SPSS 软件对数据进行信度检验,得到内部一致性系数(Cronbach-Alpha)均在 0.75 以上,可见数据具有较好的信度;同时,利用 AMOS 软件进行验证性因子分析以检验结构效度,经检验拟合优度指标:$\chi^2 = 140.94$,RMSEA $= 0.08$,RMR $= 0.024$,NFI $= 0.94$,NNFI $= 0.93$,CFI $= 0.92$,可见专利合作网络模式数据具有较好的结构效度。然后再对两种模式的因子做相关性分析,发现两种网络模式与创新绩效之间存在弱显著的正相关关系,且相关性系数在 0.7 以下,在可接受的范围内。因此,本研究进一步对专利合作网络和企业创新绩效进行回归分析。

将网络指标进行探索性因子分析后得到的 2 个因子作为自变量,以授权的发明专利数作为因变量,并引入企业性质、企业规模和企业所在行业等 3 个控制变量,用类泊松方法进行回归分析研究。研究结果表明两种网络模式均对科技型中小企业创新绩效产生显著的正向作用(见表 4.3),假设 2 和假设 3 得到验证。同时,利用型网络模式在中间中心性的作用比探索型网络的中间中心性作用大,反映了在利用型网络模式下,科技型中小企业资源与信息的中转与联络作用具有明显的优势,且这一作用在利用型网络中对推进企业创新绩效的效果比探索型网络更为明显。而探索型网络模式则在加权度与结构洞方面对创新绩效的影响更为显著,表现出了处于探索型网络模式中的企业,广泛合作的基础与在网络中关键位置对企业创新绩效的推动更具优势。总体而言,探索型网络模式对企业创新绩效的影响更为明显,而利用型网络模式对创新绩效的推动作用则稍显薄弱。

表 4.3　不同网络模式下创新绩效影响因素实证结果

变量	系数	利用型专利合作网络模式	探索型专利合作网络模式
系数	6.1344*	0.1966**	0.3156***

注: * $p < 0.05$,** $p < 0.01$,*** $p < 0.001$。

4.5　讨　论

4.5.1　从网络行为视角界定和构建多重专利合作网络

如何界定和构建专利合作网络的不同模式是本研究需要解决的关键问题,本研究以制药产业科技型中小企业合作申请的专利为基础构建了专利合作网络,将其划分为探索型专利合作网络和利用型专利合作网络。探索型专利合作网络模式下的科技型中小企业呈现高合作广度的特征,即其专利发明申请的合作对象较多,这类企业涉及的社会关系较广,与多个研发合作伙伴存在联系。例如江苏康缘药业股份有限公司、浙江震元制药有限公司,其合作对象均超过 5 个,但与每个研发对象之间合作产生的专利个数相对较少,分别只有 11 和 9 项。利用型专利合作网络模式下的科技型中小企业呈现低合作广度的特征,即其专利发明申请的合作对象相对较少,只针对有合作基础的组织进行相互间的合作往来。例如上海恒瑞医药有限公司、苏州鱼跃医疗科技有限公司合作过的组织均只有 3 个,但是合作次数却分别达到 29 和 16 次。

4.5.2　不同专利合作网络模式影响科技型中小企业成长的作用机制

通过专利计量及社会网络分析开展多重专利合作网络直接影响企业成长的量化研究，探索不同类型专利合作网络对于企业成长的影响。从科技型中小企业成长方面考虑，探索型专利合作网络对企业成长的提升程度要大于利用型专利合作网络。因为制药类产业具有丰富的专利产出，且医药研发对技术的依赖性较高，因此开放式创新更适合从事医药研发的科技型中小企业，通过和国内外研究机构及人员开展合作研发能为企业带来丰富的发展机会。因此，对于呈现高合作广度、低合作深度的部分探索型专利合作网络企业，其管理资源配置较为分散，对外部技术的过度依赖，这类企业应当在保持高合作广度的状态下提升合作深度，充分利用企业间的技术共享资源，加强已有合作伙伴之间的联系，形成良好的合作研发基础，这样才更有益于企业的成长，同时也要加强对企业内部的专利战略管理。利用型专利合作网络对企业的创新绩效也有一定的提升作用，但是专利合作广度过低而深度过高将使企业仍局限在已有的创新范式下，无法从根本上实现专利合作的网络优势。因此，对于部分呈现低合作广度、高合作深度的利用型专利合作网络企业，应当在保持高合作深度的状态下，多与研究机构、高校和企业间进行合作，积累网络资源，以形成更具价值的专利产出；对于部分呈现低合作广度、低合作深度的利用型专利合作网络企业，应当提高探索型专利合作网络和利用型专利合作网络的嵌入程度，拓展企业合作伙伴并加强企业间的合作频次，使其逐步向高合作广度和高合作深度的专利合作网络企业过渡，从而达到企业快速成长的目的。

同时，本研究也存在一定的不足，目前专利合作网络的界定仅使用合作申请发明专利数据，专利合作还可以界定为技术转让、许可、专利索引等方式，后续研究可以进一步扩大专利合作网络的筛选范围。此外，专利数据虽然可以反映企业的创新绩效，但只能反映其创新产出绩效的一个方面，因为创新绩效的评价有一套比较成熟的指标体系，包含了创新产出绩效中的经济效益和社会效益等，因此，后续研究有必要把专利数据与市场价值数据相结合，综合考察探索型专利合作网络和利用型专利合作网络对企业创新绩效的影响及其演变机制。

参考文献

蔡宁，潘松挺（2008）. 网络关系强度与企业技术创新模式的耦合性及其协同演化——以海正药业技术创新网络为例. 中国工业经济，8（4）：137-144.

陈劲，蒋子军，陈钰芬（2011）. 开放式创新视角下的企业知识吸收能力影响因素研究. 浙江大学学报（人文社会科学版），41（5）：71-82.

陈子凤，官建成（2009）. 合作网络的小世界性对创新绩效的影响. 中国管理科学，2009（3）：115-120.

方刚（2011）. 网络能力结构及对企业创新绩效作用机制研究. 科学学研究，29（3）：461-470.

刘凤朝，刘靓，马荣康（2013）. 基于 973 计划项目资助的科研合作网络演变分析. 科学学与科学技术管理，34（6）：14-21.

刘晓燕，阮平南，童彤（2013）. 专利合作网络知识扩散影响因素分析——以集成电路产业为例. 中国科技论坛，5：125-130，148.

栾春娟，王续琨，侯海燕（2008）. 发明者合作网络的演变及其对技术发明生产率的影响. 科学学与科学技术管理，3：28-30.

马艳艳，刘凤朝，孙玉涛（2011）. 大学—企业合作网络结构及对企业创新产出效应. 研究与发展管理. 29（3）：390-395.

司尚奇（2010）. 我国技术转移合作网络治理研究. 中国科学技术大学，10：89-123.

向希尧，蔡虹（2011）. 组织间跨国知识流动网络结构分析——基于专利的实证研究. 科学学研究，29（1）：97-105.

向希尧，蔡虹，裴云龙（2010）. 跨国专利合作网络中 3 种接近性的作用. 管理科学，23（5）：43-52.

叶春霞，余翔，李卫（2013）. 企业间专利合作的多学科知识网络研究. 情报杂志，32（4）：113-120.

张华，郎淳刚（2013）. 以往绩效与网络异质性对知识创新的影响研究——网络中心性位置是不够的. 科学学研究，31（10）：1581-1589.

张首魁，党兴华(2009). 耦合关系下的技术创新网络组织治理研究. 科学学与科学技术管理，30(9)：58-62.

张巍，党兴华 (2011). 企业网络权力与网络能力关联性研究——基于技术创新网络的分析. 科学学研究，29(7)：1094-1101.

Arza，V.，López，A.（2011）. Firms linkages with public research organisations in Argentina：Drivers，perceptions and behaviours. Technovation，31(8)：384-400.

Beaudry，C.，Schiffauerova，A.（2011）. Impacts of collaboration and network indicators on patent quality：The case of Canadian nanotechnology innovation. European Management Journal，29(5)：362-376.

Bertrand-Cloodt，D.，Hagedoorn，J.，van Kranenburg，H.（2011）. The strength of R&D network ties in high-tech sectors — A multi-dimensional analysis of the effects of tie strength on innovation performance. Technology Analysis&Strategic Management，21(10)：1015-1030.

Burt，R. S.（1995）. Structural Holes：The Social Structure of Competition. Cambridge，MA：Harvard University Press.

Burt，R. S.（2004）. Structural holes and good idea. American Journal of Sociology，110(2)：349-399.

Cassi，L.，Plunket，A.（2014）. Proximity，network formation and inventive performance：In search of the proximity paradox. The Annals of Regional Science，53(2)：395-422.

Chesbrough，H.，Vanhaverbeke，W.，West，J.（2006）. Open Innovation：Researching a New Paradigm. Oxford：Oxford University Press Publishing.

Corsaro，D.（2012）. The impact of network configurations on value constellations in business markets — The case of an innovation network. Industrial Marketing Management，41(1)：54-67.

Dovin, E., Gooderham, P. (2008). Dynamic capabilities as antecedents of the scope of related diversification: The case of small firm accountancy practices. Strategic Management Journal, 29 (8): 841-857.

Eslami, H., Ebadi, A., Schiffauerova, A. (2013). Effect of collaboration network structure on knowledge creation and technological performance: The case of biotechnology in canada. Scientometrics, 97 (1): 99-119.

Franco, M., Heiko, H. (2011). The role of networks for small technology-based firms. Proceedings of the 6th European Conference on Innovation and Entrepreneurship, pp. 309-318.

Glückler, J. (2007). Economic geography and the evolution of networks. Journal of Economic Geography, 7(5): 619-634.

Graf, H. (2011). Gatekeepers in regional networks of innovation. Cambridge Journal of Economics, 35(1): 173-198.

Hagedoorn, J, Roijakkers, N., Kranenburg, H. (2006). Interfirm R&D networks: The importance of strategic network capabilities for high-tech partnership formation. British Journal of Management, 17(1): 39-53.

Lam, A. (2003). Organizational learning in multinationals: R&D networks of Japanese and US MNEs in the UK, Journal of Management Studies, 40(3):673-703.

Lei, X. P., Zhao, Z. Y., Zhang, X., Chen, D. Z., Huang, M. H., Zheng, J., Liu, R. S., Zhang, J., Zhao, Y. H. (2013). Technological collaboration patterns in solar cell industry based on patent inventors and assignees analysis. Scientometrics, 96 (2): 427-441.

Miguelez, E., Moreno, R. (2013). Do labour mobility and technological collaborations foster geographical knowledge diffusion? The case of European regions. Growth and Chang, 44(2):321-354.

Murphy，K. J.，Elias，G.，Jaffer，H.，Mandani，R.（2013）. A study of inventiveness among society of interventional radiology members and the impact of their social networks. Journal of Vascular and Interventional Radiology，24(7)：931-937.

Nathan，M. L.，Kovoor-Misra，S.（2002）. No pain，yet gainvicarious organizational learning from crises in an inter-organizational field. Journal of Applied Behavioral Science，38(2)：245-266.

Ozbugday，F. C.，Brouwer，E.（2012）. Competition law，networks and innovation. Applied Economics Letters，19(8)：775-778.

Paier，M.，Scherngell，T.（2011）. Determinants of collaboration in European R&D networks：Empirical evidence from a discrete choice model. Industry and Innovation，18(1)，89-104.

Peck-hool，S.（2010）. Network patterns and competitive advantage before the emergence of a dominant design. Strategic Management Journal，31(4)：438-461.

Phelps，C. C.（2010）. A longitudinal study of the influence of alliance network structure and composition on firm explorative innovation. Academy of Management Journal，53(4)：890-913.

Romero de Pablos，A.（2011）. Regulation and the circulation of knowledge：Penicillin patents in Spain. Dynamis，31(2)：363-383.

Rothaermel，F. T.，Deeds，D.（2004）. Exploration and exploitation alliances in biotechnology：A system of new product development. Strategic Management Journal，25(3)：201-221.

Schilling，M. A.，Phelps，C.（2007）. Interfirm collaboration networks：the impact of large-scale network structure on firm innovation. Management Science，53(7)：1113-1126.

Tom，B.，Ron，B.（2012）. Knowledge networks in the Dutch aviation industry：The proximity paradox. Journal of Economic Geography，12(2)：409-433.

第5章 如何实现技术自立

——理论讨论与比较案例研究

孙　喜

【摘要】 技术追赶绩效的巨大分化是经济发展中的一个重要现象,而这种分化主要源于技术学习模式的差别。本章旨在讨论技术学习的分类问题。本章将技术自立定义为一种能够导致成功的技术追赶的具体学习方式。在理论部分,本章以技术变革的理论框架为基础,将技术依赖和技术自立定义为两种对立的技术学习形式。这个框架有助于我们了解产品开发在技术学习中的决定性作用,也为理解技术自立如何实现的主题奠定了基础。实证研究包括对中国三个行业的比较研究,其中一个表现出技术依赖,另外两个表现出技术自立。这种比较表明产品开发在技术学习和自主创新中的意义。本章最后对理论问题和政策管理的启示做了简要总结。

【关键词】 技术自立;技术学习;产品开发

5.1 引　言

过去 20 年,已有大量研究关注技术学习在追赶中的决定作用(Amsden,1989;Bell and Pavitt,1993;Malerba and Nelson,2012)。这里的一个关键问题是后进者的竞争力和追赶绩效的巨大分化。这种分化可以在企业层面(Gao,2003;Xiao et al.,2013)、行业层面(Malerba and Mani,2009)以及国家层面(Hikino and Amsden,1994)观察到。

对于这种分化,特别是后进者成功追赶经验的可能解释,包括对外技术的开放性(Gu,2000;Lee and Lim,2001)、(技术)学习战略(Gao,2003;Xiao et al.,2013)以及后进者技术学习的强度和连续性(Kim,1997)。人们普遍认为,通过吸收外国技术可以大大促进本土企业的能力建设,而长期的强化学习是知识吸收和能力建设的必要条件。对外技术的开放性和学习战略形成了后进者的本土知识基础,即后进者的吸收能力的演变和发展(Cohen and Levinthal,1990)。

但仍然存在一些有趣的问题。最棘手的一个问题是后进者获得"外国技术"和"保护本土市场"的历史性转变。日本和新兴工业经济体在经济自由化之前大力保护国内市场,这为技术学习创造了有利环境(Odagiri and Goto,1993;Kim,1993;Mathews and Cho,2000)。20世纪80年代以来的市场自由化使这一问题变复杂了。当西方技术仍需适应印度的当地环境时(Herstat et al.,2008),中国的"以市场换技术"却使外资在技术转让中日益占据主导地位,本土市场也因此沦入跨国公司之手(Lu and Yu,2013)。

市场环境的巨大变化加大了技术学习的不确定性。来自国外先行者的竞争可能会让后来者的能力建设面临更大的压力和更少的收益。日益增长的压力需要更有效的战略控制,而收益减少则威胁到学习和创新的财务承诺。这两方面都加大了本土创新企业发展以及技术领先企业战略转型的难度。正如Xiao et al.(2013)所表明的,技术学习中边际收益的下降,意味着在20世纪70年代能够导致成功转型(模仿战略→防御战略)的学习强度和连续性,到20世纪90年代和21世纪初反而会导致"退缩"(模仿战略→依赖战略)。此外,市场自由化使技术依赖变得更加容易,这也对学习的"强度和连续性"产生了负面影响。

简而言之,学习环境的变化使模仿战略和强化学习的结果变得模糊,而在历史上,这些战略是从模仿到创新(Kim,1997)、从OEM到ODM及至OBM(Hobday,1995)的关键。这迫使我们对模仿战略进行更深入的讨论:哪种模仿可能导致创新(即转变为防御战略),而哪些类型的模仿可能导致依赖战略?这两种模仿的区别是什么?

在这里,我们把第一种模仿和防御(学习)战略称为技术自立,而后者则称为技术依赖。这两种学习战略导致了现代环境中完全不同的追赶表现。技术自立使后进者能够适应西方的技术进步,因此是转变成技术领先者的中间阶段,即成功的追赶,而依赖战略则可能使后进者陷入无止境的追赶陷阱。其中的关键在于如何在一个全球化背景下的技术变革理论框架下,统一而明确地定义"自立"和"依赖"。

本章后面的讨论分为三部分。理论部分我们以技术变革框架为基础,建立起创新、技术依赖和自立的分类,并指出产品开发在技术追赶中的重要性。第三部分是来自中国三个行业的经验依据。最后讨论了有关政策问题。

5.2 技术自立和产品开发:内涵和因果关系

本部分将简要讨论技术变革框架下的技术自立。

5.2.1 早期追赶情景中的技术自立

正如已经指出的那样,技术自立导致了成功的追赶,因此,许多后进者强调 20 世纪 80 年代以前技术自立或技术安全是国家自主性的一部分(Samuels,1994)。例如,自明治以来,技术自立就是日本科技民族主义的核心(Samuels,1994)。在印度,这被称为"技术独立"(Dore,1984;Chamarik and Goonatilake,1994);拉丁美洲则称之为"自给自足"(Pack,2000)。尽管这些国家在特定时期都对当地市场进行了严格保护,但这些不同种类的自立也稍有差异(见表 5.1)。正如 Pack(2000)所述,拉美和印度的精英们对外国技术持怀疑态度,并相信自给自足(Dore,1984);相比之下,东亚的自立似乎是一种吸收/学习必要技术的能力,是以外国技术作为本土学习的重要参考和基准,而非自给自足(Samuels,1994;Kim,1997)。中国在 20 世纪 80 年代之后的出口导向型经济与工业行政能力退化,使外资日益增长成为技术转移的主流,这使中国的技术自立更具历史特殊性。

表 5.1　三种技术自立的比较研究

技术自立的种类	技术自立的关键要素		
	获取外国技术的主要方式	外商直接投资进入当地市场	能力建设路径
技术独立/自给自足：经济自由化前的印度和拉丁美洲（Dore，1984；Pack，2000；Forbes and Wild，2002）和 1978 年前的中国	严格管制的技术进口	由贸易保护手段控制	面向进口替代的本土化，特别是当地的科技基础设施
技术自力更生：日本和新兴技术（Kim，1993；Samuels，1994；Hobday，1995；Kim，1997；Mathews and Cho，2000）	以有组织的方式进行资本货物进口（包括总承包）	由贸易保护手段控制	以出口为导向的本土企业逆转 A-U 模式
1978 年以来的中国	外商直接投资和资本货物进口不断减少	撤销贸易保护手段	技术自立的新方法

5.2.2　基于技术变革的概念化定义：技术活动类型学

当情境发生巨大变化时，抓住技术自立的本质就显得非常重要。而出于同样的理由，从技术变革的统一理论视角来理解"技术自立"是可取的。比如说，无论是亚洲和还是拉美，他们的"自立"或"自给自足"都侧重于后来者在技术变革和全球竞争中的劣势。本章以技术变革的总体框架为讨论标准，对技术自立的理论定义也从该理论框架入手。这也使我们能够在同一视角下理解技术依赖和创新。

（1）"技术变革"理论框架

关于技术变革有很多著作（Dosi，1982；1988；Pavitt，2005；Dosi and Nelson，2010）。在此，我们借鉴一些经典著作来构建框架，其重点在于变革过程的周期性和基本结构（Abernathy and Utterback，1978；Dosi，1982；Utterback，1994）。这些理论将技术演变视为一个周期，从一个新产品概念的形成开始。这个概念结合了一种新的技术范式，即满足特定需求的新原则（Arthur，2007）。基于这一组合，创新者和追随者贡献了各种产品设计或技术轨道。而在社会、经济和制度因素的影响下（Dosi，1982），一个主导技术轨道最终幸存下来(Utterback and Suarez,1993;Suarez,2004),而竞争性轨道则选择退出。主导技术轨道由此进入特定阶段,直到技术变革的下一周期出现新的范式或原则。在此,我们将技术变革定义为从新概念出现到主导技术轨道的发展和产品技术走向成熟的全周期变化。显然,技术转移和扩散只能发生在成熟阶段。这是技术自立和技术依赖的背景。

(2)类型学:技术依赖/自立和创新

基于上述框架,我们可以在同一标准下区分创新、技术自立和依赖(表5.2)。

"技术依赖"的后进者只能按照引进技术进行生产,其技术学习没有超过掌握生产工艺和在引进产品框架内进行适应性改进的范畴。这使其既不能发展出将技术综合为产品的能力,也无法掌握决定产品基本性能的关键技术。后进者无法根据技术和市场变化而自主决策并完成产品变化:一旦发生技术变化,其原有技术能力就会贬值。因此,技术依赖状态的本质特征是,当技术发生变化时,后进者只能通过继续引进来应对技术变化。

"技术自立"的后进者通过反求工程等手段,逐步掌握了产品的关键技术和设计技术,从而形成了对技术轨道的理解,能够自行开发在价格和性能方面具有差异化的产品。这迫使后进者极大地提高其学习强度来实现技术能力的加速成长,而在积累到一定经验之后,后进者可以按照市场需求特点或自身技能特点局部改变产品技术轨道,并且开始研发可能会改变产品性能的新技术。因此,技术自立状态的本质特征是,当技术发生变化时,后进者虽然可能仍然需要引进技术,但能够理解并掌握新概念(范式、基础原则)下的技术方案,从而推出自己的技术/产品方案以适应技术变化。

"创新"意味着后进者能够主动参与甚至发动技术变化,这种主动性既可以体现在新产品概念形成过程中,也可以体现在产品概念出现之后的技术轨道竞争。这要求后进者不仅深刻理解和掌握现有技术,而且在研发新技术上具备相当的能力和产品开发经验,同时往往对国家技术能力和科技储备有着较高要求。"创新"的后进者仍然会学习甚至获取外国技术,但这已不再是单方面的"引进",而是平等合作与互补。因此,后进者进入创新状态的本质特征是其开始主动参与塑造技术变化。

表 5.2 创新与技术学习的类型学

技术变革中的地位		先行者	后进者
技术活动内容		界定边界、程序和原则	在特定范式下解决问题和选择标准
知识水平 变革主动性 解决问题的水平	为什么/怎么做 活跃 产品	创新:锐意进取	技术自立
	是什么 不活跃 副产品		技术依赖

5.2.3 产品开发作为技术自立的微观基础

上述技术自立的理论观点表明了技术学习在产品层面上的重要性。在这部分中,我们将进一步分析基于技术自立的产品开发。

(1)偏离东亚模式:可能性和必要性

在东亚模式中,日韩的成功追赶并不是从基本的产品概念开始的。对这一能力建设路径的总结(Hobday,1995;Kim,1997)描述了从工程和生产能力开始的技术学习阶段,特别是关键零部件的本地能力发展。这种增长路径的形成有着特殊的历史背景,其中一方面是西方工业纵向一体化的遗产,另一方面是远东地区工业基础的薄弱。这迫使后进者从组装和仿制开始学习,即干中学。而保护主义手段使得他们有可能在进入国际竞争之前建立必要的知识基础。

然而,全球化的国际贸易制度为这种增长道路设置了一些关键障碍,包括对学习方法的限制(如反求工程和与贸易有关的知识产权协定 TRIPS 下亲专利的知识产权制度)以及市场自由化。全球化也为西方跨国公司提供了进入新兴市场的机会,从而实现了先行者优势的跨国扩张(Lieberman and Montgomery,1998)。这会大大推迟后发者获得足以与先行者优势相匹敌的能力的时间,甚至在此之前就被扫地出局。这种后来者劣势(高旭东,2004)损害了国内企业对技术学习的意图和收益。与此同时,20 世纪 70 年代以来的纵向分离使供应链全球化变得更加容易,这也削弱了国产化环节的必要性。因此,偏离"从组装切入"的东亚模式变成了一个迫切的真实问题。

显然,这里的一个可能偏离是在技术学习的开始阶段就进行产品开发,即通过创新来学习(Lu and Mu,2011)。从形成自主产品概念开始,逐步理解并运用西方技术,最终将这些技术整合到创新产品中去。在这里,自主产品概念必须考虑当地的要素禀赋和国内市场。因此,自主产品概念的形成对后进者的技术吸收和本土能力建设都至关重要,可以促使他们获得产生和管理技术变革的能力(Bell and Pavitt,1993),甚至由此获得国际技术竞争中的自主权。

在这种情况下,产生和创造架构知识的产品开发不仅是技术竞争中最重要的方法(Christensen and Lundvall,2004),更是技术自立的微观基础。

(2)技术自立是创新的必要中间环节

就技术能力而言,我们可以讨论为什么技术自立(即通过创新学习)是后进者创新的中间阶段。

首先,作为技术自立的微观基础,产品开发需要对现有技术有深入了解。这意味着通过创新学习会增加技术知识的积累。这种技术积累同样可以用于创新。

其次,后进者可以通过反复试错的方式,在较低的成本和不确定性的情况下建立内部开发流程。产品设计和架构中的"为什么"知识不会体现在进口产品中(Nelson and Winter,1982),因此,即使将反求工程作为进口架构中最基本的产品开发,也涉及"有目的地搜索相关信息……在公司内部……(和)与其他组织的有效的互动"。所有这些在技术自立中建立的流程"与在研发方面的创新过程实际上是一样的"(Kim,1993)。

最后,那些致力于开发新产品的后进者必须承担风险,即便这种"新"只是相对于他们本国市场而言(Nelson and Pack,1999;Kim and Nelson,2000)。这样的企业家精神也是他们参与和发起技术变革所必需的。

相比之下,技术依赖,如局限在进口架构下的国产化,完全是一种不同的学习模式。这是一种自我持续的平衡,即只有外部技术突变才能打破的追赶陷阱,但缺乏必要的架构知识限制了后进者在技术变革中的选择。产品设计(技术范式)的根本变化将淘汰旧架构下的所有技术积累。面对技术变革的威胁,处于技术依赖中的后进者不是落入"引进→落后→再引进"的循环,就是转移到价值链中的低端。这两种选择都依赖于引进技术和以西方为主导的架构体系。

　　作为第二部分的简要总结,技术追赶和产业化的变化环境使得从创新中学习(即通过开发产品来学习)成为技术自立所必需。这里的产品开发不是东亚模式本地化的线性继承,而是技术学习中最具创造性和风险性的决策和跨越。

5.3　比较案例研究

　　为了解释工业竞争力的分化和产品开发在技术自立中的决定性作用,本研究对中国三个工业进行了比较案例研究。它们是通信设备制造业和砼设备制造业的成功案例,以及车用柴油机制造业的失败案例。出于多角验证方面的考虑,本部分的数据来源各不相同且彼此独立。在通信设备制造业案例中,我们的数据来自企业传记、领导人讲话、内刊(例如华为的任正非演讲)和行业技术通讯(如中兴通讯内部信件)以及现有研究。而在砼设备制造业和车用柴油机制造业的案例中,除了二手数据之外,还有大量一手数据是从对相关公司的经理、工程师和退休领导人的深入访谈中收集的。相关的总结和比较情况如表 5.3 所示。

表 5.3　理论框架下的案例研究

	创新	后进者:技术学习	
知识水平 变革主动性 解决问题的水平	为什么/怎么做 活跃 产品	本地扩散和新产品:C&C08A ZXJ10, 2G, 3G	局部扩散和新产品:HBT-60A/60C,泵车
	4G, 5G	由当地厂商成功开发的第一个产品:HJD-04	由当地厂商成功开发的第一产品:新型HBT-40
	是什么 不活跃 副产品	组装和设计外包依赖AVL和Bosch ｜ 仿制和组装Mo PT:DS-30	仿制和组装:IPF83B,老式HBT-40

5.3.1　通信设备制造业

作为中国最具国际竞争力的高技术产业,通信设备制造业是中国工业的奇迹。这个奇迹始于中国企业在万门数字程控交换机(DPCS)的集体突破。以下介绍了自主产品开发的起源和扩散,这种技术自立最终增强了我国通信设备制造业的全球竞争力。

(1)技术依赖:"七国八制"

1982 年 11 月,富士通 F150 万门数字程控交换机在福州成功开局,标志着中国的通信网络和设备工业进入程控交换机时代。此后,跨国公司借势电信网络建设分权,在其母国政府支持下全力鼓吹地方通信网"一步到位",大力推销程控交换机,这使得中国的骨干电话网迅速被 7 个国家 8 种制式的进口机型占领。

随着基础设施跨越式发展,中国政府也开始关注对进口产品的依赖问题。一方面,中国政府与外国跨国公司(如贝尔)建立合资企业,引进 DPCS产品线,并推动关键零部件的国产化;另一方面,组织公共研究机构来仿制进口产品,特别是 1986 年 10 月邮电部上海第一研究所和北京邮电学院完成了以 F150 为原型的两千门交换机仿制攻关。1991 年年初,邮电部西安第十研究所完成了 DS-30 万门机的仿制任务(刘建新和王毅,2007)。其间,跨国公司广泛散布"中国人造不出大容量程控交换机"的言论。

(2)自主产品开发以及由此产生的技术自立

仿制和技术引进的依赖性消耗了中国政府的耐心。在长期等待 DS-30期间,一些新生的产品开发力量得到了快速发展。中国人民解放军信息工程研究所的研发团队(简称信院团队)于 1983 年开始对通信设备进行研究;1986 年,他们开发的 1024 门程控交换机引起了中国邮电工业总公司的注意,并获得了 300 万元开发经费的资助。在随后的两年中(1989 年 11 月—1991 年 10 月),信院团队完成了万门程控交换机、HJD-04 的开发,其强大的话务处理能力超过了任何进口机型。

DS-30 和 HJD-04 的研发效率差距反映在交换机开发中重要的计算能力差异。首先,知识资源和关键零部件限制了邮电部的国产化。例如,由于巴统的控制,他们无法获得合适的专用芯片,因此不得不选择英特尔的通用芯片作为替代。相比之下,信院团队早在 1968 年就展开了计算机开发(也是为了应对巴统的封锁)。他们很容易地将这些经验移植到交换机上,从而使得原创设计成为可能,HJD-04 机中的逐级分布控制和积木式交换网络等独创设计也让交换机达到了更好的性能。

与此同时,通信运营需求也发生了变化。支离破碎的通信网络要求强有力的控制。因此,邮电部不得不以独立于话务系统的七号信令代替此前的一号信令,以专用高速信令通道保证网络控制。此外,这也可以把不同制造商的程控交换机引入网络。相比之下,国内企业更好地利用了这一机遇,并在一开始时就在农村市场开发并形成了自己的需求知识,随后逐渐切入跨国公司掌控的骨干网。中兴和华为就是这一技术自立和领导权更替过程中最杰出的代表。

中兴通讯是中国最早的通信设备制造商之一,20 世纪 90 年代初期在农村市场取得了巨大成功。中兴通讯于 1993 年 9 月开始研发万门程控交换机,并将技术中心迁至更适合战略性产品开发项目的南京。1995 年 3 月,中兴通讯成功研制出第一台既能配合一号信令又能配合七号信令的万门机ZXJ10。ZXJ10 是中兴农话市场需求知识与 HJD-04 机成功经验共同作用的结果:它采纳了 HJD-04 机的积木式结构,从而能够以线性扩充手段进行平滑扩容,以此适应容量变化的需要。这种兼顾当前通信水平和今后发展需要的产品设计,对预算紧张又亟待发展的城郊及乡镇极具吸引力。而早年在"一步到位"中迷信进口产品的地方电信局也认识到,进口设备除了质量可靠之外几乎一无是处,"技术落后,而且体积大,用电量大,对环境的适应性更赶不上国产设备","热装冷用"现象逐渐增多。相比之下,中兴的产品因充分考虑了国内使用环境,所以不存在这类问题:ZXJ10 不需要空调,而进口设备离开空调就不行(华亭,1998)。

与中兴通讯相比,1988 年成立的华为公司是通信业的后起之秀。它曾经坚信中国通信网络"短期内可能不会向数字化转换",并因此投资研发1000 门模拟空分局用交换机,最终却被"一步到位"的跨越式发展打得血本无归。1992 年,华为同时上马 2000 门和 10000 门两个数字程控交换机项目。通过各种方式,华为在 HJD-04 机的巨大成功中受益良多(张贯京,2007),这也最终影响了华为交换机的技术轨道。基于对农村市场的了解,华为推出了 2000 门局用交换机 C&C08,这对农村客户来说非常实用。C&C08 的成功使华为能够专注于万门机的开发,即 C&C08A。而从 2000

门机向万门机扩展的关键是连接多个交换模块。根据中国农村的情况,华为的工程师提出用光纤来连接母局及各远端模块,以此替代跨国公司的设计方案。经过反复实验,这种新设计因其效率和灵活性取得了巨大的市场成功。

在 HJD-04 的成功和其他有利条件的影响下,中兴和华为等本土企业通过产品开发开始技术学习。这种通过创新来学习的过程以及最终结果所产生的知识库使他们能够吸收新技术,并将产品线逐步扩张到智能网、接入网、光通信、移动通信等领域,最终成为中国工业以产品开发参与技术竞争的奇葩。

5.3.2　砼设备制造业

砼设备制造业向技术自立转型的样本是中联重科和三一重工这两家主要制造商。与万门数字程控机依靠跨部门技术扩散实现技术自立的情况不同,砼设备制造业的技术自立有赖于本行业的技术积累。

（1）技术依赖

1992 年邓小平南方谈话之后,大型建设项目大批上马,为高质量混凝土创造了需求。但我国砼设备起步较晚,国内市场长期依赖德国、日本的进口产品,造成了沉重的外汇负担。中国政府不得不指定湖北建筑机械厂从日本石川岛引进臂架式混凝土泵车生产技术进行仿制。但仿制产品始终无法保证液压件等核心零部件的国产化质量,早期用户也缺乏使用经验,这使得仿制设备极易损毁,从而加大了仿制企业的代价,也招来了用户质疑。用户因而更青睐施维英(Schwing)、普茨迈斯特(Putzmeister)等进口产品,这使得砼设备与挖掘机并列成为 20 世纪 90 年代初中国工程机械行业仅有的两大贸易逆差产品。糟糕的是,进口砼泵一旦"趴窝",就不得不空运替换件,工程进度无法得到保障。

（2）中联重科:产品开发的先锋

中联重科是长沙建设机械研究院(下称建机院)的衍生企业。在计划经济时期,建机院隶属国家建设部,负责建工机械行业的产品设计任务。中联重科成立于 1992 年 9 月 28 日,由于早期产品的经验以及产品组装的简易性,他们最终选择将混凝土泵作为第一个产品:因为砼泵的系统设计(即各子系统之间的整合)更为重要,同时核心零部件和用户使用环境此时也有所好转。"当时力士乐的液压件已经可以进口了。而且……（仿制品）陆续地打开了一些国内市场，为国内的泵和泵车应用培训了很多企业，进行了市场的产品和技术扫盲。"（访谈）

中联重科在1993年7月1日隆重推出了HBT-40混凝土泵，价格为80万元（进口产品需120万元）。但是这批产品在进入工地之后问题不断。1992年之后建筑业飞速发展，"停人不停机"的工作方式加上华南地区的酷热高温使中联的工程现场知识迅速过时，仿照欧洲技术的HBT-40故障频发。中联重科不得不立即停产改造，解决散热等问题。历经半年的赤字，改造后的HBT-40泵顺利下线。在确认新产品质量达标之后，建机院开始将自主设计的混凝土泵技术对外转让，这直接推动了中国砼设备领域的群体突破。与此同时，中国市场在20世纪90年代的边缘角色以及跨国公司同中国用户有限的接触，使跨国公司忽视了这一变化，从而为国内企业逐渐收复市场创造了宝贵的市场机遇。

（3）三一重工：产品开发与多元化

三一重工是砼泵行业的后进者。他们于1993年从建机院购买了改进的HBT-40图纸，并于1995年自主设计出HBT-60A闸板阀拖泵。自此，三一重工开始通过创新进行学习。1996年6月，三一重工成功开发S形管阀拖泵60C。60C继承了HBT-40和HBT-60A优良的散热性能，彻底抛弃了欧洲闭式液压系统"油泵—执行元件—油箱"的直接连接，而使油泵向执行元件的进油过程和执行元件向油箱的回油过程都经过一个新加的控制阀。该系统散热性能良好，并且完全适应工程需求和气候变化，这为三一重工带来了良好的声誉和可观的收入。

为了利用高层建筑的蓬勃发展，三一重工决心在1997年开发第一台37米臂架泵车。当时，建机院在1996年设计了第一台36米臂架泵车，湖北建筑机械厂是国内唯一能够仿制28米臂架泵车的企业，而施维英（Schwing）、普茨迈斯特（Putzmeister）等跨国公司控制着30米和32米臂架泵车市场。

臂架长度变化将导致设计和工程的巨大变化，包括压力和稳定性等基本参数。所以，业内有"臂架长一米，难于上青天"的说法，能否自制臂架是泵车竞争的一个重要标准。基于这些考虑，三一重工钻研了泵车用户的消费习惯："我们的施工人员本身文化水平不高，操作水平比较低。用户300多万元的投入买了一台先进设备，不可能用得太娇气，最好是能大江南北到处

跑,多干快挣。而且都希望设备别太挑食,既能吃粗粮,又能吃细粮,最好不管什么标号的水泥投进去,它都能泵出浆来。"(访谈)

这些特点迫使三一重工从头设计一台符合中国市场需求的 37 米泵车。当新产品架构完成后,他们开始从国际供应商订购钢铁、液压件和焊料。1999 年 4 月,中国第一台 37 米臂架混凝土泵车在三一重工投产。此后,随着中国高层建筑的不断发展,三一重工通过持续的产品开发增强了他们的市场优势。

5.3.3　车用柴油机制造业

车用柴油机制造业的案例揭示了产品开发对技术自立的重要性。这个行业的历史决定了其产品开发能力缺口,而技术进步则使这一问题愈发突出。这使得国内制造商更加信任跨国公司的"先行者优势",他们一方面与这些领先者建立长期合作关系,如引进专业设计咨询机构完成低成本设计,另一方面则严重依赖国际关键零部件供应商,例如博世(Bosch)和电装(Denso)。研发外包和对关键零部件的依赖对于本土企业产品开发的产生、扩散和改进都是有害的。

(1)源于中央计划经济的技术依赖

为了理解技术依赖的历史根源,我们必须回顾中国车用柴油机制造业的历史。1952 年,计划经济体制下的行业分工剥夺了生产厂的产品设计自主权。直至 1980 年前后,所有工厂的技术管理仅限于管理图纸资料及产品明细表。20 世纪 80 年代初以来,由于各种原因,一系列开发能力建设计划因种种原因被迫搁浅,其中包括严重削弱工业行政力度的机构改革。因此,为了争夺新增市场,这些开发能力不足的发动机制造商在九十年代经历了激烈的价格战。1998 年以后的 10 年,全国车用柴油机产量按台数翻了两番,按功率增长了 240%,但需求拉动的业绩增长掩盖了主机开发方面的能力缺口。信息通信技术革命之前的所谓研发任务就是根据给定的设计开发产品系列。而机械控制柴油机功率调整的主要技术活动就是调整喷油提前角和曲轴曲拐,这种工作"(油泵)车间里的老师傅自己摸着做,不出一个礼拜就能改出来"。(上柴访谈)

(2)西方领先者及其在知识分工方面的统治地位

由于历史惯性,中国国内的柴油机制造商无法将燃油、增压、尾气处理等技术应用于满足欧Ⅲ及更高标准的新机型，也无法随着环境规制升级来改进产品。这种扩大了的能力缺口导致这些制造商在主机开发和关键零部件两个层次上都要依赖西方领先者。

中国企业依赖的主导设计力量是国际专业咨询公司，如英国的里卡多（Ricardo）、奥地利的 AVL、德国的 FEV 和美国的西南研究院（SWRI）。在与他们的合作中，通常由中国企业先选择一个市场细分，并向国际合作伙伴介绍其产品定位。此后，外国咨询公司将精力集中于工程密集型的系统集成工作，如知识产权组合、三维建模和整机性能优化。换言之，中国企业外包了产品开发的基本任务，从而放弃了技术变革自主权。同时，国际咨询机构也向其中国用户销售设计软件，但中方在产品设计方面缺乏经验，这使他们根本不可能自主地画出可信的优化曲线。而持续的软件升级更使中国企业陷入了怀疑，"到底行不行？要不还是买吧？"（访谈内燃机协会）

那么关键零部件呢？由于中国政府在环境法规方面的体制外包（Steinfeld，2010），而国内又没有合适的喷油系统或后处理系统供应商使其产品符合欧Ⅳ排放标准，这为博世（Bosch）和电装（Denso）等关键零部件供应商创造了市场。一般来说，咨询公司会建议发动机生产商与特定供应商沟通其排放性能和安全要求，然后发动机内部的机械部件将由中方设计生产，而电子部件则由国际供应商提供。

中国柴油机制造商、设计咨询公司和关键零部件供应商之间的知识分工，导致中国企业的新产品从产品和零部件层面就开始依赖外国技术。这使产品开发能力不足的中国主机企业面对的"只有两种产品平台，一种是围绕德国博世的，一种是围绕日本电装的。"（上柴访谈）。由于这种强大的优势和系统不兼容性，博世和电装的产品定价都畸高，供油系统和后处理部分的采购价格甚至占到整机成本的 2/3（李梦良，2008）。

自 1998 年以来，中国的柴油机制造商从市场扩张中获取了巨大的利益，但有趣的是，即使是最具财力的柴油机制造商也未能在 21 纪第一个十年对产品开发进行高强度投资。因为历史惯性以及对数以亿计的研发投入缺乏信心，所有这些制造商都严重依赖研发外包和零部件供应商，最终使得柴油机行业的技术依赖成为自我维持的平衡。

5.4 结论和政策意义

在本章中,我们将技术自立定义为技术变革理论框架下的技术学习方式。关于"什么是技术自立"的理论讨论能够通过比较案例来分析中国产品开发的重要性。现在,我们可以对技术自立进行简要的总结。

首先,从理论上看,作为描述技术依赖和创新中间阶段的独立概念,技术自立的概念是了解追赶能力建设逻辑和路径的有用工具。它使我们能够抓住东亚模式和中国"自主创新"的本质。这些后进者的大部分"创新"都是学习西方技术(Amsden,1989),这样的创新对追随者而言是新的,但却不是全新于世界的创新(Nelson and Pack,1999;Hobday,2000)。因此,自主创新既包括了技术学习的活跃模式,即技术自立,也包括熊彼特式的创新。这种解释是合理的,因为技术自立和创新之间的界限模糊,这是由产品开发的几个方面的相似性和积累所决定的。

管理者和管理学的学生也可以从以上讨论中有所洞见。例如,我们的讨论和案例研究表明产品开发在技术学习中的关键作用,即"通过创新学习"。这也解释了技术依赖与技术自立的根本区别,并揭示了学习战略的根本分化。一种战略是流行的干中学战略,这对于西方先行者或许很有用(Lieberman and Montgomery,1998),但对后进者的作用并不那么直接,因为他们从一开始就不掌握产品设计,而设计知识不可能仅仅通过学习来获得。另一个是所谓的干前学战略,这一战略显示了后进者绕过传统 OEM 路径而直接掌握产品层面设计知识的可能性和重要性。这也解释了中国那些出口导向型企业所面临的困难:他们对产品开发的了解不足,从而导致了自我持续的技术依赖,而干前学,即产品开发方面的学习,正是他们打破困境并提升业务的战略。

最后我们不妨从技术自立概念出发来讨论有关的政策议题。对中国而言,一个核心问题是从产业竞争力分化出发而设计出的多层次政策体系。对于那些处于技术依赖的行业来说,认识到阻碍本土企业产品开发的瓶颈是很重要的。已经观察到的瓶颈包括两种,一种是由技术进步导致的,与反求工程日益增加的难度有关;另一种源于外资的挤出效应,它压制本土企业生产性投资和技术能力的建设。相对而言，在技术自立和创新的行业中，关键政策问题是在保持传统产品开发的同时，改进技术体系中的多元竞争轨道和提高市场事后选择的效率(Nelson，1990)。

参考文献

高旭东（2005）."后来者劣势"与我国企业发展新兴技术的对策[J]. 管理学报，2(3)：291-294.

华亭（1998）. 中兴：鹏程万里. 通信产业报，1998-08-19，4-5 版.

李梦良（2008）. 重型柴油机国 IV 技术路线及实施建议. 现代零部件，(11)：44-47.

刘建新，王毅（2007）. 中国通信设备制造业技术学习和追赶的技术因素分析//创新与创业管理（第三辑）：产业技术创新专辑. 北京：清华大学出版社，pp. 1-24.

路风，余永定（2013）."双顺差"、能力缺口与自主创新——转变经济发展方式的宏观和微观视野（英文）. Social Sciences in China，34(3)：76-100.

张贯京（2007）. 华为四张脸：海外创始人解密国际化中的华为. 广州：广东经济出版社.

Abernathy, W., Utterback, J. (1978). Patterns of industrial innovation. Technology Review，80(7)：40-47.

Amsden, A. (1989). Asia's Next Giant：South Korea and Late Industrialization. Oxford：Oxford University Presss.

Arthur, B. (2007). The structure of invention. Research Policy，36(2)：274-287.

Bell, M., Pavitt, K. (1993). Technological accumulation and industrial growth：Contrasts between developed and developing countries. Industrial and Corporate Change, 2 (1)：157-210.

Chamarik, S., Goonatilake, S. (1994). Technological Independence：The Asian Experience. Tokyo，New York and Paris：United Nation University Press.

Cohen，W.，Levinthal，D.（1990）. Absorptive capacity： A new perspective on learning and innovation. Administrative Science Quarterly，35（1）：128-152.

Dore，R.（1984）. Technological self-reliance： Sturdy ideal or self-serving rhetoric. In： Fransman，M.，King，K.（eds.），Technological Capability in the Third World. London and Basingstoke： MacMillan，pp. 65-80.

Dosi，G.（1982）. Technological paradigms and technological trajectory. Research Policy，11（2）：147-162.

Dosi，G.（1988）. Sources，procedures，and microeconomic effects of innovation. Journal of Economic Literature，26（3）：1120-1171.

Dosi，G.，Nelson，R.（2010）. Technical change and industrial dynamics as evolutionary processes. In： Hall，B.，Rosenberg，N.（eds.），Handbook of Economics of Innovation. Amsterdam： Elsevier，pp. 52-127.

Forbes，N.，Wield，D.（2002）. From Followers to Leaders. London and New York： Routledge.

Gao，X.（2003）. Technological Capability Catching up： Follow the Normal Way or Deviate. Ph. D Dissertation，MIT.

Gu，S.（2000）. Learning models and technology strategy in catching-up. paper presented on the DRUID Summer Conference，Rebild，Denmark，June 2000，accessed 12 December 2013 at http：//www. druid. dk/uploads/tx_picturedb/ds2000-103. pdf .

Herstatt，C.，Tiwari，R.，Ernst，D.，Buse，S.（2008）. India's national innovation system： Key elements and corporate perspectives. Working paper No. 51 of Hamburg University of Technology，www. tu-harburg. de/tim.

Hikino, T., Amsden, A. (1994). Staying behind, stumbling back, sneaking up, soaring ahead: Late industrialization in historical perspective. In: Baumol, W., Nelson, R., Wolff, E. (eds.), Convergence of Productivity: Cross-national Studies and Historical Evidence. New York: Oxford University Press, pp. 285-315.

Hobday, M. (1995). Innovation in East Asia: The Challenge to Japan. Northampton, MA: Edward Elgar.

Hobday, M. (2000). East versus Southeast Asian innovation systems: Comparing OEM- and TNC-led growth in electronics. In: Kim, L., Nelson, R. (eds.), Technology, Learning and Innovation: Experiences of Newly Industrializing Economies. New York: Cambridge University Press, pp. 129-169.

Kim, L. (1993). National system of industrial innovation: Dynamics of capability building in Korea. In: Nelson, R. (ed.), National Innovation Systems: A Comparative Analysis. Oxford: Oxford University Press, pp. 357-383.

Kim, L. (1997). Imitation to Innovation: The Dynamics of Korea's Technological Learning. Boston: Harvard Business School Press.

Kim, L. Nelson, R. (2000). Introduction. In: Kim, L., Nelson, R. (eds.), Technology, Learning and Innovation: Experiences of Newly Industrializing Economies. New York: Cambridge University Press, pp. 1-9.

Lee, K., Lim, C. (2001). Technological regimes, catching-up and leapfrogging: Findings from the Korean industries. Research Policy, 30(3): 459-483.

Lieberman, M., Montgomery, D. (1998). First-mover (disadvantage): Retrospective and link with the resource-based view. Strategic Management Journal, 19(12): 1111-1125.

Lu, F., Mu, L. (2011). Learning by innovating: Lessons from China's digital video player industry. Journal of Science and Technology Policy in China, 2(1): 27-57.

Malerba F. , Mani, S. （2009）. Sectoral Systems of Innovation and Production in Developing Countries. Cheltenham：Edgar Elgar.

Malerba, F. , Nelson, R. （2012）. Economic Development as a Learning Process：Variation across Sectoral Systems. Cheltenham：Edward Elgar Publishing.

Mathews, J. , Cho, D. S. （2000）. Tiger Technology：The Creation of a Semiconductor Industry in Asia. New York：Cambridge University Press.

Nelson, R. （1990）. Capitalism as an engine of progress. Research Policy, 19(3)：193-214.

Nelson, R. , Winter, S. （1982）. An Evolutionary Theory of Economic Change. Cambridge, MA：Belknap Press of Harvard University.

Nelson, R. , Pack, H. （1999）. The Asian miracle and modern growth theory. The Economic Journal, 109(457)：416-436.

Odagiri, H. , Goto, A. （1993）. The Japanese system of innovation：Past, present and future. In：Nelson, R. （ed.）, National Innovation Systems：A Comparative Analysis. Oxford：Oxford University Press, pp. 76-114.

Pack, H. （2000）. Research and development in the industrial development process. In：Kim, L. , Nelson, R. （eds. ）, Technology, Learning and Innovation：Experiences of Newly Industrializing Economies. New York：Cambridge University Press, pp. 69-94.

Pavitt, K. （2005）. Innovation processes. In：Fagerberg, J. , Mowery, D. , Nelson, R. （eds. ）, The Oxford Handbook of Innovation. Oxford：Oxford University Press, pp. 86-114.

Samuels, R. （1994）. Rich Nation, Strong Army：National Security and the Technological Transformation of Japan. New York：Cornell University Press.

Steinfeld, E. （2010）. Playing Our Game：Why China's Rise Doesn't Threaten the West. New York：Oxford University Press.

Suarez，F. (2004). Battles for technological dominance. Research Policy，33(2)：271-286.

Utterback，J. (1994). Mastering the Dynamics of Innovation. Boston，Massachusetts：Harvard Business School Press.

Utterback，J.，Suarez，F. (1993). Innovation，Competition and Industry Structure，Research Policy，22(1)：1-21.

Xiao，Y.，Tylecote，A.，Liu，L. (2013)，Why not greater catch-up by Chinese firms? The impact of IPR，corporate governance and technology intensity on late-comer strategies. Research Policy，42(3)：749-764.

第6章　中国跨国公司母国和东道国间的技术协同研究

维托·阿蒙多拉金,伊莉莎·朱利安尼,

阿里安娜·马丁内利,罗贝塔·拉贝洛蒂

【摘要】　本章的宗旨是梳理在美国、日本以及欧洲等国家和地区进行跨境并购的中国中高型高科技跨国公司(MNEs)的技术特点。我们强调他们作为母国和东道国之间的连接节点的作用,并存在不同程度的技术距离的影响。我们采用技术相近指数来衡量中外企业之间的技术差距,这显示母国和东道国相关地区申请专利时技术类别同质化非常明显。本研究以2003—2011年的95起兼并案例为基础素材,对技术专业化、经验、规模以及投资者的专利组合特性(如联合专利数量等)等数据进行描述性分析。研究结果表明:①具有雄厚知识基础的投资者,也就是拥有多样化专利组合的企业更倾向于对技术遥远地区进行投资;②虽然这些企业在国内外参与众多专利合作,但并不比其他中国跨国公司更愿意进行国际专利合作。

【关键词】　高科技跨国公司;技术协同;专利合作

6.1　前　言

近年来,中国已经成为国际上重要的投资国之一。2015年,中国已经成为位列美国和日本之后的全球第三大投资地区,以及美国和中国香港地区之外的第三大对外直接投资目的地。中国的对外投资存量已经达到了

11000 亿美元,约占全世界对外直接投资的 4%(UNCTAD,2016)。中国对外直接投资大部分投向发展中国家(地区)(占 84%,包括中国香港地区的 58%)。中国对外直接投资的发达国家(地区)目的地包括欧洲(占中国全部对外直接投资份额的 6%)以及美国(占 3%);2003—2012 年,中国在欧洲和美国的对外直接投资实现了强劲、持续的增长,其中,在欧洲的对外直接投资增长了 77 倍,在美国的对外直接投资增长了 47 倍(UNCTAD,2016)。

　　自从 2005 年以来,中国对外直接投资增长主要采取跨境并购(CBAs)的形式。中国跨境并购金额以及全球份额都实现了显著增长,并且在 2013 年达到顶峰,超过了 500 亿美元,约占全球并购的 20%,几乎占中国流出资金总额的 50%(UNCTAD,2016)(见图 6.1)。根据联合国贸发会(2016)数据显示,2015 年,中国的跨境并购占其全部对外直接投资金额的 34%。这期间多起超级跨境并购案例发生,如中国的海尔并购了美国的通用电器公司家电分公司,中国化工集团并购了意大利的倍耐力公司和瑞士的先正达,中远集团并购了比雷埃夫斯港。这些并购行为大大强化了中国在发达经济体的头号投资国地位。

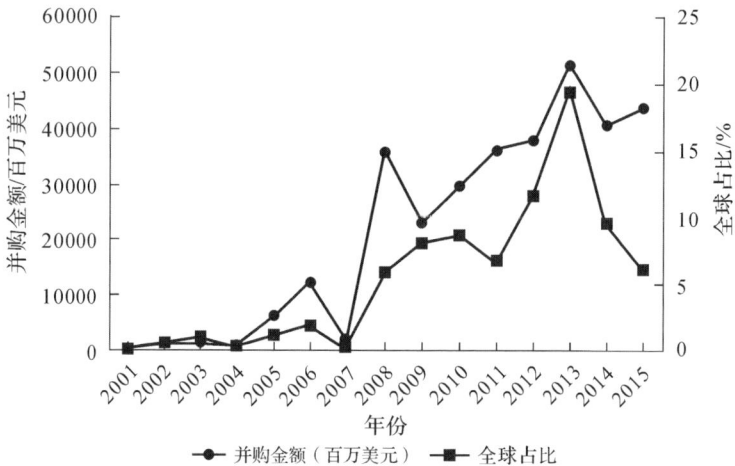

图 6.1　中国企业跨境并购(金额和全球占比)

数据来源:联合国贸易暨发展委员会,2016 (UNCTAD, 2016)

　　通常而言,发展中国家的公司在发达国家进行跨境并购被认为是获取公司特定战略资产和关键技术能力最快、最有效的方式(Chung and Alcacer,2002)。一些大样本的实证研究表明,中国跨国公司在发达国家的投资主要是为了获取技术知识(Amighini et al.，2013)。这一论点在诸如海尔等知名企业案例中得到证实,中国的海尔公司是白色家电行业的世界领先企业(Duysters et al.，2009)。

通过并购获取的战略资产不仅为中国企业赢得了极高的声誉,而且让这些公司能够获取和控制进入本国和国际市场所需的资源。此外,总体上看,并购使得中国跨国公司能够快速提升新技能和研究能力,从而缩短与外国同行间的技术差距,同时也为中国企业的组织、管理、营销和技术学习提供了机会(Amendolagine et al.，2015)。

并购使得中国跨国公司不仅从并购目标公司那里获取特定资产,而且为这些公司获取嵌入在被兼并企业的母国地区的知识和其他相关技术资产提供大量机会。这些技术资产的获取常常伴随着与目标地区的供应商、客户、大学、研究中心等建立正式或非正式网络(Cantwell and Mudambi,2011；Li et al.，2012；Crescenzi et al.，2016)。因此,有着雄厚技术基础和密集知识资产的地区为中国跨国公司提供了利用这些"知识基"来提升自身的技术能力和技能的机会(Awate et al.，2015)。相关知识和技术的吸收不会自动发生,而是取决于几个相关条件,其中最重要的条件是并购公司的吸收能力(Cantwell and Mudambi，2011；Crescenzi et al.，2016)。跨国公司理解、吸收和应用通过并购而获取外部知识的能力会受到其原有的知识、研发投入和人员技能等内部因素以及包括跨国公司母国的外部知识环境在内的外部因素的影响。

本章把中国的跨国公司当作连接母国和东道国地区的节点,他们拥有几个基于自身积累起来的技术专业的知识基。我们根据焦点区域参与者授权专利的技术分类对这些知识基进行分类处理。我们假设,中国跨国公司在母国和东道国地区都设有办公地点,这使其能够接触到不同的知识,从而可能(也可能不能)有助于其学习和技术能力构建过程。考虑可能的母国和东道国地区不同的技术专业化,我们引入了技术遥远地区(Technologically Distant Regions,TDRs,也就是技术临近指数低于中值的地区)这一概念来描述母国和东道国地区的知识基分别处于非常不同的特定技术领域的情况,同时还引入了技术临近地区(Technologically Proximate Regions,TPRs,也就是技术临近指数高于中值的地区)这一概念来描述母国和东道国的知识和技术基都比较相似的情况。我们将探寻中国跨国公司在较多或较少投资技术遥远地区时，会采用了哪些创新活动（如技术专业化、专利申请经验、专利组合规模、参与国际合作等）。本研究主要关注在欧洲、日本和美国投资的中国跨国公司。

6.2　研究数据和研究方法

中国跨国公司的并购数据主要来自两个方面：Zephyr（Bureau van Dijk，BvD）和 SDC Platinum（汤姆森，路透社）[①]。这两个数据库都提供了并购公司的名字、并购地点、并购目标公司、交易状态（例如已完成、传闻阶段的或正在发生的并购）、从并购目标公司转让给投资者的股权比例、项目执行日期等。本研究主要关注 2003—2011 年[②]所有已经完成的大股权并购交易，并沿用了之前有关并购对专利申请的影响研究（Ahuja and Katila，2001；Cloodt et al.，2006；Valentini and Di Guardo，2012）[③]。我们重点关注基于 NACE 代码分类中的中高科技制造和服务行业。最终本研究样本包括 95 起以欧洲、日本和美国公司作为目标公司的并购事件。

在投资者和目标公司层面上，并购数据要互相匹配，保持一致。对于目标公司和并购发起公司来说，我们采集的信息包括与实施海外并购的中国跨国公司的所有权结构、国内外子公司的详细地址、行业专业化以及专利申请活动等。这些附加变量的数据都来自 Bureau van Dijk（BvD）出版的 Orbis 数据库。

为了把母国和东道国地区划分为 TDRs 或 TPRs，我们使用了技术相近指数（TPI）这一概念，使用经济合作与发展组织的 REGPAT 数据库内的专利公约条约（PCT）专利申请数来计算（Maraut et al.，2008）。本研究采用了两个技术矢量的相关系数来计算技术相近指数 TPI，技术矢量数值是某地区在每个四位数技术分类的专利数（Jaffe，1986；Bottazzi and Peri，2003）。

---

① 两个数据库部分数据重叠：Zephyr 的并购数据是 28％，而 SDC Platinum 的并购数据是 31％。

② 以 2003 年作为起始年份，是因为联合国贸易暨发展委员会（UNCTAD，2015）数据显示，新兴国家对发达国家的大多数对外直接投资发生在这个时间之后。

③ NACE 的两位代码是 20，21，26，27，28，29，以及 30（适用于制造业）；59，60，61，62，63，64，65 66，69，70，71，72，73，74，78，以及 80（适用于服务业）。SDC 分类适用于来自 SDC-Platinum 数据库的交易。

如果两个地区持有的专利属于完全不同的技术类别,那么该 TPI 指数为零;如果两个地区申请专利的技术类别相同,那么该指数则为 1[①]。我们测量样本中的 95 起并购事件中的母国和东道国之间的技术相近程度,然后按照技术距离低于还是高于中间值,将技术相近程度归为技术遥远地区 TDRs 或技术临近地区 TPRs。

本次分析设定了一个子样本,这个子样本的 37 起并购事件涉及的中国跨国公司在跨国并购前至少申请过一项专利。对于这些公司,我们设计了一系列与专利相关的变量来表征这些公司开展的创新活动的一些特点。这些变量用欧洲专利组织的 PASTA 数据库数据进行测量,并定义如下[②]。

(1)技术专业化:技术专业化考虑每个专利都可以划为某个技术类别、某技术领域[③]和某特定行业(NACE, Rev.2)[④]。我们计算了三个指标:

1)专利的平均范围,用中国跨国公司专利组合中的专利文件所涉及的 IPC 类别数量来测量:技术类别数越高,专利的技术应用广度就越大(Lerner, 1994)。

2)与收购方同行业的专利比例(主要来自 NACE 代码)。

3)有关专利组合多样化的赫芬达尔指数-赫尔希曼指数(HHI),常被用来计算收购发起者在不同技术上的专利比例的平方的总和。数值高则代表专利组合集中在少数几个技术领域内,而数值低则表明专利组合没有主要的技术核心。

(2)专利经验:指中国跨国公司首次申请专利的那年。

(3)专利组合规模:指并购前,中国跨国公司的专利申请数。本研究区分了在中华人民共和国国家知识产权局(SIPO)申请的专利数与在美国专利商标局(USPTO)申请的专利数。

(4)非合作专利:指仅有中国发明人的中国跨国公司申请的专利数(国内专利)和仅有外国发明人的中国跨国公司申请的专利数(外国专利)。

(5)合作专利:指按照中国跨国公司与来自发达国家的外国发明人一起

---

① 由于这一规定可以吻合两个技术矢量间的余弦角度,所以也可用来指代余弦距离。如果这些矢量呈直角(比方说,两个地区创新在完全不同的技术领域出现),那么余弦值就等于 0。

② 想更多了解这些指数的详细介绍,请参阅 Squicciarini et al.(2013)。

③ 技术领域与在计算 TPI 时的完全相同。

④ 依据 van Looy et al.(2015)研究提出的重要语汇索引表,考虑欧洲专利组织的 PATSAT 数据库提供的与商标申请有关的表格。该表格是依照 NACE 的标准制定的。

（如欧洲和中国发明人、美国和中国发明人）申请的专利。

6.3　中国企业在欧洲、日本和美国的并购

　　2003—2011 年，中国中高科技行业的跨境并购实现了显著增长，增长趋势如图 6.2 所示。自 2007 年以来，除了 2010 年并购数据有下滑，中国跨国公司跨境并购的增长趋势仍十分显著。表 6.1 展现了中国企业在欧洲、日本和美国并购的地理分布。表 6.2 表明欧洲国家已经成为中国并购的一大热点地区，日本则是中国企业跨境并购的持续热点地区。2003—2011 年，中国企业跨境并购对象所在国最多是美国（占全部中资企业跨境并购总数的 32％），紧随其后的是德国（21％）、英国和日本（各 9％），以及荷兰（8％）。中国跨国公司跨境并购较多的欧洲国家还有法国和意大利。

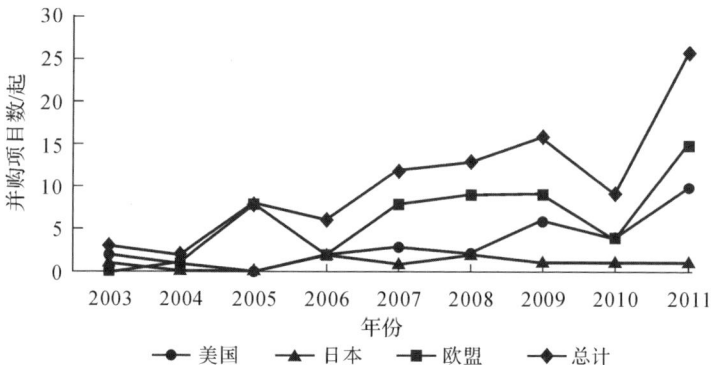

图 6.2　在欧盟、日本和美国的中国高科技跨境并购项目数（2003—2011 年）
来源：Bvd Zephyr and SDC Platinum

　　表 6.1 表明，约 70％的中国企业跨境并购发生在制造业，其中 25％的并购发生在电子和电子产品行业，紧随其后的是汽车和机械设备行业。在服务业，32％的并购发生在计算机和软件行业，余下的 68％发生在不同产业，包括出版、信息服务和通信等产业。

表 6.1　中国企业并购的地理分布和专业化核心产业（#，% 和主要目标地区）

	化学与医药	电子和电气产品	机械和设备	汽车和其他交通工具	其他制造产业	计算机软件和其他服务	其他服务产业	合计
奥地利				1 (7.14)				1 (1.05)
比利时	2 (18.18)							2 (2.11)
丹麦		1 (4.17)			1 (20.0)			2 (2.11)
法国	1 (9.09) 法兰西岛		1 (8.33)	2 (14.29) 阿尔卑斯－蓝色海岸		1 (14.29)	1 (4.55)	6 (6.32)
德国		4 (16.67) 巴符州	8 (66.67) 巴符州 & 巴伐利亚	4 (28.57) 巴伐利亚	1 (20.0)		3 (13.64)	20 (21.05)
意大利		2 (8.33) 伦巴第	2 (16.67) 伦巴第		1 (20.0) 伦巴第			5 (5.26)
日本	1 (9.09) 关东南部	3 (12.5) 关东南部		1 (7.14)	1 (20.0)	2 (28.57) 关东南部	2 (9.09)	9 (9.47)
荷兰	2 (18.0)	2 (8.33)	1 (8.33)				2 (9.09)	8 (8.42)
葡萄牙	1 (9.09)							1 (1.05)
瑞典				1 (7.14)			1 (4.55)	2 (2.11)
英国	3 (27.27) 约克郡			3 (21.43) 大伦敦		1 (14.29)	2 (9.09)	9 (9.47)

续表

	化学与医药	电子和电气产品	机械和设备	汽车和其他交通工具	其他制造产业	计算机软件和其他服务	其他服务产业	合计
美国	1 (9.09)	12 (50.0) 加利福尼亚 & 夏威夷		2 (14.29) 密歇根	1 (20.0)	3 (42.86) 华盛顿	11 (50.0) 加利福尼亚	30 (31.58)
合计	11 (100)	24 (100)	12 (100)	14 (100)	5 (100)	7 (100)	22 (100)	95 (100)

来源：Bvd Zephyr and SDC Platinum

在这些并购中,我们发现十分有趣的一点,大部分的电子产业并购集中发生在美国,尤其是集中在加州和夏威夷这两个地区。发生在德国的并购主要是汽车专业集群地巴伐利亚州的汽车产业和被视为机械发达地区的巴伐利亚州和巴登·符腾堡的机械产业。在汽车产业,中国公司已经并购了一些英国、法国和美国的汽车公司,特别集中在汽车专业集群地区,如美国的密歇根地区和法国的南阿尔卑斯地区。最后,在计算机和软件行业的中国公司并购主要在美国的华盛顿州和日本的东京地区。

就实施跨境并购的中国跨国公司的地理分布,60%以上的企业位于四个地区:北京(占实施跨境并购的中国跨国公司总数的 23%)、香港(14%)①、上海(13%)和浙江(11%)。其他较多的省份还有江苏省、山西省、山东省、四川省和广东省。

6.4　母国和东道国之间的技术距离

在这个章节,我们探讨中国跨国公司在技术遥远地区(TDRs)与在技术临近地区(TPRs)进行并购之间的区别。我们重点关注了其中 37 个子样本。这 37 个样本企业在欧洲、日本和美国进行跨境并购前已经开展专利申请活动,并且探究了前面提及的知识基方面存在的异质性问题。表 6.2 呈现了我们分析得出的主要结论。具体分析如下。

首先,我们分析并购者的技术专业化(表 6.2 的第 1 列)。我们假设那些专业化和多元化的企业对他们将要投资的地区技术相近性有不同偏好。对于专利范围(表 6.2 第 1(a)列),我们发现那些投资 TDRs 的并购者的专利技术范围比那些选择投资 TPRs 的更广。然而,这个差异性不显著。

表 6.2 第 1(b)列显示了并购企业在同一行业内的专利份额。研究表明,与其他企业相比,在技术遥远地区 TDRs 投资的并购企业对投资与其核心专业化类似技术兴趣不大。这表明在技术遥远地区进行并购的跨国企业有足够的技术能力去进行跨行业投资(差异性不显著)。

---

① 我们的数据库也包括了由中国内地企业发起的、发生在香港地区的并购数据。

表 6.2　并购交易的专利组合的区域技术相近性

	1) 技术专业性			2) 专利经验	3) 专利组合大小	
	(a) 专利范围	(b) 同行业的 专利比例％	(c) HHI		(a) 中国 专利数	(b) 美国 专利数
TPRs	1.48	0.003	0.10	2005.10	43.79	0.21
TDRs	2.14	0.001	0.04	2003.54	187.38	2.77
组 1-组 2 差异性	2.23	0.35	3.69	1.01	3.44	3.02

	4) 非合作专利		5) 合作专利		
	(a) 国内	(b) 国外	(a) 合计	(b) 中国—欧盟	(c) 中国—美国
TPRs	23.95	2.26	0.10	0.00	0.10
TDRs	76.38	6.77	0.23	0.08	0.15
组 1-组 2 差异性	4.54	4.06	0.45	1.48	0.07

最后，赫芬达尔·赫尔希曼指数 HHI（表 6.2 第 1c 列）表明，投资 TDRs 的跨国公司在实施并购之前，就在创新活动中展示出了十分明显的多元化趋势（投资 TDRs 和 TPRs 的结果差异性显著）。分别投资 TDRs 和 TPRs 这两个对照组的专利组合比较结果表明，企业的赫芬达尔·赫尔希曼指数（HHI）越高，企业专利组合所聚焦的技术能力越少。总之，我们发现中国投资企业专利组合的技术多元化程度越高，企业投资目标为 TDRs 可能性越高。对于这一现象，我们认为有两种可能的解释。一方面，具有在不熟悉行业投资经验的投资者更可能为扩展其技术范围及提升新知识能力而寻求并购对象；另一方面，目标公司处于技术先进的东道国地区的地理位置可能会刺激并购者的并购欲望，并提供更多获取新技术和多元知识的机会（Beugelsdijk and Mudambi，2013；Cantwell and Iammarino，2001；Dau，2013；Iammarino and McCann，2013；Meyer et al.，2011）。

表 6.2 的第 2 列是专利经验的分析结果，分别在 TDRs 和 TPRs 地区进行并购的中国跨国公司之间的差异性在统计学上并不显著。我们发现在 TDRs 并购的中国企业有更多的专利活动经验，这表明专利活动经验越丰富的跨国公司越愿意在与母国技术具有差异的地区投资（并购）。这种情况下，由于发起并购的企业要接触到新的技术知识，这类并购被认为具有更大

的挑战性。

表 6.2 第 3 列则表明对技术差距地区进行投资的中国跨国公司拥有较大的专利组合。中国国家知识产权局(SIPO)和美国专利商标局(USPTO)的数据都验证了这个结果(具有统计显著性)。此外,中国国家知识产权局和美国专利商标局在专利量级上的差距比较明显,这可能是由于中国政府鼓励国内专利申请的政策(Hu and Jefferson,2009)和中国发明质量的双重影响,这与基于国外专利局数据验证结果不太一致(Eberhardt et al.,2011)。Anderson et al.(2015)的研究也从另一个方面证实了中国国内专利申请呈现高速增长的态势,并表明中国企业的并购目标常常是加快技术的逆向转移,从而使其并购后掌握的技术可以迅速投入到国内市场的生产上。与中国国家知识产权局相比,美国商标专利局的专利申请审核更加严格。(一般来看)并购发起者投资 TDRs 所获得的美国商标专利局的专利组合规模越大,就表明与其他公司相比,其技术能力水平越高。

研究发现在 TDRs 投资的中国跨国公司拥有较大规模的专利组合,这表明具有企业知识基越强,越敢于在技术差距大的地区进行投资。这一结果同创新成功与技术距离呈倒 U 形关系的研究结果(Ahuja and Katila,2001)在本质上是一致的。研究强调具有创新意识和经验的企业需要明白就技术集成而言,在技术距离大的地区投资会面临更大的困难。

表 6.2 的最后两列反映两组实施海外并购的中国跨国公司在外部合作上的合作程度。表 6.2 第 4 列和第 5 列分别显示了非合作专利和合作专利的平均数。我们发现,由国内企业单独发明或由国外企业单独发明的非合作专利,比由中国与来自欧盟、日本、美国等的外国企业共同发明的合作专利多。这一结果证实了 Branstetter et al.(2015)和 Giuliani et al.(2016)的研究结果。由于国际合作具有长期的、深度的知识共享和不同技术能力的发明者之间的当面交流等特性,有助于加速国际知识溢出,所以包括共同发明(或跨界发明)的国际合作是从发达国家到新兴经济体进行知识转移的一种非常有价值的途径(Montobbio and Sterzi,2011)。中国跨国公司在国际合作和合作专利申请这两方面的有限参与,表明中国跨国公司还未能有效利用这一方法来提升自身的创新能力、积累技术能力和对领先国家的追赶能力(Agrawal et al.,2006;Alnuaimi et al.,2012)。

然而,对技术遥远地区进行并购的中国跨国公司明显具有更多由外国发明人合作参与的专利数，这意味着这些中国公司雇用了外国发明人。专利数据的一个限制是它们无法揭示这种外国专利产生的机制（例如人员流动、外国子公司、外国咨询顾问等）。但是，这一结果与之前曾经探讨过的拥有更多专利申请经验的中国跨国公司有更多 TDRs 投资并购的论断相一致。

6.5 　结　论

本章采用中国跨国公司在欧洲、日本和美国并购的中高科技企业的企业层面数据，探讨了中国跨国公司在 TDRs 和 TPRs 进行跨境并购的区别。本章分析表明，具备较强知识基（也就是拥有多元化和更广的专利组合）的中国跨国公司，对技术遥远地区投资更多并在那些地区开展跨境并购，以期在新产业发展其知识和能力，从而实现技术多元化。研究还发现，尽管这类中国跨国公司比其他中国跨国公司有更多的外国投资者参与公司活动（例如，咨询顾问、外部专家、外籍员工等），但并不会有更多的国际专利合作。研究中所涉及的公司的国际合作专利数量有限。这也许表明，尽管中国跨国公司在加速其海外运营和生产活动，但是他们创新活动的国际化之路才刚刚起步。中国企业的大部分创新和专利活动似乎都局限在中国境内，并且其主要目标是将国际技术通过知识转移引入到国内市场。

通过研究，本章建议中国政策制定者出台并强化基于国内市场的技术能力构建（Lema et al.，2015）。这可以通过不同方式来实现，诸如增加中国对发达国家跨国公司的吸引力。这是因为通常后发国家的跨国公司向发达国家的跨国公司学习是实现追赶并提升自身的技术能力的第一步（Li et al，2012）。政策制定者还应该增加高等教育投入和制定优惠政策来吸引海外工程师、科学家和管理人才等创新人才回国（World Bank，2010）。总之，中国政府需要采取各种措施持续提升国家创新体系（Lundvall et al.，2009），但是重心应该是本土创新体系的构建。Crescenzi et al.（2012）研究表明，中国的创新活动表现为部分地区集中化，区域间的知识溢出较为有限。今后，中国必须推动生产、城市化以及创新的区域间扩散。

本章的分析有一定的局限性，这也表明我们的结果应谨慎地加以解读。

首先,我们无法证实国内和东道国地区间的技术差距是否是案例研究中的中国跨国公司具有独特特质的原因或前提条件。此外,由于存在时间滞后性影响,本研究还无法解释逆向的因果关系。这些问题在本研究分析中有所考虑,而且普遍看法是能够识别并吸收多元的国际知识需要前期特定知识的积累。其次,研究不关注所研究的国际合作的结果:与那些在技术相近地区 TPRs 进行跨境并购的公司相比,在技术遥远地区 TDRs 跨境并购的中国跨国公司在实施跨境并购后是否有更成功的绩效表现或者进行更高层次的创新活动? 在 TDRs 投资的中国跨国公司是否会比在 TPRs 投资的中国跨国公司学得更快? 第三,本研究可以延伸到其他特性的实证分析,如中国跨国公司和目标公司的财务指标。第四,我们关注专利数据也是本研究一个主要不足。这是因为专利可能不适合用来评价新兴经济体如中国这类国家的创新活动。本研究无法观察不会产生专利申请结果的学习过程和创新活动。所有这些都需要今后进一步的研究。

参考文献

Agrawal, A., Cockburn, I., McHale, J. (2006). Gone but not forgotten: Labor flows, knowledge spillovers, and enduring social capital. Journal of Economic Geography, 6: 571-591.

Ahuja, G., Katila, R. (2001). Technological acquisitions and the innovation performance of acquiring firms: A longitudinal study. Strategic Management Journal, 22(3): 197-220.

Alnuaimi, T., Singh, J., George, G. (2012). Not with my own: Long-term effects of cross-country collaboration on subsidiary innovation in emerging economies versus advanced economies. Journal of Economic Geography, 12(5): 943-968.

Amendolagine, V., Cozza, C., Rabellotti, R. (2015). Chinese and Indian multinationals: A firm-level analysis of their investments in Europe. Global Economic Review, 44(4): 452-469.

Amighini，A.，Rabellotti，R.，Sanfilippo，M.（2013）．China's outward FDI：An industry-level analysis of host-country determinants. Frontiers of Economics in China，8(3)：27.

Anderson，J.，Sutherland，D.，Severe，S.（2015）．An event study of home and host country patent generation in Chinese MNEs undertaking strategic asset acquisitions in developed markets. International Business Review，24(5)：758-771.

Awate，S.，Larsen，M.M.，Mudambi，R.（2015）．Accessing vs sourcing knowledge：A comparative study of R&D internationalization between emerging and advanced economy firms. Journal of International Business Studies，46(1)：63-86.

Beugelsdijk，S.，Mudambi，R.（2013）．MNEs as border-crossing multi-location enterprises：The role of discontinuities in geographic space. Journal of International Business Studies，44：413-426.

Bottazzi，L.，Peri，G.（2003）．Innovation and spillovers in regions：Evidence from European patent data. European Economic Review，47(4)：687-710.

Branstetter，L.，Guangwei，L.，Veloso，F.（2015）．The rise of international co-invention. In：Jaffe，A.，Jones，B.（eds.），The Changing Frontier：Rethinking Science and Innovation Policy. Chicago：University Chicago Press，pp. 135-168.

Cantwell，J.，Iammarino，S.（2001）．EU regions and multinational corporations：Change，stability and strengthening of technological comparative advantages. Industrial and Corporate Change，10(4)：1007-1037.

Cantwell，J. A.，Mudambi，R.（2011）．Physical attraction and the geography of knowledge sourcing in multinational enterprises. Global Strategy Journal，1(3-4)：206-232.

Chung，W.，Alcacer，J.（2002）．Knowledge seeking and location choice of foreign direct investment in the United States. Management Science，48：1534-1554.

Cloodt，M.，Hagedoorn，J.，van Kranenburg，H.（2006）. Mergers and acquisitions：Their effect on the innovative performance of companies in high-tech industries. Research Policy，35(5)：642-654.

Crescenzi，R.，Rodríguez-Pose，A.，Storper，M.（2012）. The territorial dynamics of innovation in China and India. Journal of Economic Geography，12(5)：1055-1085.

Crescenzi，R.，Pietrobelli，C.，Rabellotti，R.（2016）. Regional strategic assets and the location strategies of emerging countries' multinationals in Europe. European Planning Studies，24(4)：645-667.

Dau，L. A.（2013）. Learning across geographic space：Pro-market reforms，multinationalization strategy，and profitability. Journal of International Business Studies，44(3)：235-262.

Duysters，G.，Jacob，J.，Lemmens，C.，Jintian，Y.（2009）. Internationalization and technological catching up of emerging multinationals：A comparative case study of China's Haier Group. Industrial and Corporate Change，18(2)：325-349.

Eberhardt，M.，Helmers，C.，Yu，Z.（2011）. Is the dragon learning to fly? An analysis of the Chinese patent explosion. University of Nottingham Research Paper No. 2011/16.

Giuliani，E.，Martinelli，A.，Rabellotti，R.（2016）. Is co-invention expediting technological catch up? A study of collaboration between emerging country firms and EU inventors. World Development，77：192-205.

Hu，A. G.，Jefferson，G. H.（2009）. A great wall of patents：What is behind China's recent patent explosion? Journal of Development Economics，90(1)：57-68.

Iammarino，S.，McCann，P.（2013）. Multinationals and Economic Geography：Location，Technology and Innovation. Cheltenham：Edward Elgar Publishing.

Jaffe, A. (1986). Technological opportunities and spillovers of R&D: Evidence from firm's patents, profits and market value. The American Economic Review, 76: 984-1001.

Lema, R., Quadros, R., Schmitz, H. (2015). Reorganising global value chains and building innovation capabilities in Brazil and India. Research Policy, 44(7): 1376-1386.

Lerner, J. (1994). The importance of patent scope: An empirical analysis. The RAND Journal of Economics, 25: 319-333.

Li, J., Li, Y., Shapiro, D. (2012). Knowledge seeking and outward FDI of emerging market firms: The moderating effect of inward FDI. Global Strategy Journal, 2: 277-295.

Lundvall, B. A., Joseph, K. J., Chaminade, C., Vang, J. (2009). Handbook of Innovation Systems and Developing Countries. Cheltenham: Edward Elgar.

Maraut, S., Dernis, H., Webb, C., Spiezia, V., Guellec, D. (2008). The OECD REGPAT database: A presentation. STI Working Paper 2008/2, Organisation for Economic Co-operation and Development, Paris.

Meyer, K. E., Mudambi, R., Narula, R. (2011). Multinational enterprises and local contexts: The opportunities and challenges of multiple embeddedness. Journal of Management Studies, 48 (2): 235-252.

Montobbio, F., Sterzi, V. (2011). Inventing together: Exploring the nature of international knowledge spillovers in Latin America. Journal of Evolutionary Economics, 21(1): 53-89.

Piscitello, L., Rabellotti, R., Scalera, V. (2015). Chinese and Indian M&A in Europe: The relationship between motivation and entry mode choice. In: Risberg, A., King, D., Meglio, O. (eds.), The Routledge Compation to Mergers and Acquisitions. London: Routledge, pp. 114-129.

Squicciarini，M.，Dernis，H.，Criscuolo，C.（2013）．Measuring patent quality．Indicators of technological and economic value．Science，Technology and Industry Working Paper No．2013/03，Organisation for Economic Co-operation and Development，Paris．

UNCTAD(United Nations Conference on Trade and Development)（2015）．World Investment Report．Geneva：UNCTAD．

UNCTAD(United Nations Conference on Trade and Development)（2016）．World Investment Report．Geneva：UNCTAD．

Valentini，G．，Di Guardo，M．C．（2012）．M&A and the profile of inventive activity．Strategic Organization，10(4)：384-405．

van Looy，B．，Vereyen，C．，Schmoch，U．（2015），IPCV8-NACE Rev．2 Update（version 2．0）．Brussels：EUROSTAT．

World Bank（2010）．Innovation Policy：A Guide for Developing Countries．The International Bank for Reconstruction and Development．Washington DC：The World Bank．

第7章 依托国际化之路构建技术能力：从生产到创新

刘 炬

【摘要】 本章以一家中国风能发电公司为研究对象，该公司用 20 年时间，通过走国际化之路提升了其技术能力。本章采用深度案例研究法和过程追踪法来调查跨境技术学习过程与跨境合作关系的构建过程，以此来深入理解案例公司是如何构建自身技术能力并实现从生产向创新的转型。结果发现，案例公司总部与其外国合作伙伴间的人力资源跨境流动产生的跨境技术学习，极大地促进了其从依靠生产到依靠创新的转型。研究还发现，跨境合作关系的构建使得跨境技术学习成为可能，而跨境关系的构建又是基于合作双方关键部门管理人员之间长期的人际关系而产生的相互信任。

【关键词】 技术学习；国际化；创新；生产；风能；中国

7.1 引 言

过去十年，国际化已成为中国企业从发达国家迅速获取知识和技术并建立自身技术能力的重要战略之一 。国际学术界对于中国公司通过国际化道路来提升技术能力这一做法，存在着如下两种观点。

第一种观点是，中国企业的国际化之路主要受技术学习的影响较大，而不是技术创新(Di Minin et al. , 2012)。这些中国公司在走出国门之初并不具备先进的技术资源(Mathews，2006；Li，2010；Peng，2012)，他们的国际化目的不是发展其现有技术，而是通过国际化获取自身不具备的技术。

第二种观点是，中国企业以强化自身技术能力为目的的国际化之路，主要是依靠并购外国企业来完成的，这些海外并购常受到世界瞩目（Peng，2012；Sun et al.，2012）。有学者认为，技术能力不强的公司往往通过并购发达国家的创新型企业而不是依靠自己来提升技术能力。这种并购方式的优点很明显，与进入市场更快的绿地投资相比，采取并购的方式来获取资源效果会更显著，速度也更快。当并购与企业的低成本制造能力相结合时，企业成功的可能性更大。此外，并购还有助于中国企业改变产品质量低下的刻板印象，并解决缺少当地嵌入资产、缺乏国际市场曝光度等问题。

然而，通过国际并购实现的技术学习很可能会遭遇失败而不是获得成功。中国公司在走出国门时的技术劣势表明其学习吸收能力较弱，同时也意味着中国公司在并购前的讨价还价能力不高，还意味着并购后发生不测的可能性较高。目前，没有明显的证据表明中国跨国公司为了获取技术而进行的并购表现高于国际平均水平。

尽管遭遇了很多失败，但依然有不少成功案例。这些成功的企业不仅实现了技术学习，而且还逐渐通过把外国技术和国内的研发能力相结合，在后期实现了从以生产为中心转向以技术创新为中心的转型（Di Minin et al.，2012；Si et al.，2013）。这些企业为什么以及如何通过国际化过程来实现技术能力提升？这值得认真研究。

本章选取一家成功的中国风力发电公司——新疆金风科技股份有限公司（金风）进行深度案例研究。该公司的前身可以追溯到 1988 年，那时它是一家公益类科研机构的一个附属机构。2012 年，该公司被麻省理工学院列为全世界最具创新能力的公司之一。2015 年，金风成为世界上最大的风力发动机制造商，成功超越该领域内一众龙头企业，如丹麦的维斯塔斯、德国的西门子和美国的通用电气公司。在与德国相关公司合作 12 年后，该公司于 2008 年并购了一家德国风力发动机技术公司 Vensys。该并购事后被证明是金风公司技术能力构建过程的一个转折点。从 2008 年起，金风逐渐实现了从生产向创新的转型。

本章主要回答以下研究问题：

（1）案例公司构建技术能力的国际化进程究竟是怎样的？

（2）案例公司是如何实现从生产向创新转型的？

研究发现,金风公司通过国际化来构建技术能力的进程分三个阶段,即引入阶段、共同研发阶段和融合阶段。金风公司从生产到创新的转型,依托的是公司总部与其外国合作伙伴间的人力资源跨境流动产生的跨境技术学习。研究还发现,因合作双方关键经理人员之间长期的个人关系而产生的相互信任促成了跨境合作关系的建立,从而使得跨境技术学习成为可能。

本章共分为 7 部分。接下来是第二部分,主要关注与新兴国家的企业为构建自身技术能力而采取走国际化道路的方式等相关的文献,进而解释本章的分析框架;第三部分介绍案例研究的具体方法;第四部分是有关案例公司的背景信息介绍;第五部分呈现本案例的研究成果;第六部分分析这些研究成果;第七部分是本章的结尾。

7.2　分析框架

来自新兴经济体的公司,其国际化道路的一大特点是具有"探索动机"(Meyer,2015),这与寻求市场、寻求效率、寻求自然资源等其他形式的国际化有所不同(Dunning,1998;Makino et al.,2002;Buckley et al.,2007)。新兴跨国公司国际化的目标是获取、得到或创造自身不具备的战略资产——知识和技术,而传统公司的国际化是借力并购企业所在国的廉价劳动力、丰富的自然资源、有利可图的当地市场等,来充分实现其已有技术的商业价值。不同的学者从不同的角度对以获取战略性技术资产为目的的国际化进行了充分的研究,例如寻求资产的视角(Makino et al.,2002;Ivarsson and Jonsson,2003)、寻求知识的视角(Chung and Alcácer,2002)、跳板理论(Luo and Tung,2007)、学习的视角(Mathews,2006;Li et al.,2012)等。在这些研究的早期阶段,学者们更加关注的是发达国家跨国公司的国际化(Kogut and Chang,1991;Almeida,1996;Shan and Song,1997),后来关注的焦点转移至新兴经济体跨国公司的国际化(Chen and Chen,1998;Makino et al.,2002;Mathews,2006)。近几年,中国企业的国际化进程受到了广泛关注(Rui and Yip,2008;Deng,2009;Li et al.,2012;Cui et al.,2014;Anderson et al.,2015)。

中国企业国际化道路的"探索动机"表明了为创新而学习的重要性

(Makino and Inkpen,2003)。学习视角将跨国企业的国际化看作是跨国界的学习过程(Mathews,2006；Li,2010)。这种观点认为,当技术落后的新兴国家跨国公司走出国门时,①这些企业需要同发达国家的同行建立联系；②它们要利用(或学习)并内化外国同行的知识和技术；③经过几个回合对知识和技术的内化之后,可实现对先进技术的学习,从而提升企业的技术能力。然而,尽管这些采用学习视角的研究对我们理解新兴国家跨国公司国际化问题做出了有益的贡献,但是学者们尚无法就新兴国家跨国公司如何与发达国家同行建立联系,以及发达国家同行什么时候愿意、为什么愿意"教会"新兴国家跨国公司等问题给出让人满意的答案（Liu and Lema,2015）。

在为提升自身技术能力的国际化进程中,学习变得十分重要,因而提出了另一个重要问题,这就是学习过程中企业间的关系构建问题(Beeby and Booth,2000；Li,2005；Manolova et al.,2010；Liu,2012)。学习强调反复不断地联系外国同行,反复不断地将外国同行的先进知识进行内化。这样的学习往往不能一蹴而就,需要很长时间才能完成,这就要求新兴经济体的企业与发达国家的同行建立、维持并延续长期的合作关系。

因此,本研究设计了一个分析框架(如图7.1所示)来研究案例公司为提升技术能力而进行的国际化进程。该框架包括以下内容：①技术学习过程,该过程促成公司从制造向创新的转型；②组织间关系的构建过程,该过程使得通过20年的技术学习来构建技术能力成为可能。

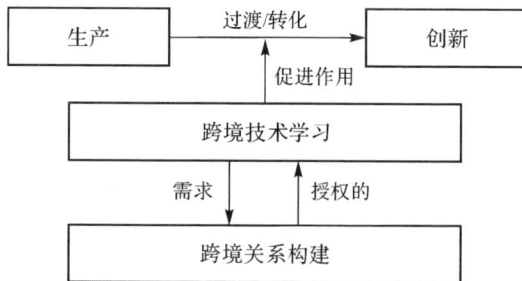

图7.1　通过国际化来提升技术能力的过程分析框架

7.3　研究方法

本章采用深度案例研究方法,属于实证研究,就是在现象和背景边界不那么明显的情况下,在真实的环境下研究当代并购现象(Yin,2013)。

本章采用过程追踪法来重现包括重大事项、主要措施以及不同阶段主要成果在内的国际化过程。过程追踪法是一种逆向作业定性的方法,以此来确定不同变量对于因果机制的干预进程(George and Bennett,2005)。本研究既分析了跨境技术学习过程,又分析了企业间的关系构建过程。

本案例研究采用的是多数据源,包括半结构式采访(采访对象包括经理人、专家等),还包括对公司年报以及内部文件、行业报告、政策文件、媒体新闻和学术出版物等信息的加工整理。数据来源的多样性能够保证信息的准确性以及结果的稳定性和可靠性(Jick,1979)。我们的采访时间为 2013—2014 年,采访地点是金风公司的中国北京总部和坐落在德国的诺伊恩基兴合作伙伴的总部。采访对象都是公司的高层管理人员,其中包括金风的副总裁以及德国方面的重要部门负责人。为了深化之前的研究,还于 2014 年和 2015 年采访了金风公司的供应商以及中国其他城市的行业专家。有些采访是通过电话访问的形式完成的。

为了避免采访对象的潜在偏见,采用了以下四种方式。①采访对象要么是知识渊博且在金风公司工作超过十年,要么是在国际化过程中身居要职。②通过"法庭提问"的方式来关注真实记录(Lipton,1977;Huber and Power,1985)。访谈时要求采访对象说出在具体的战略过程中采取了哪些措施以及产生了什么样的结果,以此来确保他们没有把已经采取的措施和应该采取的措施或将要采取的措施弄混。③承诺为采访对象保密。④将采访收集到的信息用三角测量的方式进行整理,整理方式包括建立档案、查询网站、查阅内部报告、内部文件、媒体消息以及科学出版物等。还将不同采访对象就同一问题给出的答复进行三角测量分析。然而,受采访数量的限制,现有观察模式的适用范围过窄,因而无法迁移到其他公司,因此,本研究只能看作是一个探究性质的研究。

7.4 案例中的中国公司及其德国合作伙伴

我们选取的案例是新疆金风科技股份有限公司，其前身是新疆水资源和水利研究所下的一家机构，一直到 1988 年，该机构都隶属新疆维吾尔自治区政府。1998 年，该公司正式成立并更名为金风公司。目前，金风是世界风力发动机制造行业的领导者，致力于为客户提供集成风力发电解决方案，包括研究和设计、生产和销售，提供包括风力资源评估、工程施工、采购以及建设等承包工作为主的（EPC）风力农场投资和服务等。目前，该公司在全球有6000 多名职工，其在中国有两个总部，一个在新疆，另一个在北京；在海外有三个国际子公司，分别位于美国的芝加哥、德国的诺伊恩基兴以及澳大利亚的悉尼。此外，金风还有两个研发中心，一个在中国，一个在德国。该公司还被世界著名的知识产权（IP）媒体平台 IAM 评为拥有知识产权最多的中国公司之一，其知识产权的管理和价值创造战略已经达到国际先进水平。2012 年，该公司还被麻省理工学院（MIT）评为世界最具创新能力公司 50强；2015 年，按照富士高商务咨询服务公司（FTI）和彭博新能源财经（BNEF）分别发布的报告，该公司已经成为全球最大的风力涡轮机初装设备生产商。

在通过国际化提升自身技术能力的过程中，金风最重要的合作伙伴是湾色斯公司（Vensys），该公司是德国一家风力涡轮发动机设计公司。湾色斯最初是个小工程局，该局是在萨尔布吕肯大学研发中心基础上建立的。自 2000 年以来，该公司就在德国从事商业活动，而其在大学的研发活动比这还要早 10 年，也就是 1990 年左右开始的。该公司的研发主要集中在以下方面：直接驱动、能量效率、转子设计、大型风力涡轮发电机、风力较弱地区以及酷热、严寒、强风、输电网不稳定等极端气候条件下的风力发电解决方案。永磁铁直接传动被认为是湾色斯公司最重要的创新发明。该公司过去还把其商业模式授权给合作伙伴，由于授权违反了知识产权保护的相关规定，该公司只能在资金方面提供有限的帮助并与合作伙伴进行有限接触，允许客户有条件地使用其生产、研发等各种网络渠道。2001 年，来自德国另一家风力发电公司瑞能公司（RePower）的两名上层管理人员转投到湾色斯旗下，这两个人同时还带来了与金风合作的合同。后来，金风从湾色斯那里购买生产许可并开始生产湾色斯公司授权的风力发动机。合作生产几年后，湾色斯最后被金风公司并购。从那之后，湾色斯才有机会进入中国市场并依托中国市场扩大公司经营。与此同时，金风公司也获得了使用湾色斯知识和技术的权力。

7.5　提升技术能力的国际化三阶段

在通过国际化提升技术能力的过程中，金风公司逐渐提升了技术能力，这不仅体现在生产环节，还体现在工程调试环节，甚至还体现在高级设计环节。

7.5.1　引进阶段（1996—2005 年）

引进是指从国外购买诸如风力涡轮发动机、关键部件、生产许可、商标等。1996—2005 年，金风主要采用引进策略来逐步提升生产技术能力，这种提升是通过学习、模仿以及逆向工程等方式实现的，这种模式被戏称为"两头在内，中间在外"，字面的意思就是两个头在内，而中间部分处于外部。"两头"是指风力农场的规划和管理；"中间"是指生产风力涡轮发动机，尤其是关键部件的生产。金风引进外国技术是为了提升其生产环节的技术能力。

引进阶段的一个标志性事件，就是该公司在 1996 年从德国的雅各布斯能源公司进口了 600 千瓦的风力涡轮发动机，这为金风国际化扫清了道路。金风公司通过从雅各布斯能源公司进口涡轮发动机，对雅各布斯能源公司以及该公司当时的商业合作伙伴有了深入的了解。从那时起，金风与该公司的两名重要人士建立了长达 20 年的合作关系，这两个人是这样回忆他们与金风的合作的：

"1991 年，我和我的合作伙伴共同创立了雅各布斯能源公司；1996年，我们将一台 600 千瓦的发电机组卖给了金风公司。很快，金风公司提议授予其在中国生产的许可权。经过研究，我们公司同意了这一提议，授权金风公司在中国国内生产我们的产品，他们还把员工派到德国接受培训。2000 年，公司名称由雅各布斯能源公司改为了瑞能公司。那时公司的董事会主席想要与中国另一家企业共合作，那家企业是一家大型公司——东风，是一家国有企业。我们告诉他金风才是最好的合作伙伴，但是他拒绝接受我们的建议，于是我们两个人只好离开瑞能公司，并在 2001 年加入湾色斯。从那之后，我们就一直致力于与金风公司的合作工作。"

在引进阶段，金风与德国合作伙伴的主要合作形式是出口和进口。1999 年，金风公司最重要的成果是生产出了 600 千瓦风力涡轮发动机；2002 年，其年生产能力增加到 200 个单位，并于同年又增加了 750 千瓦的风力发电能力。

该阶段末期，金风公司已经建立了自主的研发机构。2004 年，金风公司开始独立研发一种新型的产品——1.2 兆瓦的风力发电机组；2005 年，成功制造出该产品。但是，该型号的产品并没有最终投放到生产中。

7.5.2 合作研发阶段（2006—2008 年）

合作研发是指金风公司与其德国合作伙伴共同研发新型的风力涡轮发动机。对于金风公司来说，合作研发主要是对湾色斯公司的理论设计进行本土化调整，从而达到大规模生产的目的，为此，要通过调试和建造等方式来提升自身的技术能力。

该阶段有两件标志性的事件：一是 2006 年，金风在德国诺伊恩基兴的湾色斯附近建立了一家工厂，目的是与湾色斯共同研发、设计新型的涡轮发动机，并着手为欧洲市场生产该产品；另外一件事是 2008 年金风以 4124 万欧元的价格收购了湾色斯公司 70% 的股份，从而成为该公司的大股东。

对于为什么要在湾色斯公司附近建立工厂，尤其是要按照湾色斯的设计理念建厂，金风公司董事会主席这样说：

"德国人做事十分认真。他们就是喜欢做生产工作。我曾经问过湾色斯的员工：'你们最大的梦想是什么？'他们告诉我湾色斯是一家主打产品设计的公司，但从来没有亲自生产过自己设计的任何一款产品，他们最大的梦想就是亲手生产出自己设计的产品。因此，我们花六个月时间为他们建立了一家工厂，帮助这些员工实现他们的梦想。"

合作研发阶段大大提升了金风公司的技术能力。在谈及并购对金风技术能力提升产生的影响时，来自少数股东的湾色斯公司的一位管理者这样说：

"并购之后，中国企业的总部掌握了 Getriebelose 基站技术。湾色斯公司的员工对金风公司总部的供应商进行了上岗资格培训和其他相关培训。可以说，没有并购，就不会有湾色斯对金风总部供应商的资格培训。"

来自北京总部和湾色斯的采访对象承认，在其他几家公司也准备收购湾色斯公司的情况下，并购可以避免在协同开发中被隔离的风险。

在这个阶段，金风公司北京总部和湾色斯公司之间的人力资源互动越来越频繁了。并购前，湾色斯大多数员工到中国多半是为了将其产品设计落实到大规模生产以及根据中国市场的需求对其产品进行调试等工作，而在并购后，双方的人力交流出现了逆向化发展，越来越多来自北京总部的金风员工到德国的湾色斯进行访问和工作。每年大概有 10～20 名中国研发工作人员（有时是市场营销人员）到湾色斯交流，他们在湾色斯至少要工作一年。

双方合作研发阶段最显著的成果是合作研发了 1.5 兆瓦和 2.5 兆瓦的风力发电机组。2008 年，金风在中国内蒙古自治区的一家风力农场安装了 111 套上述型号的发电机组。

与湾色斯的成功合作极大地提升了金风的技术能力，金风对湾色斯的并购确保其能从湾色斯获得技术资产。

7.5.3　融合阶段（2009—2013 年及以后）

融合是指积极参与被并购外国公司的研发活动，并将其作为母公司研发战略的重要组成部分。虽然金风北京总部及其德国合作伙伴通过共有资源进行合作，但是双方在不同的战略领域有着十分清楚的分工。合作中，金风并没有将湾色斯当作其在德国的一家分公司，相反，金风始终把湾色斯视为对其具有战略意义的一家独立的公司，尽管湾色斯公司的主要控股权在金风公司。并购后，湾色斯继续为欧洲市场研发高端产品，而金风公司则主要为亚洲、非洲和南美市场研发风力涡轮发电机，在这些市场中，成本是最主要问题。本阶段，金风公司的技术能力构建的目标是获取先进的设计技术。

这期间发生了两件大事，一是 2009 年，金风在德国建立了一家湾色斯工厂，并为此投入了 5 百万欧元；另外一件事就是，2010 年，湾色斯的 CEO 被任命为金风公司的首席技术官（CTO）。

在这个阶段，金风公司中国总部通过引进德国技术以及与湾色斯合作研发新产品具备了一定的技术能力。目前，金风已经具备独立开展研发高级风力涡轮发动机的能力。为了将技术能力提高到更高的水平，金风公司开始扩充其技术库。在谈及双方的融合战略时，金风公司国际副总这样说：

"我所理解的融合是指，例如，大概某些技术并不是金风公司今后的发展方向，但是我们把它们当作公司技术库的重要组成部分。有一件事能够说明这样做的好处。2012 年，金风在没有湾色斯直接参与的情况独立研发了 3 兆瓦的半混合传动风力发电机，而湾色斯公司则只专注于混合传动风力发电机的研发工作。该技术是为了解决混合传动风力发电机产生的最大问题而研发的。我们需要对某些技术进行储备，并对其进行反复检测，以此避免技术变革所产生的风险。融合不是取代湾色斯公司，而是互相合作，互相扶持。"

金风通过把湾色斯公司纳入其研发战略，成功将自身技术能力提升到了更高的水平。金风国际副总这样说：

"并购后，我们具备了更高级别的创新能力。2013 年，我们成功研发了 6 兆瓦的海上风力发电机，这标志着金风公司在世界风力发电技术领域已经成为领军企业。新研发的产品专利权由金风和湾色斯两家共享。尽管双方在融合阶段的目标并没有 100％ 实现，但我们确实在与湾色斯合作的过程中实现了企业的长足发展。"

在融合阶段，金风北京总部及其并购的德国合作伙伴采取了多种措施来发挥协同作用。举例来说，公司采取"掺沙子"方式，其字面意思是将沙子掺到水泥中，这是一种比喻说法，真正含义是将新鲜的要素融入到有些固化的一个组织中，进而让该组织产生根本性的变化。金风为顺利实现知识和技术转移，为来自北京总部和湾色斯的研发人员创造了很多机会。金风还任命湾色斯的首席执行官（CEO）为金风的首席科技官（CTO），这标志着金风与湾色斯研发战略整合取得了成功。

这阶段的主要成果是双方于 2009 年成功研发出了 3 兆瓦的半混合传动

风力涡轮发电机；2012 年研发出了超低速的千兆瓦 93/1500 的风力涡轮发电机；2013 年研发出了 6 兆瓦的混合传动风力发电机。

7.6　案例分析

7.6.1　跨境技术学习过程

金风公司分三步走的国际化战略极大地提升了自身的技术能力，而技术能力的提升有赖于其所经历的三种完全不同类型的跨境技术学习（见图7.2）。第一类是通过单边学习来强化生产并提高生产效率；第二类是通过双边学习来提升产品质量并开始合作研发新产品；第三类是通过多边学习独立研发新产品。

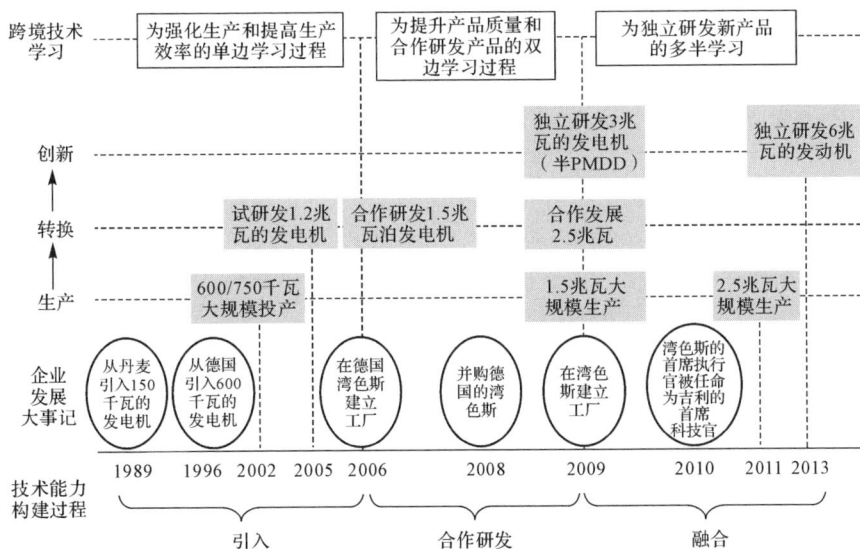

图 7.2　为提升技术实力所走国际化道路中产生的跨境技术学习

从外国引进技术是金风提升技术学习的起点。通过对国外引进的风力涡轮发电机的组合、安装、修订工程技术等措施，金风在风力涡轮机制造方面积累了丰富的风力发电经验，熟练掌握了具体的操作、制作工艺以及实用技能等。技术学习最初主要是为了强化生产，之后是为了提高生产效率，而且基本上是单边进行的，这意味着在生产设备中体现出来的知识和生产部件、技术文件以及售后服务等，都是从国外公司以单向的方式转移至金风公司。

在合作研发阶段，技术学习就在金风北京总部和湾色斯双边进行了。最初，技术学习主要是为了提升产品质量，后来是为了共同研发新产品。操作性的知识、设计知识和管理知识都是通过金风北京总部和湾色斯双边互动而实现转移的。然而，知识转移的规模和范围以及知识转移的方向随着时间的变化而不断变化。例如，包括产品、客户要求和反馈等技术信息都是从金风北京总部流动到湾色斯的，而诸如设计标准和规格、理论工具以及设计程序等设计知识则是从湾色斯转移到金风北京总部的。管理库和项目管理等管理知识已经从金风北京总部转移到了德国湾色斯。

直到融合阶段，金风公司的技术学习才是在金风北京总部、湾色斯及其在欧洲的合作伙伴和其他新加入合作的国际技术提供商、零部件制造商，以及芬兰的 Switch、英国的 GL Garrad Hassan、中国台湾地区的上纬企业、德国的西门子和丹麦的里斯实验室等多家合作伙伴间的多边学习。这种学习主要是为了实现自主研发的目标，也就是依靠自身力量或独立进行科技研发。

在很大程度上，跨境技术学习是金风北京总部与其德国合作伙伴通过上千次培训、参观工地、工作轮换以及不同级别经理人和工程师的项目合作研发等为主的人力资源互动实现的。这与人力资源中的动态角色管理文献是一致的，而人力资源又对技术能力构建战略产生了重要影响（Song et al.，2003；Liu et al.，2009）。最终，公司和机构通过个体成员互相学习（Kim，1998），在这个互动过程中学习就产生了。

正是由于跨境的技术学习极大地促进了金风公司从依托生产转向依靠创新的转型过程，因此，在合作研发的战略阶段转型过程就开始了。在这一阶段，金风并购了湾色斯。在并购前，通过模仿和修订工程技术等方式，金风花了 20 年时间来实现从"为了生产学习"发展到"为了提高生产效率而学习"。不能说如果没有 2008 年对湾色斯的并购，金风就永远不能实现从生产到创新的转型。然而，笔者在另外一篇文章（Liu and Leman，2015）依然认为金风公司并购湾色斯加速了金风公司创新学习的集聚过程。

7.6.2　跨境构建合作关系的过程

与金风通过引进、合作研发以及融合阶段三步走的国际化战略来提升技术能力构建相似的是，金风与德国合作伙伴的跨境关系构建也包含了三个阶段，一是输入方和出口方，二是外部的合作者以及更多，三是内部的合作伙伴（见图 7.3）。

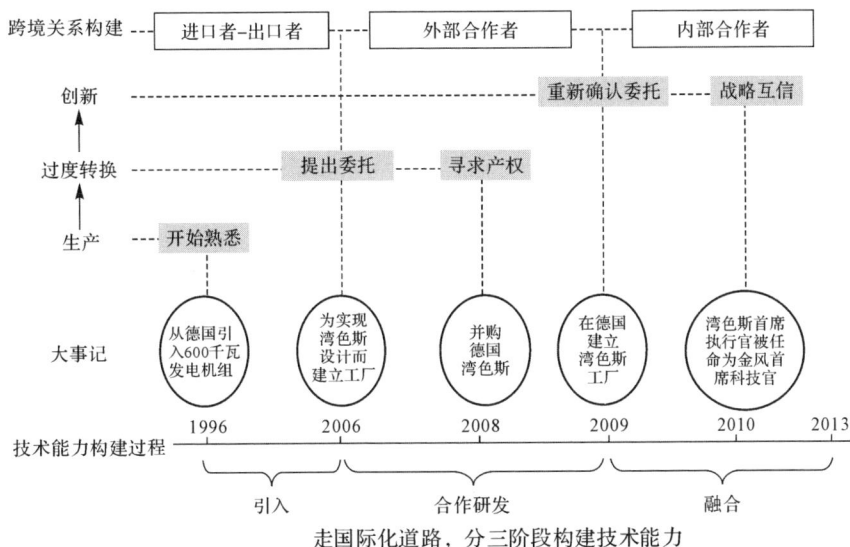

图 7.3　提升技术能力国际化过程中的跨境关系构建

在上述过程中，金风北京总部与其德国合作伙伴湾色斯之间的人力资源互动日益加强，跨境合作关系也是通过两家公司的工程师和经理人之间的互动逐步得到强化的。

在向金风北京总部和德国湾色斯两家采访对象问起并购成功的原因时，除了技术互补之外，双方谈及最多的、最重要的因素就是信任。信任不是凭空产生的，是来自双方的上百个管理者和工程师间长期互动才建立起来并且不断得到强化的，尤其在金风高级管理层和两位德国高管之间的长期私人深度合作中体现得最为明显，为此，这两位德国高管克服了事业上的动荡，适应了职业生涯中发生的巨大变化。

值得注意地是，本章认为跨境边境关系构建呈螺旋状形式发展，也就是说，通过获取亲切感、展现承诺、确认所有权以及重新确认承诺等不同活动，来"构建—确认"关系，并进行"深入构建—深入确认"更高的关系层次。这表明构建的关系层次越高，承诺与信任的程度就越高。

7.7　结　论

本章是对中国风力发电企业为提升自身技术能力而走国际化道路的深度案例研究，不但丰富了公司通过国际化增强创新能力的科学论述知识，还为今后的研究提供了新的视角。

本章将金风公司为提升技术能力的国际化进程划分为三个阶段，即引入阶段、联合研发阶段和融合阶段。本章认为金风公司的国际化进程在构建其自身技术能力及促进自身成功实现从生产向创新的转型起到了十分重要的作用。跨境技术学习促进了金风公司从生产向创新的转型，而金风公司北京总部与其德国合作伙伴长期的跨境关系构建过程又使得跨境技术学习成为可能。

在本案例中，可以清楚地看到，在跨境技术能力构建过程中，金风公司实现了从生产到创新的转型，同时跨境关系构建也在以同样的幅度向前发展，从引进方/出口方到外部的合作者，再发展成内部合作伙伴。这也许意味着设定的技术能力目标越大，技术学习过程中的关系就越密切。无论这个命题正确与否，今后仍需要对其进行深入研究。

我们还注意到国内风力发电行业以及风力技术相关的大学院系和科研院所的发展是金风公司提升自身技术能力构建的重要前提。今后的研究要将跨境技术学习与境内技术学习联合进行考量，以期更好地审视全球—地区互动及其在公司技术能力构建过程中所发挥的作用。

致　谢

本章以"全球化的挑战：技术驱动下的对外直接投资及其对国际投资协议转让的影响"这一研究项目为基础，该项目受到瑞典人文和社科基金赞助。衷心感谢项目合作者吕平、伊娃·旦塔斯以及尼克拉·麦耶尔，感谢他们为本研究所做的一切努力，尤其是组织采访时的辛勤付出。

参考文献

Almeida，P. （1996）. Knowledge sourcing by foreign multinationals： Patent citation analysis in the US semiconductor industry. Strategic Management Journal，17：155-165.

Anderson，J.，Sutherland，D.，Severe，S. （2015）. An event study of home and host country patent generation in Chinese MNEs undertaking strategic asset acquisitions in developed markets. International Business Review，24(5)：758-771.

Beeby，M.，Booth，C. （2000）. Networks and inter-organizational learning：A critical review. The Learning Organization，7(2)：75-88.

Buckley，P. J.，Clegg，L. J.，Cross，A. R.，Liu，X.，Voss，H.，Zheng，P. （2007）. The determinants of Chinese outward foreign direct investment. Journal of International Business Studies，38：499-518.

Chen，H.，Chen，T. J. （1998）. Network linkages and location choice in foreign direct investment. Journal of International Business Studies，29：445-467.

Chung，W.，Alcácer，J. （2002）. Knowledge seeking and location choice of foreign direct investment in the United States. Management Science，48：1534-1554.

Cui，L.，Meyer，K. E.，Hu，H. W. （2014）. What drives firms' intent to seek strategic assets by foreign direct investment? A study of emerging economy firms. Journal of World Business，49：488-501.

Deng，P. （2009）. Why do Chinese firms tend to acquire strategic assets in international expansion? Journal of World Business，44：74-84.

Di Minin，A.，Zhang，J.，Gammeltoft，P. （2012）. Chinese foreign direct investment in R&D in Europe：A new model of R&D internationalization? European Management Journal，30(3)：189-203.

Dunning, J. H. (1998). Location and the multinational enterprise: A neglected factor? Journal of International Business Studies, 29: 45-66.

George, A. L., Bennett, A. (2005). Case Studies and Theory Development in the Social Sciences. Cambridge: MIT Press.

Huber, G. P., Power, D. J. (1985). Research notes and communications retrospective reports of strategic-level managers: Guidelines for increasing their accuracy. Strategic Management Journal (pre-1986), 6: 171.

Ivarsson, I., Jonsson, T. (2003). Local technological competence and asset-seeking FDI: An empirical study of manufacturing and wholesale affiliates in Sweden. International Business Review, 12: 369-386.

Jick, T. D. (1979). Mixing qualitative and quantitative methods: Triangulation in action. Administrative Science Quarterly, 24(4): 602-611.

Kim, L. (1998). Crisis construction and organizational learning: Capability building in catching-up at Hyundai Motor. Organization Science, 9(4): 506-521.

Kogut, B., Chang, S. J. (1991). Technological capabilities and Japanese foreign direct investment in the United States. The Review of Economics and Statistics, 73(3): 401-413.

Li, J., Li, Y., Shapiro, D. (2012). Knowledge seeking and outward FDI of emerging market firms: The moderating effect of inward FDI. Global Strategy Journal, 2: 277-295.

Li, L. (2005). The effects of trust and shared vision on inward knowledge transfer in subsidiaries' intra-and inter-organizational relationships. International Business Review, 14(1): 77-95.

Li, P. P. (2010). Toward a learning-based view of internationalization: The accelerated trajectories of cross-border learning for latecomers. Journal of International Management, 16: 43-59.

Lipton, J. P. (1977). On the psychology of eyewitness testimony. Journal of Applied Psychology, 62: 90.

Liu, C. L. (2012). An investigation of relationship learning in cross-border buyer-supplier relationships: The role of trust. International Business Review, 21(3): 311-327.

Liu, J., Lema, R. (2015). The roles of emerging multinational companies' technology-driven FDIs in their learning processes for innovation: A dynamic and contextual perspective. Papers in Innovation Studies: 2015/50, Lund, Sweden.

Liu, J., Angathevar, B., Li, S. (2009). Building technological innovation based strategic capabilities at firm level in China: A dynamic resource based view case study. Industry and Innovation, 16 (4-5): 411-434.

Luo, Y., Tung, R. L. (2007). International expansion of emerging market enterprises: A springboard perspective. Journal of International Business Studies, 38: 481-498.

Makino, S., Inkpen, A. C. (2003). Knowledge seeking FDI and learning across borders. In: Easterby-Smith, M., Lyles, M. (eds.), The Blackwell Handbook of Organizational Learning and Knowledge Management. Oxford: Blackwell, pp. 231-252.

Makino, S., Lau, C. M., Yeh, R. S. (2002). Asset-exploitation versus asset-seeking: Implications for location choice of foreign direct investment from newly industrialized economies. Journal of International Business Studies, 33: 403-421.

Manolova, T. S., Manev, I. M., Gyoshev, B. S. (2010). In good company: The role of personal and inter-firm networks for new-venture internationalization in a transition economy. Journal of World Business, 45(3): 257-265.

Mathews, J. A. (2006). Dragon multinationals: New players in 21st century globalization. Asia Pacific Journal of Management, 23: 5-27.

Meyer, K. (2015). What is "strategic asset seeking FDI"? The Multinational Business Review, 23: 57-66.

Peng, M. W. (2012). The global strategy of emerging multinationals from China. Global Strategy Journal, 2(2): 97-107.

Rui, H., Yip, G. S. (2008). Foreign acquisitions by Chinese firms: A strategic intent perspective. Journal of World Business, 43: 213-226.

Shan, W., Song, J. (1997). Foreign direct investment and the sourcing of technological advantage: Evidence from the biotechnology industry. Journal of International Business Studies, 28(2): 267-284.

Si, Y., Liefner, I., Wang, T. (2013). Foreign direct investment with Chinese characteristics: A middle path between Ownership-Location-Internalization model and Linkage-Leverage-Learning model. Chinese Geographical Science, 23(5): 594-606.

Song, J., Almeida, P., Wu, G. (2003). Learning-by-Hiring: When is mobility more likely to facilitate interfirm knowledge transfer? Management Science, 49(4): 351-365.

Sun, S. L., Peng, M. W., Ren, B., Yan, D. (2012). A comparative ownership advantage framework for cross-border M&As: The rise of Chinese and Indian MNEs. Journal of World Business, 47(1): 4-16.

Yin, R. K. (2013). Case Study Research: Design and Methods (Applied Social Research Methods) (5th edition). Thousand Oaks, CA: Sage.

第8章　新兴市场公司的技术转移和国际化过程:以浙江吉利控股集团并购沃尔沃为例

克莱斯·戈兰·阿尔夫斯塔姆,英格·伊瓦尔松

【摘要】　本章旨在研究新兴跨国公司并购国际著名消费产品公司的过程如何影响知识和技术转移过程,研究对象是 2010 年中国浙江省吉利控股集团完成对美国福特汽车公司旗下沃尔沃轿车公司(VCC)的并购案例。这次收购为吉利集团开启了一个重要的再生项目。2010—2016 年,吉利控股集团先后投入 100 多亿美元,开发一个全新的平台技术、一个新的发动机,并在中国建了三家生产工厂。吉利对沃尔沃新车型投入巨资,也可看作是这家中国国内知名乘用车品牌吉利实施国际化战略的重要组成部分。尽管吉利曾多次宣称吉利与沃尔沃这两个品牌保持独立并分别开展研发,但是在过去几年内,两家公司还是在多个项目上进行了密切合作,包括沃尔沃和吉利供应体系的逐渐融合,以及两个品牌合建新汽车发动机工厂。此外,吉利还在沃尔沃轿车公司所在地瑞典哥德堡建立了全球研发中心。本章描绘了沃尔沃公司被并购后生产和研发活动的新模式,并且分析了沃尔沃和吉利之间的多种技术和知识转移模式所产生的影响。

【关键词】　中国;吉利;沃尔沃汽车;紧凑模型架构;并购;国际业务

8.1　引　言

本章以一家新兴市场跨国公司（EMNE）发起的对一家全球知名消费产品公司的并购案例为核心，旨在描述并分析在全球价值链中并购对两家合作公司间的知识和技术转移所产生的影响。我们以 2010 年中国浙江省吉利控股集团并购美国福特汽车公司旗下的瑞典汽车生产商沃尔沃轿车集团（VCC）这一并购案例为蓝本，以此来揭示日益发展的中国对外直接投资活动是如何从最初的寻求资源转向寻求先进的技术和知识等战略性资产引进的过程，这一过程不仅有助于企业在国内市场建立可靠的、具国际竞争力的生产平台，还有助于提升中国企业出口竞争力。

8.2　理论框架

技术和知识转移最初是通过国外的跨国公司的直接投资（IFDI）来实现。为了更好地理解技术和知识转移如何助力来自新兴市场的公司实现国际化，我们在研究中采用了两种不同的方式。首先，无论传统的国际化理论是否能够解释新兴市场跨国公司的崛起和成功，或者这些公司的发展是否能被视为一个全新的形式，都需要从多角度进行解读。据此，我们也引入了政治嵌入性的制度理论来弥补传统理论的不足，这样就能更好地理解和解释近来出现的新模式，尤其是那些与中国对外直接投资密切相关的模式。其次，来自外国跨国公司的技术和知识的转移文献带给我们很大启发，技术和知识的转移有助于来自新兴市场的并购发起公司所在地的本地市场供应商升级换代，并有助于该公司成为全国行业领导者，进而为公司成功实现全球市场扩张的下一阶段目标做好准备。尽管供应商升级换代只是两家公司合作宏图的一个环节，但是也应该引起相应的关注。新兴市场的跨国公司的国际化进程及其在海外技术和知识资产的寻求，是与来自国内市场的公司和来自东道国市场的公司之间知识和技术转移过程解释密切相关的，并且是互利互惠的。虽然事实如此，但是现有的文献却将这些要素孤立看待，

因此,我们的目标是把这些理论支线整合在一起,形成一个整体,以便于人
们理解。

8.2.1　新兴跨国公司

　　来自新兴市场的跨国公司(EMNEs)对外直接投资的文献众多,且还在
不断增加。但就新兴市场的跨国公司研究而言,这些文献关注的焦点在于
是否需要新的理论来研究 EMNEs,以及"新兴市场"这一范畴本身是否是一
个新的常见的理论范畴(Mathews,2006;Luo and Tung,2007;Buckley
and Casson,2009;Gammeltoft et al.,2010;Narula,2012;Ramamurti,
2012;Aharoni,2014;Cuervo-Cazurra and Ramamurti,2014;Pedersen
and Stucchi,2014;Williamson,2014)。有一点需要特别强调的就是新兴
市场也各有不同,而由于中国具有市场庞大、潜力巨大以及在公有经济体系
下越来越多的私人公司这一特点,研究者对于是否需要把中国作为特案尚
有争论(Child and Rodrigues,2005;Rugman and Li,2007;Rui and Yip,
2008;Luo et al.,2010;Deng,2012;Zhang et al.,2012;Amighini and
Franco,2013;Williamson and Raman,2013;Alvstam and Ivarsson,
2014)。我们认为"跳板模式"(Luo and Tung,2007;Ramamurti,2012)依
然是理解中国对外直接投资新局面的有效起点,这是因为"跳板模式"特别
关注国内市场对于对外直接投资的影响。例如,在很大程度上,国际化进程
依然被视为打造国内平台的一个工具。对其他国家而言,也需要不断完善
国际化理论,需要加强对各种行政地理等级下制度体系的理解(Thun,
2006;Witt and Redding,2014),需要特别关注它们各层级之间的互动和竞
争。正如空间导向理论所强调的那样(Buckley and Ghauri,2004;Meyer et
al.,2011;Beugelsdijk and Mudambi,2013;Iammarino and McCann,
2013;Parrilli et al.,2013),我们还需要关注在全球生产体系中国家生产网
络如何与全球价值链日益融合等(Alcacer and Chung,2007;Coe and
Yeung,2015;Sturgeon and van Biesebroeck,2011)。在中国情境下,"跳
板"一词要从公司属地和公司所处区域的角度来进行评价。例如,一方面,
公司通过"跳板"融合到全球生产体系中,而全球生产体系更垂青区域高度
集中的地区,也就是沿海较发达的省份,以便更靠近全球供应商和市场;另
一方面,中国政府也出台各种政策来更好地平衡不同地区的发展。关注的

核心不仅涉及外国跨国公司和它们本地合作伙伴的价值链最后几个环节，而且涉及包括中国不同地区的供应商和转包商在内的完整供应体系。在很大程度上，"跳板"模式认为，通过扩大出口和对外直接投资等方式提升公司国际竞争力，其根本目标是提升国内实力，因此，公司的海外投资会伴随着公司国内投资而增加。尽管国内的投资地点不是盲目选择，但是政府机构会借助软硬两种手段来"建议"公司将投资放到国家区域发展政策支持的地区。进一步来说，21世纪初期，当自身利益提升时，中国的地方私营公司、公私合营公司和国有公司的实力都日益强大，而且这些公司都获得了较大的公司经营自由，但是经营自由的前提是它们不能与国家的优先发展战略相抵触。当央企或地方国企通过不同"国有资产运作"和投资公司形式对海外并购的企业合资提供财政扶持时，这种自由就显得特别明显。因此，在这样的背景下，来自新兴市场跨国公司的对外直接投资不仅是产生国家行业冠军的一个工具，而且也为公司母国缩小地区贫富差异提供力所能及的帮助。我们认为，国际技术和知识转移过程分析通常是从传统跨国公司的角度来看待问题，一旦涉及新兴市场跨国公司时，尤其是在分析中国公司在海外的扩张案例时，必须转变视角；要想更好地解释转移过程的内在逻辑，需要借助新的理论来对此进行解读。

8.2.2　从国外跨国公司到东道国供应商和合作伙伴之间的技术和知识转移

　　理论框架中第二个要点是由与全球供应链升级的相关文献构成的，关注技术和知识如何从国外的跨国公司转移到东道国当地的供应商。在这种情况下，要把关注焦点扩展到合并"家庭成员"上，例如把之前的竞争对手或独立公司通过并购而关联起来。这些文献可以细分成演化方法到技术溢出（Nelson and Winter，1982；UNCTAD，2001），都强调通过链接、施加影响和学习（Mathews，2006）、供应商升级、全球生产网络的涌现和扩散（Gereffi et al.，2005；UNCTAD，2013；Gereffi，2014；Coe and Yeung，2015）以及依靠地理临近性（Malecki，1997；Scott-Kennel，2007）等手段实现技术进步。这个要点能够弥补之前提到的有关新兴市场对外直接投资理论的不足，帮助我们解读新兴市场的跨国公司是如何构建自身上游的技术和知识能力，从而达到提升公司国际竞争力的目的。作者之前的一系列经验性研究已经证实了这点（Ivarsson and Alvstam，2005a；2005b；2009；2010；2011），也就是说，在并购过程中，最初通过外国跨国公司的支持，提高本土供应商的技术和知识水平，也给外国跨国公司的国内竞争者提供了一次机会，使其在长期战略使命指引下，提升自身质量，成为"国内冠军"，下一步成为商业领域内的全球行业领导者。

在全球价值链框架中，有四种显著的能力提升方式，分别是流程升级、产品升级、功能升级和产业链或内部要素间的升级。流程升级是指通过重组生产系统或引入尖端技术来高效地将输入转化成输出，产品升级是指引进更先进的生产线，功能升级则是指通过学习新功能（或放弃现有的功能）来提升生产活动的整体技能，而在产业链升级或跨行业升级的过程中，公司进入全新的、与公司自身关联度较高的行业。在这种情况下，升级轨迹就被视为从原始设备制造商（OEM），发展到原始设计制造商（ODM），再到自创品牌制造商（OBM）。尽管发展路径不同，但在生产者和消费者驱动这两类行业中都存在这种转型升级过程。根据现有的文献，提升的能力可以分成操作性的、可重复性的、适应性的以及创新性的能力等四类。通过跨国公司实施的技术转移证明有助于提升本土供应商的适应能力。这种能力的提升是通过深入了解如何强化与它们的跨国公司客户合作中形成的诀窍来实现。通过向其他客户提供改进的且调试过的产品技术和流程技术，及通过对现有客户和新客户不断扩大出口，企业自身能力提升成为可能。国外的跨国公司与当地的供应商建立了长期密切合作关系，使得产品货源输送更高效并提升供应商间的技术升级。在传统价值链治理结构类型之外，我们还研究补充了"发展性的"治理结构。这个治理机构重点强调全球价值网络管理和经营上动态与演化的本质。然而，根据我们的分析，有些类别的研究较少，比如有关国外跨国公司和其东道国供应商之间的技术和知识转移的互惠过程，如何受到外国的跨国公司已经被自身带有供应链的东道国公司并购了的情景的影响。在这种情况下，对外国跨国公司的并购常被用来促进东道国市场的整个价值链的升级换代，并且两套供应商体系的缓慢融合开始显现。

8.3   研究方法

我们主要采用了纵向定性研究方法来收集案例所需要的材料，包括频繁的访谈和其他形式的私人交流，访谈对象来自 2010—2016 年并购期间沃尔沃汽车的瑞典哥德堡以及中国上海、张家口和大庆等地分公司的主要人员。2011—2014 年，我们采访了在吉利集团的杭州总部以及成都和慈溪等地工厂的核心人员。最后，我们还采访了位于瑞典哥德堡的中国欧洲汽车技术中心（CEVT）负责人。该中心是吉利集团旗下的一家全资的工程和开发中心，其主要任务是为吉利集团设计开发未来轿车以及为沃尔沃汽车和吉利的小型轿车设计、开发一个新的共同车架平台。本案例的相关详细信息都是来自 2011—2016 年同中国吉利经理和瑞典的沃尔沃经理的访谈。

8.4   由浙江吉利控股集团发起的对沃尔沃汽车的并购

2010 年，中国的浙江吉利控股集团并购美国福特汽车集团旗下的沃尔沃汽车，这是首次由中国民营企业发起的对国际主流轿车生产品牌的大规模并购。并购资金来自中国民营机构和地方国有机构（Alvstam and Ivarsson，2014；2017）。

这次并购可以看作是"抓住机遇"购买全球知名品牌，同时在汽车生产行业内实施投资技术和知识转移这一战略的结果。这个并购的标的是由自主创业的浙江吉利控股集团的创始人李书福发起的。该集团成立于 1986 年，并在 1998 年制造了其第一辆汽车。现在该集团通过一系列扩张和国际并购实现了跨越式发展，在国内的吉利品牌的 12 家装配厂，年产汽车 150 万辆，包括几何和领克品牌。其一系列的国际并购包括对英国锰铜控股公司、马来西亚宝腾和莲花跑车，以及澳大利亚的自动变速器生产商 DSL 的并购。2005 年，浙江吉利控股集团在中国香港上市。2010 年，吉利并购沃尔沃汽车后，沃尔沃汽车新组建的管理团队立即公布其宏伟的扩张计划——汽车产量从 2010 年年产 37 万辆增加到 2015 年的 80 万辆，到 2020 年，在中国的

生产要成为其三大生产基地之一（Alvstam and Ivarsson，2014；Alvstam et
al.，2020）。2010 年，沃尔沃汽车在中国的销售量达到了 3 万辆，主要在重
庆组装完成。2015 年，其在中国的销售目标是 20 万辆，或者占中国高端品
牌汽车销售量的 20%（Alvstam and Ivarsson，2014）。尽管这个目标最初被
视为是不现实的，但它标志着沃尔沃在中国扩张的雄心抱负和对新沃尔沃
汽车发展的一个乐观态度。而在瑞典，那里的人们对此却怀着复杂的感情，
人们担忧沃尔沃汽车的生产将逐渐从欧洲向中国转移。这是因为沃尔沃汽
车的扩张计划主要集中在中国的新工厂，而在哥德堡和根特的工厂则维持
现有水平，并增加生产和就业。2019 年，沃尔沃汽车的全球销量为 70.5 万
辆，其中在中国销售了 15.5 万辆。

　　新成立的沃尔沃管理层面临的最大挑战来自如何平衡沃尔沃和吉利这
两大品牌。沃尔沃已经是全球知名汽车制造商，该公司重视质量、安全以及
环境责任等，而吉利则是中国低端市场的品牌，有限的出口集中在新兴市
场。沃尔沃甘心最后被吉利取代自有品牌进而削弱其全球声誉吗？另一方
面，如果不充分利用这两个品牌在供应和销售两个体系的协同效应，是否会
在经济上实现可持续性发展，是否会共同研发出新的技术平台？这都是人
们关心的问题。沃尔沃是沃尔沃，吉利是吉利，这一说法最近已经由公司最
大股东在不同的场合反复提及，而且浙江吉利集团已经给予沃尔沃轿车集
团较大自由来实现自有品牌的可持续发展和研发。即便是 2014 年建立了新
平台——可扩展整车平台架构（SPA），其对中国市场的调整和适应也是相对
较小的。唯一比较明显的差异是在中国制造的车型中增添了一个大写的字
母"L"，L 象征着与全球标准相比，该车型相对较长。

8.5　吉利－沃尔沃案例中的技术和知识转移过程

　　十年间，吉利和沃尔沃依靠两者之间非常规交易的关系，建立了六条提
升技术能力和创新能力的路线。首先，为生产沃尔沃汽车，在中国加速新建
了工厂；其次，合作成立了新的发动机工厂，为并购后大集团的多个品牌服
务；第三，建立不同形式的各自供应链体系的协同与合作；第四，实现了管理
和工程资源的整合；第五，建立合资研发公司。这五种合作形式最终展现在

基于共同开发的 C 级轿车（小型车）开发的紧凑模型架构 CMA 平台，以及一个用于 2017 年推出的第三个"合作"品牌（领克）的新的合资生产工厂，这个合作品牌就是第六条提升路线。借助这六种方式，吉利控股集团已经逐步完善了其生产、产品、功能和生产制造能力，并且在价值链上实现了向上发展，这在第二节已经提到了。

8.5.1　整车工厂

2010 年并购后，新管理董事会成立后所做出的第一个决定就是为沃尔沃汽车在中国新建两个整车工厂，每个工厂的计划产能达到 20 万辆，其中一个设在四川省成都市，另一个设在黑龙江省大庆市。基于原有吉利在成都的厂房土地优势，先建设成都的工厂，原因在于四川省（特别是成都市）是中国政府倡导并实施的"一带一路"行动计划的重要节点。这家新工厂于 2013 开始运行，紧邻吉利汽车工厂。这两家公司甚至在第一年还共享办公空间。另外有许多其他国外汽车品牌也在这附近建立工厂，使得此地具有密集的供应商、技术能力和受过良好培训的劳动力等资源的集群优势。成都工厂还将取代重庆地区的福特汽车旗下的沃尔沃轿车生产线。而在大庆建立的整车基地则是更大的挑战。大庆位于中国东北地区，离北京以北 1400 公里处。大庆此前没有汽车制造的历史，石油行业是其支柱产业。大庆国资委投资沃尔沃汽车在当地开发主体的 37% 股份，其目标是要在大庆建立一个现代化的汽车整车生产基地，从而推动该市的经济结构转型，并为具有高技能的劳动者提供更好的就业机会。基于此，大庆的沃尔沃项目就被视为该市实现技术和知识升级计划当中的一个重要环节。大庆沃尔沃整车工厂的项目实施和建设都充分借鉴了成都工厂的做法，并得到了黑龙江省及大庆当地政府的支持。尽管现在大庆还未开始进行技术开发，但该整车工厂仍于 2014 年正式完工和运营。该工厂也被视为国家层面支持和鼓励中国东北地区的技术升级和产业转型的优先计划项目，而且这也进一步深化南起大连，横贯沈阳、长春和哈尔滨，北至大庆和齐齐哈尔等重要公路、铁路沿线地区的现有汽车产业集群基地的发展。

8.5.2　发动机工厂

沃尔沃在中国建厂的一个前提条件就是中国本土生产的轿车都应当配

备基于沃尔沃新发动机架构（VEA）开发的沃尔沃原装发动机，这与基于瑞典和日本技术研发的吉利发动机生产系统完全不同。由于需要投入巨额资金，沃尔沃经过多年深思熟虑才决定在中国建立一个发动机工厂并最终于2012 年建成。如果要建立一个年产 20 万套件且配有冲压、汽车车体修理厂、油漆车间以及最后的装配生产线的集成车间，需要高达 2.5 亿元的初始投资，而建设一个足以支撑成都和大庆这两家工厂运营的发动机工厂，则需要高达 15 亿元的投入，相当于六家集成车间的投资。发动机工厂位于河北省张家口市，处于成都和大庆两地的中间。该工厂是吉利集团主席李书福与当地政府积极合作的结果。与吉利联合运营的前提是，沃尔沃轿车集团所占股份比较少，负责研发和生产基于 CMA 平台的未来小型轿车的通用发动机。

8.5.3　供应体系

上海嘉尔沃投资公司是上海嘉定集团全资子公司，是沃尔沃轿车集团的第三大股东。在其积极参与下，在上海嘉定建立了管理活动协调办公室，负责管理产品开发、采购、供应链管理、人力资源管理等工作。吉利和沃尔沃双方都认识到两家品牌的上游合作十分重要，供应链应该完全在触手可及的范围内，并且所有涉及 VCC 的分包合同都应符合沃尔沃的技术规范。但事实上，在交换关于潜在供应商信息和协调采购交易中，双方都有明确的优势。吉利现有的国内供应商网络与沃尔沃的全球采购经验可以互通有无，互相弥补。双方合作的长期目标就是增加在中国生产的沃尔沃汽车的本土化成分，就这一方面而言，沃尔沃对于保持和提升其全球标准的无条件要求，也将用于吉利汽车，并有助于提升吉利汽车的品质。双方合作的头几年，不仅联合购买低端的塑料、金属以及橡胶原料，还联合购买其他许多对于司机来说看不见的部件，例如变速箱里面的零部件。联合采购的比例将逐渐加大。接下去几年与供应商协作的主要任务是在发动机生产领域以及完成 CMA 平台这两项重点工作中。CMA 平台中的 VEA 也将成为新吉利车型以及基于 CMA 平台技术的合作品牌的生产标准。

8.5.4　管理和工程资源

上海的嘉定办公室是沃尔沃在中国进行各项活动的协调中心，而吉利则由其在浙江省杭州市的总部进行管理。因此，在最初几年，沃尔沃十分自然地从欧洲和中国两地招募员工来加强公司实力，同时，无论是在嘉定还是在成都和大庆的整车基地，一些关键岗位都是由前吉利的经理人进行管理。沃尔沃要求应聘者具备在其他外国汽车公司的工作经历。最初，嘉定的产品研发工作主要是为帮助沃尔沃轿车更好地适应中国市场，例如略微加长车身，后来其业务逐渐扩展到全球汽车生产任务当中。嘉定的研发团队包括来自中国、瑞典及其他国家的国际工程师。最初引入具有双重管理功能的"配对"体系的目的是为了弥补中瑞两国的文化差异并帮助沃尔沃更好地在中国发展壮大，但是随后差异弱化，管理转向了更为传统的线性管理模式。现在，瑞典/欧洲的管理者和工程师人数逐渐下降，只剩下几个关键岗位（Yakob，2018；2019）。

8.5.5　技术合作以及合资研发公司

一开始，沃尔沃对其在欧洲和中国公司间的技术和知识转移由欧洲公司主导。成都工厂的设计和运行都是参照沃尔沃全球标准，尽管该车间的机器人化程度在中国仍处于较低水平。有一点需要特别说明，成都项目是沃尔沃汽车几十年来第一次完全由零开始建设的新工厂，从中积累下来的经验可用于今后在瑞典和比利时建厂的运行中。中国工厂的工人跳槽比例要比欧洲高，很多新雇佣的员工都是从邻近吉利工厂和附近的外资车企工厂招募的。当然，尽管沃尔沃跳槽率要比当地平均水平低，但是沃尔沃也有员工回流到附近其他工厂的现象。尽管在最初那两年，双方技术合作水平仍较低，但是沃尔沃和吉利工厂间的技术合作案例还是很多的。在大庆整车基地设计和建造阶段，就参考了成都模式，也有很多工程师以及中层管理人从成都来到大庆，参与整车基地的筹建准备工作。在中国建立两家全新工厂所积累的经验，都应用在于2018年开始动工的、在美国西弗吉尼亚的查尔斯顿的沃尔沃第一个美国工厂上。

8.5.6　共同的生产平台

沃尔沃和吉利品牌最具战略性的长期合作成果是双方共同研发的CMA平台。该项目由坐落在哥德堡市中心的林德霍尔姆科技园的中国欧洲汽车技术公司实施。该公司于2013年年底成立，它是吉利汽车的一个产品研发中心，员工包括中国、瑞典及其他国家的工程师。该公司很快就扩大了，在瑞典约 2000 名员工和外聘顾问，在中国约 300 员工。尽管从法律上来讲，它是吉利控股集团全资子公司，但是目前由瑞典的首席执行官与吉利常务总经理共同领导。这公司的建设具有不容低估的象征意义。该公司位于哥德堡，邻近沃尔沃主要生产和研发中心。尽管从 2017 年开始，汽车生产调整到中国新建的工厂，但是这样的布局对于沃尔沃十分重要，有助于更好地强调和保持沃尔沃汽车对该公司的影响力。最初该公司的目的是为于 2018年启用的由吉利拥有、由沃尔沃运营的、位于浙江省台州/路桥的合作生产工厂开发 CMA 平台，但吉利已经逐渐将自身品牌的大部分研发和设计研发工作迁到哥德堡，并于 2019 年在林德霍尔姆科技园成立了独立的创新中心。CMA 项目也会用于电动汽车以及无人驾驶技术的后续研发中。这些新技术将用于中国市场和国际市场。此外，它将通过创建适用于吉利和沃尔沃两个品牌的技术解决方案来增强沃尔沃和吉利之间共享组件开发业务的发展。

8.6　总　结

本章描述了沃尔沃轿车集团被浙江吉利集团并购后如何极大地促进了沃尔沃汽车的发展。这个并购让沃尔沃汽车从一家尽管有布局全球市场的雄心壮志但主打北美和欧洲市场的、以"欧洲为中心"的汽车生产商，转变成一家中欧混血的汽车制造公司，转而以中国为主要市场，同时把中国作为生产大本营。与传统的国际化理论相比，新兴市场的跨国公司在扩张方面显示出了很多不同以往的扩张模式。来自中国的新兴市场跨国公司的扩张应该被视为一个特别案例，其国际化被视为建立一个稳固的国内基地并以此支持"国内行业冠军"的一个重要元素，详情请见本书第 9 章。第 9 章将详细论述中国新兴市场跨国公司在母国与东道国之间所起的纽带作用。在中国国际化战略背景中，战略协同的重点是平衡和融合在国家层级、省级和地方层面的国内生产能力，通过领先国际公司的并购提升技术和知识能力，并扩张海外市场。这是一种在政府政策协调下，国有企业、国内和国际市场两条腿走路的私营企业与全球产业的复杂的双向关联。我们认为这种关联模式应该是中国自主创新和技术政策的典范。

我们已经详述了吉利是如何通过并购沃尔沃汽车提升其自身在国内外的技术能力和创新能力。这个过程有几个特点：首先，在国内建立最新的最现代化的生产工厂，例如在成都和大庆的生产厂；第二，以采购达到国际标准的技术配件这种形式进行国内外品牌间的直接和间接合作，如供应链系统的整合和升级，从而升级东道国市场供应链；第三，国内外品牌间建立联合研发项目，并将合作地选在具有先进技术能力且容易招募到员工的地方，而不是国内，例如位于哥德堡的中欧汽车技术公司和吉利的创新中心。

与现有研究从国外跨国公司到地方行业的知识和技术转移的文献相比，吉利并购沃尔沃的案例确实显示出了一个独特的发展轨道，其转移过程是由并购外国跨国公司驱动的。基于此，我们认为全球价值链升级能力中的"发展型"策略特别有效，特别当双方的合作与正式所有权和控制权密切相关时，这更有助于理解技术转移动态的演化过程。其中"发展型"策略目标在于以流程、产品、功能和供应链/跨行业等类别的形式提升具有操作性的、可重复性的、灵活的且具有创新的能力。

全球性跨国公司和具有雄心壮志的新兴市场跨国公司间的技术转移目标在于成为国内市场的行业领军公司并同时实现快速国际扩张。该技术转移过程涉及很多方面，有时甚至是互相对立的。当新兴市场的跨国公司，尤其是来自中国的跨国公司，通过并购全球性的知名跨国公司来加速其国际化进程时，一种新情况出现了。这样的并购是一个长期的、复杂的、互惠的、相互交换的过程，并购的规模和范围与传统的案例截然不同。因此，将来更多有实力的中国公司走出国门并购外国公司必然会成为一种常见的现象，那时就会有越来越多的中国公司成为全球市场上的重要参与者。从这个意义上来讲，我们从浙江吉利控股集团并购沃尔沃轿车集团的案例中获益良多。浙江吉利与沃尔沃汽车通过建立新的研发公司以此实现知识和技术的转移，这个案例还需要深入研究，从而获得更广泛的理论认识。

参考文献

Aharoni，Y.（2014）. Theoretical debates on multinationals from emerging economies. In：Cuervo-Cazurra，A.，Ramamurti，R.（eds.），Understanding Multinationals from Emerging Markets. Cambridge：Cambridge University Press，pp. 15-30.

Alcacer，J.，Chung，W.（2007）. Location strategies and knowledge spillovers. Management Science，53(5)：760-776.

Alvstam，C. G.，Ivarsson，I.（2014）. The 'Hybrid' Emerging Market Multinational Enterprise — The Ownership Transfer of Volvo Cars to China. In：Alvstam，C. G.，Dolles，H.，Ström，P.（eds.），Asian Inward and Outward FDI：New Challenges in the Global Economy. Houndmills，Basingstoke：Palgrave Macmillan，pp. 217-242.

Alvstam，C. G.，Ivarsson，I.（2017）. Becoming a "national champion"，yet remaining a "global player"：The acquisition of Volvo Car by Zhejiang Geely. In：Fuchs，M.，Henn，S.，Franz，M.，Mudambi，R.（eds.），Organization and Culture in Cross-border Acquisitions. Abingdon：Routledge，pp. 61-69.

Alvstam，C. G.，Ivarsson，I.，Petersen，B.（2020）. Are multinationals from emerging markets configuring global value chains in new ways? International Journal of Emerging Markets，15(1)：111-130.

Amighini，A.，Franco，C.（2013）. A sector perspective of Chinese outward FDI：The automotive case，China Economic Review，27：148-161.

Beugelsdijk，S.，Mudambi，R.（2013）. MNEs as border-crossing multi-location enterprises：The role of discontinuities in geographic space. Journal of International Business Studies，44(5)：413-426.

Buckley, P. J. , Casson, M. C. (2009). The internalization theory of the multinational enterprise: A review of the progress of a research agenda after 30 years. Journal of International Business Studies, 40(9): 1563-1580.

Buckley, P. J. , Ghauri, P. (2004). Globalisation, economic geography and the strategy of the multinational enterprise. Journal of International Business Studies, 35(2): 81-98.

Child, J. , Rodrigues, S. B. (2005). The internationalization of Chinese firms: A case for theoretical extension. Management and Organization Review, 1(3): 381-410.

Coe, N. M. , Yeung, H. W. C. (2015). Global Production Networks: Theorizing Economic Development in an Interconnected World. Oxford: Oxford University Press.

Cuervo-Cazurra, A. , Ramamurti, R. (2014). Understanding Multinationals from Emerging Markets. Cambridge: Cambridge University Press.

Deng, P. (2012). The internationalization of Chinese firms: A critical review and future research. International Journal of Management Reviews, 14(10): 408-427.

Gammeltoft, P. , Barnard, H. , Madhok, A. (2010). Emerging multinationals, emerging theory: Macro- and micro-level perspectives. Journal of International Management, 16(2): 95-101.

Gereffi, G. (2014). Global value chains in a post-Washington consensus world. Review of International Political Economy, 21(1): 9-37.

Gereffi, G. , Humphrey, J. , Sturgeon, T. (2005). The governance of global value chains. Review of International Political Economy, 12(1): 78-104.

Iammarino, S. , McCann, P. (2013). Multinationals and Economic Geography: Location, Technology and Innovation. Cheltenham: Edward Elgar.

Ivarsson, I. , Alvstam, C. G. (2005a). The effect of spatial proximity on technology transfer from TNCs to local suppliers in developing countries: The case of AB Volvo's truck and bus plants in Brazil, China, India and Mexico. Economic Geography, 8(1): 83-111.

Ivarsson, I. , Alvstam, C. G. (2005b). New TNC-strategies and international technology transfer to developing countries: The case of Volvo global trucks and their component suppliers in India 2001. World Development, 33(8): 1325-1344.

Ivarsson, I. , Alvstam, C. G. (2009). Local technology linkages and supplier upgrading in global value chains: The case of Swedish engineering TNCs in emerging markets, Competition and Change, 13 (4): 368-88.

Ivarsson, I. , Alvstam, C. G. (2010). Upstream control and downstream liberty of action? Interdependence patterns in global value chains, with examples from producer-driven and buyer-driven industries. The Review of Market Integration, 2(1): 43-60.

Ivarsson, I. , Alvstam, C. G. (2011). Upgrading in global value-chains: A case study of technology-learning among IKEA-suppliers in China and South East Asia. Journal of Economic Geography, 11(4): 731-752.

Luo, Y. , Tung, R. L. (2007). International expansion of emerging countries enterprises: A springboard perspective. Journal of International Business Studies, 38(4): 481-498.

Luo, Y. , Xue, Q. , Han, B. (2010). How emerging market governments promote outward FDI: Experiences from China. Journal of World Business, 45(1): 68-79.

Malecki, E. J. (1997). Technology and economic development: The dynamics of local, regional and national competitiveness, 2nd. Ed. Harlow: Longman.

Mathews, J. A. (2006). Dragon multinationals: New players in 21st century globalization. Asia-Pacific Journal of Management, 23 (1): 5-27.

Meyer，K. E. ，Mudambi，R. ，Narula，P. （2011）. Multinational enterprises and local contexts：The opportunities and challenges of multiple embeddedness. Journal of Management Studies，48（2）：235-252.

Narula，R. （2012）. Do we need different frameworks to explain infant MNEs from developing countries? Global Strategy Journal，2(3)：188-204.

Nelson，R. R. ，Winter，S. J. （1982）. An evolutionary theory of economic change. Cambridge，MA：Harvard University Press.

Parrilli，M. D. ，Nadvi，K. ，Yeung，H. W. C. （2013）. Local and regional development in global value chains，production networks and innovation networks：A comparative review and the challenges for future research. European Planning Studies，21(7)：967-988.

Pedersen，T. ，Stucchi，T. （2014）. Business groups，institutional transition，and the internationalization of firms from emerging economies. In：Cuervo-Cazurra，A. ，Ramamurti，R. （eds. ），Understanding multinationals from emerging markets. Cambridge：Cambridge University Press，pp. 224-241.

Ramamurti，R. （2012）. What is really different about emerging market MNEs? Global Strategy Journal，2(1)：41-47.

Rugman，A. M. ，Li，J. （2007）. Will China's multinationals succeed globally or regionally? European Management Journal，25（5）：333-343.

Rui，H. ，Yip，G. S. （2008）. Foreign acquisitions by Chinese firms：A strategic intent perspective. Journal of World Business，43（2）：213-226.

Scott-Kennel，J. （2007）. Foreign direct investment and local linkages：An empirical investigation. Management International Review，47(1)：51-77.

Sturgeon，T. J.，van Biesebroeck，J. (2011). Global value chains in the automotive industry: An enhanced role for developing countries? International Journal of Technological Learning, Innovation and Development，4(1-3): 181-205.

Thun，E. (2006). Changing lanes in China: Foreign direct investment, local governments and auto sector development. Cambridge: Cambridge University Press.

UNCTAD (2001). World Investment Report. Promoting Linkages. Geneva and NewYork: United Nations Conference on Trade and Development.

UNCTAD (2013). World Investment Report. Global Value Chains: Investment and Trade for Development. Geneva and NewYork: United Nations Conference on Trade and Development.

Williamson，P. J. (2014). The global expansion of EMNCs: Paradoxes and directions for future research. In: Cuervo-Cazurra, A., Ramamurti, R. (eds.), Understanding Multinationals from Emerging Markets. Cambridge: Cambridge University Press, pp. 155-168.

Williamson，P. J.，Raman，A. P. (2013). Cross-border M&A and competitive advantage of Chinese EMNEs. In: Williamson, P. J., Ramamurti, R., Fleury, A., Leme Fleury, M. T. (eds.), The Competitive Advantage of Emerging Market Multinationals. Cambridge: Cambridge University Press, pp. 260-277.

Witt，M. A.，Redding，G. (2014). The Oxford Handbook of Asian Business Systems. Oxford: Oxford University Press.

Yakob，R. (2018). Augmenting local managerial capacity through knowledge collectivities: The case of Volvo Car China. Journal of International Management，24(4): 386-403.

Yakob，R. (2019). Context, competencies, and local managerial capacity development: A longitudinal study of HRM implementation at Volvo Car China. Asian Business and Management. https://doi. org/10. 1057/s41291-019-00080-4

Zhang，Y.，Duysters，G.，Filippov，S.（2012）．Chinese firms entering
　　Europe：Internationalization through acquisitions and strategic
　　alliances．Journal of Science and Technology Policy in China，3（2）：
　　102-123．

第9章 无海外研发中心的
中国企业反向创新典型模式

金　珺，郭　敏，莫琳·麦凯维，张郑熠

摘　要:全球经济背景下,发展中国家的研发中心变得越来越重要,发展中国家的跨国企业也变得越来越国际化,这一现象促成了反向创新的出现和扩张。反向创新是指在发展中国家或为发展中国家市场研发的创新技术/产品从发展中国家扩散到发达国家的过程。然而,现有对发展中国家企业的反向创新研究相对较少。本章提出一个矩阵框架,从创新战略和商业化定位角度来分析无海外研发中心的中国企业进行反向创新的典型模式。本章提出并检验了三种典型的反向创新模式,同时分析了对应的特点。最后,本章给出了关于发展中国家企业的反向创新模式在实际应用中的战略建议。

关键词:反向创新;典型模式;中国;发展中国家

9.1 引　言

本章系统全面地提出中国企业进行反向创新的几种典型模式。我们定义反向创新是创新技术/产品的创意源始于发展中国家,或者创新技术/产品最初是为发展中国家的市场研发,而后扩散并转移到发达国家。

全球化时代,发展中国家是全球经济增长的重要引擎。为了更好地适应和开拓当地市场,一些发展中国家的跨国企业开始在海外设立研发中心

（Li and Kozhikode，2009）。与此同时，更多发达国家的跨国企业开始在发展中国家设立研发中心，这使得中国和印度逐渐成为全球创新枢纽（Li and Kozhikode，2009）。

随着发展中国家（尤其是中国和印度）的研发中心变得越来越有战略意义，很多发达国家的跨国企业开始尝试把原本应用于发展中国家的创新和技术，转移到发达国家，这一过程于 2009 年被 Immelt et al.（2009）定义为"反向创新"。自此，这种创新从发展中国家回溯到发达国家的现象引起了学术界、产业界和政府部门的关注。然而，已有研究的关注重点是发达国家的跨国企业来实施这一转移，即发达国家的跨国企业将其在发展中国家研发中心的创新成果转移回自己在发达国家的子公司或总部（Govindarajan and Ramamurti，2011；von Zedtwitz et al.，2015）。基于发达国家跨国企业的研发，von Zedtwitz et al.（2015）提出了 16 种全球创新模式，其中 10 种被定义为反向创新，该研究对领域相关研究具有很强的指导意义。

然而，von Zedtwitz et al.（2015）的研究虽然对发达国家比较适用，但是否适用于发展中国家的反向创新呢，比如中国的高铁技术（Chen and Huang，2011；郑宗希和陈劲，2014）和比亚迪（甄伟丽，2012）回溯到发达国家。尽管有这些中国企业的相关研究，但多是基于单案例研究，并不能准确反映中国企业反向创新的所有模式。而且，对于没有海外研发中心的中国企业来说，反向创新的典型模式又是怎样的呢？本章试图以中国企业为例，提出一个分析框架来分析发展中国家反向创新的模式。

本章的结构如下：第二部分回顾最新的关于方向创新的研究，第三部分陈述本章所使用的研究方法，第四部分提出无海外研发中心的中国企业反向创新的典型模式，第五部分用中国企业的案例来检验提出的反向创新典型模式，第六部分提出了实际操作时的建议。

9.2 文献综述

9.2.1 反向创新

随着国际化贸易的发展，跨国企业海外研发投资自 1980 年始逐渐增加

（Gassmann and von Zedtwitz，1998；1999），越来越多的跨国企业选择在母国之外的地方展开研发（Boutellie et al.，2008；Gassmann and von Zedtwitz，1999）。国际化提高了地理上分散的行动者之间的相互依赖和相互联系程度（Archibugi and Iammarino，2002），因此，全球创新能给发达国家和发展中国家的行动者提供更多的相互作用和相互合作的机会。随着越来越多的跨国企业在发展中国家建立研发中心（von Zedtwitz，2005），新兴经济体对发达国家的经济发挥着越来越重要的影响。

　　基于中欧和东欧的三个经济体知识转移到子公司的研究，Yang et al.（2008）讨论了反向知识流的决定因素。随后，Immelt et al.（2009）通过 GE 的便携式超声波成像设备的案例提出了"反向创新"的概念，该设备最初在中国市场研发和销售，随后成功进入美国市场。Immelt et al.（2009）认为，反向创新是传统国际化进程（即技术/产品从发达国家扩散到发展中国家）的反面。Govindarajan and Ramamurti（2011）把反向创新描述为首先在欠发达国家应用、再进入发达国家的过程。借鉴 Govindarajan and Ramamurti（2011）和 von Zedtwitz et al.（2015）的观点，本章强调被发达国家接受和扩散的创新，可能是创新想法、研究结果或第一次实施，最初是需要在发展中国家启动的。

　　反向创新自从 2009 年被提出，经常与反向工程混淆。反向工程是从产品和设备中提取信息和知识，并基于此重新再造新知识（Chikofsky and Cross，1990）。反向工程广泛被认为是一种能够增强发展中国家创新能力的战略，比如中国的模仿到创新战略，但它并不是国际化的一部分。而反向创新从发达国家跨国企业的角度来看是全球创新的一部分，即从全球化到当地化再到反向创新。

　　反向创新指的是全球创新流的不同类型。基于创新流的四个过程，即概念建立、产品开发、产品开发后的第一主要引入市场、后续的第二引入市场，可能发生在不同的地理位置。von Zedtwitz et al.（2015）提出了 16 种全球创新流，其中 10 种是反向创新流，如图 9.1 所示，图中 A 代表发达国家，D 代表发展中国家。

　　在反向创新的研究中，很多研究关注的是其发生的原因。其中，发展中国家的低成本和利基市场被认为是成功实现反向创新的两个关键原因（Govindarajan and Ramamurti，2011；Brem and Ivens，2013；Zeschky et

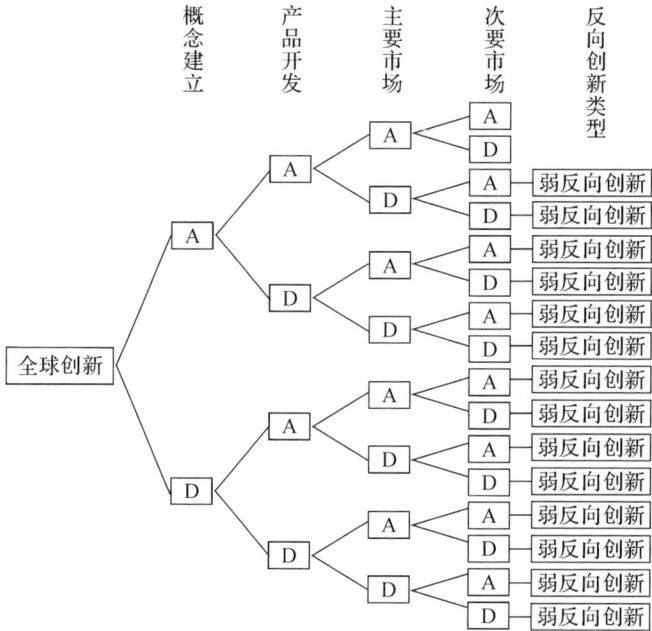

图 9.1　全球创新的 16 种模式（von Zedtwitz et al.，2015）

al.，2014）。基于成本优势，反向创新经常与节约创新（frugal innovation）、包容创新（inclusive innovation）结合起来研究（Govindarajan and Ramamurti，2011；Brem and Ivens，2013；Zeschky et al.，2014）。

除此之外，现有关于反向创新的研究多是把发达国家的跨国企业作为研究目标，譬如德国跨国企业（Agarwal and Brem，2012）、瑞士跨国企业（Zeschky et al.，2011）、美国跨国企业（Govindarajan and Ramamurti，2011；von Zedtwitz et al.，2015），且跨国企业主要是健康行业（Govindarajan and Euchner，2012；DePasse and Lee，2013；Syed et al.，2013），分析研发中心的创意从发展中国家转移到发达国家这一过程。把发展中国家的跨国企业作为分析目标的研究较少，中国（Dong and Chen，2010；甄伟丽，2012；郑宗希和陈劲，2014）和印度（Lim et al.，2013）的反向创新还有很大的研究空间。

通过对已有文献的研究分析，笔者发现还有一些研究空白需要深入探讨。关于全球创新流类型的研究是基于发达国家的跨国企业展开的（von Zedtwitz et al.，2015），而基于发展中国家的跨国企业反向创新研究容易被忽视,因此,本章节为了弥补这一空白,试图根据已有研究提出一个经过调整的矩阵框架来分析发展中国家跨国企业的反向创新模式,并基于中国企业案例识别其中三个典型的反向创新模式。

9.2.2　追赶理论

在发展中国家的追赶研究中,Kim(1997)提出的模仿到创新的过渡过程被广泛接受。发展中国家的企业可以通过吸收、同化、提高进而创新这一过程来提高技术能力,并最终实现跳跃(Kim,1997;Lee and Kim,2001;Jin and von Zedtwitz,2008)。为了提高中国企业的技术能力和竞争能力,2006年,政府提出了三种策略,即吸收到创新、基于现有技术整合的创新、源头创新,而且,政府强调这三种策略中的源头创新的重要作用。

现有少量文献关注发展中国家的企业反向创新,譬如中国南车四方公司关于高铁技术的国际化研究(郑宗希和陈劲,2014),中国企业在环保技术行业等的国际化研究(Dong and Chen,2010),印度 Tata 企业的发展研究(Lim et al.,2013)等。这些研究都表明,反向创新能够促使后发企业提升技术能力(Lim et al.,2013)、实现追赶跳跃(甄伟丽,2012;Lim et al.,2013)、实现国际化(Dong and Chen,2010;郑宗希和陈劲,2014)。上述研究多是单案例研究,而系统地整理发展中国家企业反向创新模式的文章较少,并且目前也没有一个合适的分析框架把追赶理论和反向创新理论结合起来研究。因此,本章试图从全球化和追赶战略的角度提出一个分析框架来分析反向创新模式。

9.3　研究方法

作为一个主题暂时还未被充分理解的探索性研究,多案例研究是一个行之有效的方法(Yin,2009)。案例研究不仅可以用于分析受多种因素影响的复杂现象,它还可以满足那些开创性的研究,尤其是以构建新理论或提炼已有理论中的特定概念为目的的研究的需要(Yin,2009)。本研究聚焦中国,用多案例研究的方法来阐释中国企业的反向创新模式,并基于研究框架识别典型的反向创新模式。

　　案例描述是基于五次与案例企业高层管理者深入的访谈整理而来，也包括企业创始人和副总裁的研讨会、汇报、田野调查等。本研究于 2010 年、2013 年、2014 年对企业进行了访谈，每次访谈时间为一到两小时。另外，为了准确核对所得数据，本研究收集了官方网站的公开信息和公司介绍文件等，用于三角验证。

9.4　研究框架

　　由于模仿创新和源头创新被认为是两种主要的创新战略，本部分参考 von Zedtwitz et al.(2015)提出的反向创新模式，提出研究矩阵来分析无海外研发中心的中国企业反向创新模式。

　　源头技术或创意可能是从其他国家延伸过来的，也可能是在发展中国家内生创造的，从而本研究提出发展中国家创新战略的两个概念：基于转移技术的创新(也叫模仿创新)和基于源头技术的创新(也叫原始创新)。

　　在发展中国家企业反向创新的研究中，次要引入市场总是发达国家。因此分析框架中，次要引入市场的地点改变可以忽略不计。考虑到创新战略也暗含创新想法的地点，本研究把地点的改变即产品生产过程、主要引入市场、次级引入市场简化为商业化创新位置。

　　因此，从发展中国家创新战略的角度(X 轴)和创新商业化位置的角度(Y 轴)，本研究提出一个矩阵框架来分析发展中国家企业(主要是没有在发达国家建立海外研发中心的企业)的反向创新模式。如图 9.2 所示。X 轴有两个选项：模仿创新和源头创新；Y 轴有两个选项：中国和发达国家。

　　模仿创新中，模仿之后的创新和应用一般都发生在发展中国家，因此笔者认为图 9.2 左上角的模式在实际操作中并不存在，从而得到模式一、模式二、模式三这 3 种模式。模式一是基于转移技术的反向创新，模式二是基于源头技术的反向创新，模式三是基于领先源头技术的反向创新。具体模式如下：

　　• 模式一：基于转移技术的反向创新。技术最初源自发达国家，之后发展中国家企业对引进的技术进行再创新，并在发展中国家商业化，最终将创新后的产品出口到发达国家。

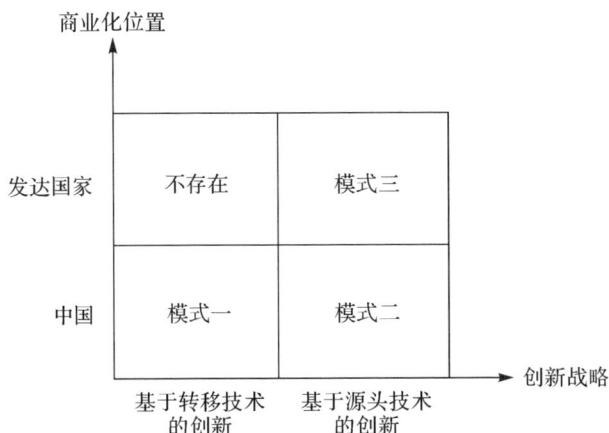

图 9.2　三种典型反向创新模式的分析框架

- 模式二：基于源头技术的反向创新。技术最初源自发展中国家企业，并在发展中国家成功商业化，最终产品出口到发达国家。
- 模式三：基于领先源头技术的反向创新。技术最初源自发展中国家，由于技术国际领先，在发展中国家适应度不高，直接在发达国家进行商业化。

9.5　无海外研发中心的中国企业反向创新典型模式

9.5.1　案例简介

浙江众合科技股份有限公司①（以下简称众合）是一家在深圳证券交易所上市的高新技术公司，它专注于轨道交通业务和能源环保业务，致力于长期为社会提供环境友好型技术、工程和制造设备服务。在轨道交通领域，众合不遗余力地促进当地轨道交通机电系统的建设，用多种方式与国内外伙伴展开合作从而推动技术进步，比如公私伙伴关系。除此之外，众合也引进、吸收、消化欧洲的专业信号技术，从而在有轨电车、城际线、重载铁路等领域为客户提供可靠的服务和解决方法。

---

① 浙江众合科技股份有限公司官网：http://www.000925.net/cn/

苏州纳微科技有限公司①（以下简称纳微）是一家专门从事高精度、高性能和高附加值纳微米球材料的、集研究、生产、销售为一体的国家高新技术企业。公司具有世界领先的纳微米球材料制备和应用技术，能够精准制备从 5 纳米到 1000 微米粒径范围的任意大小单分散纳微米球，可以满足实验室科研到大规模制造的各种需求。纳微在苏州纳米城已建成 13000 平方米的现代化厂房和研发中心，产品除了在国内销售，还销往韩国、美国、欧洲等国家和地区。截至 2016 年年底，其 130 名员工中有 40 名从事研发相关工作。公司长期与国内大学和机构展开纳米合作，目前已申请 30 多项国家发明专利，其多项技术和产品发明属于世界首创。

上海攀业氢能源科技有限公司②（以下简称攀业）是一家在空冷非增湿质子交换膜燃料电池（Fuel Cell）领域处于国际领先水平的高新技术企业，自 2006 年 1 月至今，一直致力于燃料电池的商业化应用。攀业已和帝国理工学院（英国）、伯明翰大学（英国）、伦敦城市大学（英国）、纽海文大学（美国）等国际著名高等学府及科研院所建立了密切的合作关系，在燃料电池的关键材料制备、电池堆结构设计等关键技术方面取得了突破。目前攀业共申请中国专利 30 项，国际专利 2 项。作为氢能源技术行业的先驱企业，攀业 60% 的产品销售额来自欧美市场，其产品已广泛应用于车辆驱动能源、电信基站建设等领域，提供高效、环保的能源设备，并获得了良好的社会声誉。

9.5.2　反向创新典型模式案例

案例一：众合的轨道信号控制系统

众合从 2006 年开始全面进军国内轨道交通产业，致力于为城市提供高效先进的轨道交通机电系统。当时国内相关技术并不先进，因此众合于 2010 年与德国 BBR 公司签订了安全计算机核心技术的国际科技合作协议，该技术主要应用于轨道交通列控系统。协议规定双方联合开发的开放性列车运行控制系统知识产权属于双方。引进 BBR 公司的通过了 SIL4 认证的安全计算机平台关键技术后，众合逐渐掌握了安全计算机设计、研发、认证

---

① 苏州纳微科技有限公司官网：http://www.nanomicrotech.com
② 上海攀业氢能源科技有限公司官网：http://www.pearlhydrogen.com/index.php/zhuye.html

和应用的核心技术。随后双方合作开发的新信号系统设备在国际轨道交通信号系统市场联合投标，成功中标 2 个项目，合同金额 1440 万欧元。该新信号系统成功实现国际技术输出，获得了国际评估机构的认证和肯定。该反向创新的过程可以被归纳如图 9.3 所示。

图 9.3　众合的列车信号控制系统的反向创新过程

在这个过程中，众合的开放式创新（利用外部资源，合作进行开发和市场活动）、吸收能力（有目的地对外部知识和技术的学习和消化）和创新能力（有能力进行再创新）发挥了重要作用。其反向创新的发生可以被认为是由于国内外同时存在轨道交通的列车信号控制系统的市场需求。这种反向创新属于"引进－消化吸收－再创新"，正是前文提到的模式一——基于转移技术的反向创新。

案例二：纳微的纳微米球材料

苏州纳微科技有限公司是一家从事高精度、高性能纳微米球材料的、集研究、生产、销售和相关技术服务于一体的国家高新技术企业。该企业是由国家"千人计划"专家江必旺博士于 2007 年创办，并与清华大学、北京大学、中国科学研究院等科研院所的跨学科专家有长期紧密的产学研合作关系。在此背景下，纳微科技自身的技术能力非常强，因此该公司的微球产品不仅迅速占领了国内市场，也成功打开了国际市场。其产品长期出口海外，每年约有 20% 的销售额来自海外市场。随着知名度的上升，该公司也吸引了德国生物制药巨头 instrAction 公司一起合作开发新型的色谱介质等产品。这是由中国推广到发达国家市场的反向创新，过程如图 9.4 所示。截至目前，苏州工业园区的纳微科技有限公司已有多项先进专利技术填补了国内的技术空白，打破了国外的长期垄断，成为世界上能够提供最多纳微米球材料的公司之一。

在这个案例中，苏州纳微科技的自主创新能力和吸收能力是推动其国

产学研紧密合作	⇒	成功研发微球产品	⇒	长期出口海外市场
• 40人技术团队		• 15项国内专利		• 吸引德国企业

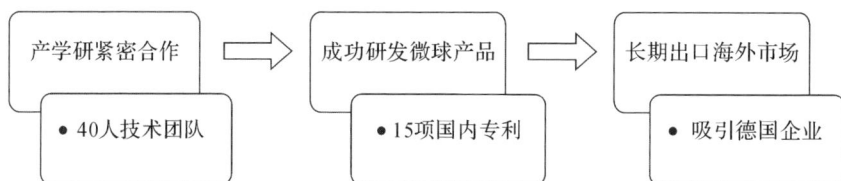

图 9.4　纳微科技微球的反向创新过程

际化发展的重要引擎，与国际企业的合作更是为企业带来了新的发展机遇。这是由中国企业自主创新技术并研发产品之后成功推广到发达国家市场的情形，正是中国企业反向创新的模式二——基于源头技术的反向创新。

案例三：上海攀业氢能源科技的氢能源电池

随着全球环境气候的变化，氢被公认为是未来可持续发展的基础。然而如何将制氢设备（如水冷设备）小型化和安全化是阻碍氢能源发展的一个重要问题。攀业氢能源科技从 2006 年开始一直致力于创造低成本、高效率的燃料电池。经过多年的研发，攀业公司开发了涂有催化剂的膜的核心技术。这种气冷式的燃料电池不需要常见的水冷设备，从而不仅减少了电池体积、电池价格和能源成本，而且提高了电池能效。技术简化后，先前被忽视的氢燃料电池商机就出现了，但氢能源电池并未被中国市场接受，因此，攀业能源公司转而针对欧洲市场，开发氢能源的燃料电池自行车。这一举动引起了一家生产高压电解器的意大利企业 Acta 的注意。后来两家公司强强联手，开发出了一个整体解决方案，使得用户能够在家里电解自来水来提供自行车所需的氢燃料，在国外市场得到成功应用。不仅如此，攀业氢能源科技还与伦敦的帝国理工学院合作，以期为高智能方程式赛车提供燃料电池。这种反向创新过程如图 9.5 所示。

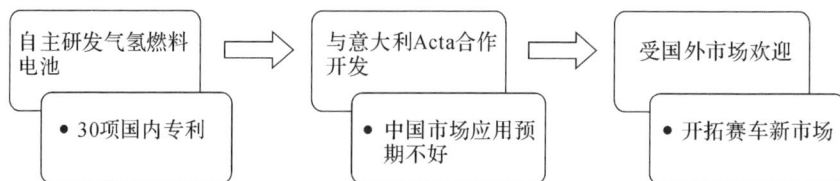

自主研发气氢燃料电池	⇒	与意大利Acta合作开发	⇒	受国外市场欢迎
• 30项国内专利		• 中国市场应用预期不好		• 开拓赛车新市场

图 9.5　上海攀业氢能源科技氢能源电池的反向创新过程

　　在这个案例中,攀业氢能源公司具有较强的创新能力和吸收能力,且技术领先,因此会吸引海外合作伙伴进行海外市场的开发。其新能源产品除了能利用国外的类似市场,也能够探索例如高智能赛车的新市场。因此,技术先进性和发达国家细分市场都是攀业公司成功实现反向创新的原因。这正是中国反向创新的模式三——基于领先源头技术的反向创新。

　　纵观以上三个中国企业反向创新的案例,如表 9.1 所示,中国企业的技术创新能力在一些领域处于国际领先水平,在其他领域则需要引进吸收国外先进技术。无论是基于转移技术的反向创新还是基于源头技术的反向创新,企业的研发创新能力和吸收外来知识的能力影响着其国内及国际市场份额,对能否实现技术追赶也有重要作用。比较案例一与其他案例可以发现,当一个行业的技术在国内外存在巨大差距,或者该技术已经相对成熟,那么企业反向创新的发生模式就是引进消化吸收再创新,最后再反向创新;相反,如果技术尚不成熟或市场暂未被开拓,那么企业更容易通过自主创新来达到反向创新。

表 9.1　三个反向创新案例总结

企业	众合	纳微	攀业
核心技术/产品	轨道交通信号系统	纳米微材料	氢燃料电池自行车
反向创新动因	国内外同时有市场需求	技术先进性	技术先进性;发达国家细分市场
创新起源地	德国(中国再创新)	中国	中国
研发国际化	与德国 BBR 公司合作开发	与德国 instrAction 公司合作开发	与意大利 Acta 公司合作开发;与帝国理工学院合作
反向创新模式	模式一:德国创新,中国再创新—中国行业化(开发产品和作为第一主要市场)—输出发达国家	模式二:中国创新—中国商业化(开发产品和作为第一主要市场)—输出发达国家	模式三:中国创新—发达国家商业化(开发产品和作为第一主要市场)—发达国家扩散

9.6　结论与展望

本研究采用多案例研究的方法分析无海外研发中心的中国企业反向创新的模式。从创新战略和商业化位置的角度，提出了矩阵分析框架，得出了三种典型创新模式：模式一，基于转移技术的反向创新：创新源自发达国家，发展中国家进行再创新—发展中国家进行创新的商业化—创新输出到发达国家；模式二，基于源头技术的反向创新：创新源自发展中国家—发展中国家进行创新的商业化—创新输出到发达国家；模式三，基于领先源头技术的反向创新：创新源自发展中国家—发达国家进行创新的商业化—创新在发达国家扩散。本章最后以三个中国企业的案例检验了这三种典型模式：众合代表模式一，纳微代表模式二，攀业代表模式三。

此外，本研究间接揭示了无论是基于源头技术的反向创新，还是基于转移技术的反向创新，企业的学习能力、创新能力在反向创新中都起着非常关键的作用。根据研究分析还可以看出，对于成熟技术来说，模式一是发展中国家企业实现反向创新较好的战略，而对于新兴技术和新兴市场来说，模式二和模式三则是发展中国家企业实现反向创新时较合适的策略。反向创新（包括低成本创新、包容创新等）由于能给企业的发展带来新的竞争优势和发展机会，所以对其进行深入研究有助于发展中国家企业（比如中国企业）更好地理解全球化演化路径和发展路径，从而取得更大的全球市场份额。

正如发达国家的跨国企业会把研发中心设立到发展中国家一样，发展中国家的跨国企业也会反过来把研发中心设立到发达国家以及其他发展中国家。譬如，华为除了在瑞典、德国、美国、日本设立海外研发中心外，也在印度和土耳其设立了海外研发中心。因此，发展中国家的跨国企业也可以利用其他发展中国家的资源和优势，比如古巴的生物技术优势，最终实现反向创新至发达国家。

本研究也有不足之处。一方面，为了能更全面深入地探索反向创新不同类型的特点及其发生的条件，研究上还需要更多的案例及更多的信息；反向创新的决定因素和驱动力也是将来研究的重点。另一方面，反向创新同其他创新（譬如开放式创新、破坏式创新、节约创新）之间的相互作用和相互影响也是将来需要研究的领域；反向创新与国际化研究中的其他理论之间的相互影响，譬如全球价值链（Morrison et al.，2008）、创新进程中的组织分解研究（Schmitz and Strambach，2009）、技术能力（Jin and von Zedtwitz，2008）、反向创新过程中技术能力的演变进程等，这都需要将来更深入的探讨。

参考文献

甄伟丽（2012）. 逆向创新模式研究——以比亚迪股份有限公司为例. 科技进步与对策，29(5)：18-22.

郑宗希，陈劲（2014）. 中国的反向创新：基于南车四方的案例. 科学与管理，34(4)：3-8.

Agarwal，N.，Brem，A.（2012）. Frugal and reverse innovation — Literature overview and case study insights from a German MNC in India and China. In 2012 18th International ICE Conference on Engineering，Technology and Innovation，pp. 1-11. DOI：10.1109/ICE.2012.6297683

Archibugi，D，Iammarino，S.（2002）. The globalization of technological innovation：Definition and evidence. Review of International Political Economy，9(1)：98-122.

Brem，A.，Ivens，B.（2013）. Do frugal and reverse innovation foster sustainability? Introduction of a conceptual framework. Journal of Technology Management for Growing Economies，4(2)：31-50.

Boutellier，R.，Gassmann，O.，von Zedtwitz，M.（2008）. Managing Global Innovation：Uncovering the Secrets of Future Competitiveness (Third edition). Springer：Berlin.

Chen，J.，Huang，H.（2011）. Reverse Innovation：A kind of new innovation model. Science and Technology Progress and Policy，28(8)：1-5.

Chikofsky, E. J., Cross, J. H. (1990). Reverse engineering and design recovery: A taxonomy. Software, IEEE, 7(1): 13-17.

DePasse, J. W., Lee, P. T. (2013). A model for reverse innovation in health care. Globalization and Health, 9(1): 1-7.

Dong, Y., Chen, J. (2010). Backtracking innovation in ecological field. Technique Economics, 29(1): 9-12.

Gassmann, O., von Zedtwitz, M. (1998). Organization of industrial R&D on a global scale. R&D Management, 28(3): 147-161.

Gassmann, O., von Zedtwitz, M. (1999). New concepts and trends in international R&D organization. Research Policy, 28(2-3): 231-250.

Govindarajan, V., Euchner, J. (2012). Reverse innovation. Research Technology Management, 55(6): 13-17.

Govindarajan, V., Ramamurti, R. (2011). Reverse innovation, emerging markets, and global strategy. Global Strategy Journal, 1:191-205.

Immelt, R. J., Govindarajan, V., Trimble, C. (2009). How GE is disrupting itself? Harvard Business Review, 87(10): 56-65.

Jin, J., von Zedtwitz, M. (2008). Technological capability development in China's mobile phone industry. Technovation, 28(6): 327-334.

Jin, J., Wang, Y., Vanhaverbeke, W. (2014). Patterns of R&D internationalization in developing countries: China as a case. International Journal of Technology Management, 64(2-4): 276-302.

Kim, L. (1997). Imitation to innovation: The dynamics of Korea's technological learning. Brighton: Harvard Business Press.

Lee, K., Lim, C. (2001). Technological regimes, catching-up and leapfrogging: Findings from the Korean industries. Research Policy, 30(3): 459-483.

Li, J., Kozhikode, R. K. (2009). Developing new innovation models: Shifts in the innovation landscapes in emerging economies and implications for global R&D management. Journal of International Management, 15(3): 328-339.

Lim，C.，Han，S.，Ito，H.（2013）. Capability building through innovation for unserved lower and mega markets. Technovation，（33）：391-404.

Morrison，A.，Pietrobelli，C.，Rabellotti，R.（2008）. Global value chains and technological capabilities：A framework to study learning and innovation in developing countries. Oxford Development Studies，36（1）：39-58.

Schmitz，H.，Strambach，S.（2009）. The organizational decomposition of innovation and global distribution of innovative activities：Insights and research agenda. International Journal of Technological Learning，Innovation and Development，2（4）：231-249.

Syed，S. B.，Dadwal，V.，Martin，G.（2013）. Reverse innovation in global health systems：Towards global innovation flow. Globalization and health，9（1）：1.

von Zedtwitz，M.（2005）. International R&D strategies of TNCs from developing countries：The case of China. In：United Nation（ed.），Globalization of R&D and Developing Countries. Geneva：United Nation Publication. Available online http：//www. iked. org/pdf/iteiia20056_en. pdf♯page＝125

von Zedtwitz，M.，Corsi，S.，Soberrg，P.，Frega，R.（2015）. A typology of reverse innovation. The Journal of Product Development and Management，32（1）：12-28.

Yang，Q.，Mudambi，R.，Meyer，K. E.（2008）. Conventional and reverse knowledge flows in multinational corporations. Journal of Management，34（5）：882-902.

Yin，R. K.（2009），Case Study Research — Design and Methods. Thousand Oaks：Sage.

Zeschky，M. B.，Winterhalter，S.，Gassmann，O.（2011）. Frugal innovation in emerging markets. Research-Technology Management，54（4）：38-45.

Zeschky，M. B.，Winterhalter，S.，Gassmann，O.（2014）. From cost to
    frugal and reverse innovation：Mapping the field and implications for
    global competitiveness. Research-Technology Management，54（7）：
    20-27.

第10章 中国自主创新及全球市场对其影响[①]

阿斯特里德·海德曼·拉森

摘 要：传统意义上，亚洲的创新与模仿和有效拓展市场关联在一起，而不是特色技术和产品的独立研发。无论是就技术/科学知识、商业知识而言，还是就市场知识而言，这种模式作用的发挥要特别倚重国际市场。然而，这一现象正在发生改变。本章展现了我们对中国十家知识密集型创业企业的研究成果。研究表明，只有少部分企业认为全球市场知识对公司比较重要，他们的创新源主要来自企业自身所具有的技能和知识。这让我们思考未来中国情境下全球市场对中国创新的影响等问题。

关键词：中国自主创新；知识密集型企业；全球化

10.1 引 言

本章关注高科技产业的知识密集型创新创业企业，特别是这些企业在科学技术知识、商业知识和市场知识方面的自身能力的发展。在本章，这些被视为企业不同层面的创新能力，有助于企业应对创新机会。

很长时间以来，发展中国家一直把通过对外直接投资获取的国际技术转移视为促进其经济发展的重要引擎。正因为如此，许多发展中国家寄望

---

① 本研究得到中丹教学和研究中心（SDC）的支持。

于获取先进的技术知识,并希望通过这些知识能够驱动本国的技术升级。更重要的是,这样的想法体现在了亚洲多国的追赶战略中,都希望能够强化与全球市场和全球投资的合作及影响,从而推动本国发展(Gong,2011)。例如,Fagerberg and Godinho (2004)就外国直接投资对于众多经济体成功赶超所起的作用进行了深入探讨,并就亚洲各国如何获取国外先进技术进行了详细分析。

因此,许多发展中国家技术能力提升重点始于从全球市场获得自己需要的技术能力。已有证据表明,很多发展中国家比其他国家更有效利用所引进的各项技术以获得竞争力的能力,决定了这些国家的产业技术发展水平(Li et al.,2010)。因此,亚洲各国把创新工作主要放在高效的市场开发方面上,而不是集中精力开发独具特色的技术和产品。公共政策希望改变这种现状。2006 年,中国政府在其《国家科学与技术中长期发展规划(2006—2020 年)》着重强调了自主创新。"自主创新"曾被认为是一个提升从国外引进的国际先进技术的质量,并减少相关费用的过程(Liu et al.,2011;Lazonick and Li,2012)。

然而,中国人对自主创新的理解也在不断深入,并且逐渐认识到应当把主要精力放在把自主创新上,通过自主创新提升自主技术能力。这种变化可以体现为新时代企业家(Liao and Sohemen,2001)中知识密集型企业家(Malerba and McKelvey,2016;McKelvey and Lassen,2013)的脱颖而出。按照 Freeman(1995)研究,国家创新绩效的差异取决于国家在新技术、新产品和新工艺的引进、提升、研发以及扩散模式上的制度差异。创业现已成为中国实现上述目标最重要的机制之一。尤其是在过去十年里,创业对经济增长和增加就业方面发挥了至为关键的作用(Huang,2008)。近年来的国家经济政策也充分证明了创业在国民经济中所发挥的作用。2016 年 4 月,李克强总理提出了"大众创业,万众创新",并将其列为未来五年的中国国民经济发展的重要方向之一。

在这种情境下,创业主要是与科技知识相关,如"互联网+"、"共享经济"、"大数据"以及"物联网"等(Tse,2016)。在科学技术领域的中国企业家呈年轻化、高学历的特点。2012 年发布的《全球创业观察》(Global Entrepreneurship Monitor)指出,在中国,年轻企业家的比例高,18~34 岁的创业者比重占到了 57%(Xavier et al.,2013)。此外,中国拥有全世界最高的数字工作人员,拥有超过 7 亿用户的互联网用户市场基础,这些人都希望通过自己的创业努力来实现心中的梦想——创造辉煌的事业。

20 世纪 90 年代,互联网创业开始在中国兴起。现今的中国三大网络巨头阿里巴巴、腾讯、百度就是在这一时期成立的。步入 21 世纪以来,互联网创业者的数量激增,如小米、京东、奇虎 360 等企业创业者被全球公认为是中国互联网创业者的典范。除了互联网和移动通信技术行业之外,许多创业者开始涉足能源、金融服务以及医疗保健等行业。这些行业的商业活动建立在科技快速发展基础之上。因此,本章讨论知识密集型创业企业,他们是中国未来自主创新的重要动力之一。

中国知识密集型创业企业快速发展,引起了全世界的高度关注。这也带来一个问题,就是未来全球市场会对中国的自主创业产生何种影响。本章将以 10 家中国知识密集型创业企业为例,剖析其与国际市场相关的创新能力的发展,及其对企业的发展产生何种影响。

10.2　技术/科学、市场和商业知识分析的研究设计

本研究是与中国-丹麦合作研究中心(SDC,简称中丹中心)合作进行的。中丹中心是由中国科学院大学与八所丹麦大学合作的双边教学和研究的一个项目。本研究项目关注中国高科技领域的知识密集型创业企业。

考虑到本研究具有探索性属性,我们选用定性案例研究作为适用的研究方式(Yin,1994)。本研究共选择了 10 个案例,希望通过这些案例来加深人们对研究话题的认识。

案例研究被用来分析和解释中国高科技企业对国际市场的理解,及其与国际市场的关系是如何影响这些企业发展的。本研究案例选择的首要条件是这些企业都符合定义的知识密集型创业组织(McKelvey and Malerba,2016;Malerba and McKelvey,2020)。具体案例企业选择标准如下:

①企业成立时间不超过八年(也就是处于新企业的创建阶段);

②企业主要在先进知识领域进行竞争,如学者(McKelvey and Lassen,2013)所提到的技术/课程知识、市场知识和商业知识等;

③企业经营范围是高科技领域;

④企业提供创新科技、产品或服务。

国际市场程度和应用通过分析国际市场对中国知识密集型创业企业在科技、商业以及市场知识等方面的影响来进行。

按照访谈约定协议，研究人员的访谈对象应为这十家企业的所有者或首席执行官。所收集的数据都遵循大致相同的访谈协议，以此确保这些案例在逻辑上是可以复制的(Yin,1994)。

研究共进行了15次深入访谈，收集了大约40个小时的访谈资料。所有访谈资料根据主题展现进行聚类分析和比较。表10.1呈现了案例企业基本情况。

表 10.1　知识密集型创业企业情况综述

企业名称(匿名)	成立年份	规模:员工数量(人)	创新活动主要领域
A	2010	80	中国医疗机器人和支持系统的自主研发与销售
B	2009	5	在能源技术领域合作进行网研发、服务和投资
C	2014	130	集销售、信息、金融以及保险于一身的汽车在线平台
D	2015	1	相亲 Meet-up App 研发
E	2015	5	手机游戏平台
F	2012	4	古董 3D 可视化技术
G	2014	10	手机游戏平台
H	2006	90	眼科设备与耗材的研发与配送
I	2012	90	网上银行技术
J	2013	137	比特币交易平台

每个案例均做了详细记录，之后按照为了解国际市场对案例企业的影响而设定的变量进行分析。

本研究所选择的十家企业都是创业者在 22～30 岁期间创办的。在这个意义上，这些创业者完全符合全球创业观察(GEM)的标准。

10.3　案例企业知识能力和全球化的分析

下面将对每家企业做个简短的介绍,主要介绍全球市场对这些基于知识的企业的影响,如这些企业的技术/科学知识、商业知识以及市场知识等情况。

(1)企业 A

企业 A 是一家高科技企业,目前已经自主研发了中国首款用于外科矫形手术的机器人以及相关的远程外科手术服务系统。受访者明确表示,企业对国际竞争对手有一定了解,但对企业的技术发展没有直接影响。企业产品所有组件的供应商都是中国企业,企业人才也都是中国人。全球市场对企业商业知识的影响也是有限的。企业 A 的创始人在访谈中也谈到他们了解法国竞争对手的价格,这有助于企业对其技术和服务系统进行合理定价。然而,国际销售目前不是企业 A 的首要市场,因此,国际市场的影响不显著。企业的主要精力都投入到构建一个中国医院需要他们所提供的技术的生态系统。

(2)企业 B

企业 B 是一家网络企业,与 5 家中国研究机构和 1 家德国研发企业紧密合作,进行自动化和工业信息技术领域的基础研究和技术开发。合作中,中国合作者主要负责技术开发,而德国合作者负责技术测试。该企业的创始人具有较强的国际市场意识,并且密切关注欧洲工业 4.0 以及美国高端制造计划的进展。他的目的在于充分利用本企业掌握的知识以便在中国产业转型和自主创新重点领域识别和把握机会。访谈得知,该公司的国际关注点既不在于国外技术的应用,也不在于国际销售。该创始人雄心壮志,希望最终能把企业打造成真正的国际企业,但其核心目标还是在自动化以及工业信息技术领域帮助中国产业提升独特能力。

(3)企业 C

C 企业是一家典型的"互联网＋"企业,也就是利用成熟的互联网平台整合线下和线上产品及服务,即"汽车行业的垂直整合"。在信息技术/程序开发以及汽车行业这两方面,该企业完全依靠中国本土知识和能力,而对国际市场(如国际技术、商业活动和市场)的兴趣很低。该企业业务建立在中国汽车行业的特殊情境之上,只针对中国用户。

(4)企业 D

该企业还处于初创期,希望在技术、商业以及市场等方面均有所作为。企业创始人更在乎成为一个企业家,而不是掌握具体创业企业的业务范围。他相信只要有机遇,就要出手抓住。他也相信潜在的商机是很多的。目前,该企业致力于为中国市场研发一款基于安卓系统的手机应用程序,该应用程序与美国研发的 Meet-up 手机应用程序类似。企业预计该应用程序的第一年用户数量将会达到 30 万。这项技术全球通用。该商业点子也是受到某国际品牌的启发,但是市场知识却是中国独有。该企业创始人并不关注如何进入国际市场,而且他认为自己的业务是互联网市场的一部分,而这样的业务本身就是超越国界的。

(5)企业 E

该企业是一家在线游戏企业,目前已在市场上推出 7 款游戏产品。他们的市场策略由苹果和安卓这两大技术平台决定。目前,他们有 20 万苹果平台用户和 5 万安卓平台用户。这两个平台的用户既包括中国用户,又包含国际用户。企业创业者并不认为国内市场和国际市场有何差异。在他们眼中,这就是一个互联网市场。该企业游戏产品研发背后的技术知识来自中国。

(6)企业 F

这家企业是创始人创建的众多企业之一。该创始人将自己描绘成一个引领潮流的企业家,同时也是现代中国潮流的一分子。他的企业主要在古董和艺术领域专门研发和应用 3D 可视化技术。该创始人受到 3D 视觉技术吸引,并且已经确认通过这项技术各家博物馆可以显著增加并扩展其服务。企业使用的技术一部分为国际通用技术,另一部分是由企业自己研发。其商业创意受 iTunes 模式启发,也就是博物馆免费获得 3D 可视系统,但是按使用进行付费。该企业的市场知识具有中国情境特色,也就是中国的博物馆主要是通过复杂的政府项目拨款维持运行,向这些机构销售要依靠翔实的知识和社会网络。尽管国际上有同类项技术和商业模式企业,但是国际市场因素不会影响该企业的任何业务活动。

（7）企业 G

该企业也是一个把互联网作为商业基础的创业典范。它是一家手机游戏为主的在线游戏企业。企业创始人曾任职小米公司，但是更想成为一个自主创业的企业家。该企业获得中青宝（ZQGame）的大量风险投资。中青宝是一家侧重在线游戏业务投资的上市企业。企业 G 还与腾讯（中国最大且拥有用户最多的互联网服务门户网站）进行合作，因此该企业游戏产品成了 QQ 空间游戏之一。目前，该企业约有注册用户 100 万。该款游戏本身是受到美国游戏魔兽争霸（DOTA）启发而研发出来的，游戏架构也和魔兽争霸相似。该企业员工都是中国人，都毕业于中国知名高校。当被问及国际市场对其影响时，该企业创始人认为互联网是一个技术知识和商业机会在国与国之间自由流动的十分庞大的市场。他认为该企业所拥有的知识也是国际知识的一部分。

（8）企业 H

这家企业是中国眼科设备和眼科相关计算机辅助诊断系统的主要经销商之一。创始人在攻读博士学位时成立了这家企业。创始人曾在纽约居住了一年。现在，该企业在中国已拥有 960 多家医院客户和 13 家区域销售分公司。该企业最初的创业方式是采购美国的技术和产品，在中国市场进行销售。之后，该企业重金投资自身研发活动。其研发总部设在纽约，已经与美国研发企业建立了良好的合作关系，并投资入股一家加拿大技术开发企业。除此之外，这家企业还开始与一家中国大型研发企业合作。企业 H 这种进入全球市场的方式与众不同，该企业认为获取全球知识和人才比触及全球消费市场或全球投资更加重要。这与依靠外商直接投资驱动中国技术发展的传统思想大相径庭。

（9）企业 I

该企业研发和销售信息模式识别技术，这种技术有助于网上银行提升网络安全和军事机构监控通讯情况。该项技术的研发完全依赖中国自主的软硬件能力。这家企业在北京地区拥有 3 个办公场地，均毗邻高科技园区和科研机构。其创始人认为这是一项为吸引和密切联系高科技人力资源而制定的发展策略。通讯和安全领域的技术受到政府高度控制和监管，因此，企业的业务开展需要获得政府的许可和准入。企业创始人提及他曾一度考虑将其产品投放美国市场，但是发现美国市场的认证和准入要求很难处理，因此这个想法就搁置下来了。从此之后，无论是专业技术知识、商业知识还是市场知识，该企业都没有想过进入全球市场。

（10）企业 J

企业 J 是一家以中国和美国市场为主的比特币贸易企业。比特币是一种虚拟货币，其产生和持有完全电子化。比特币是全球化和去中心化的（例如，没有任何一家机构完全拥有比特币，它是通过并且由电子社区创建的）。比特币首发于 2008 年，自从那时起，比特币已经逐步成为一种全球性的主要货币。企业 J 是最早捕捉到比特币商机的企业之一，迅速发展成为在华最大的数字货币交易企业之一。尽管美国和中国是比特币的主要市场，但该企业创始人并不特别关注全球市场对企业业务影响。与其他几家基于互联网的案例企业一样，该企业也把网络看作一个庞大的市场。该企业的所有员工都是中国人，并且企业创始团队特别青睐具有创业精神和高度自我激励的员工。该企业的大多数员工有在北京地区知名高校的教育经历。

综上所述，这十个案例充分揭示了各企业对于全球市场对企业知识和创新影响的不同见解。案例分析结果汇总见表 10.2。

表 10.2 案例企业分析总结

企业（匿名）	全球影响		
	技术/科学知识	市场知识	商业知识
A	全球影响弱：稍具全球意识，但无直接联系	全球影响弱：对同类产品的国际供应商的价格情况有所了解	无
B	全球影响弱：但是从全球工业计划中获得一些灵感	全球影响弱	全球影响弱
C	全球影响弱：建立在国际知名技术基础之上	无	无
D	全球影响中等：建立在国际知名技术基础之上	无	全球影响中等：受某美国产品启发
E	全球影响弱：建立在国际知名技术基础之上	无	全球影响弱：建立在知名的国际平台之上

续表

企业 （匿名）	全球影响		
	技术/科学知识	市场知识	商业知识
F	全球影响弱：建立在国际知名技术基础之上	无	全球影响弱：受到iTunes 之类商业模式启发
G	全球影响弱：建立在国际知名技术基础之上	无	全球影响弱：建立在知名的国际平台之上
H	全球影响高：国际知识和技术源	无	全球影响中等：在中国市场开发利用国际技术
I	全球影响弱	无	无
J	微弱全球影响弱：建立在国际知名技术技术基础之上	3. 全球影响弱	全球影响中等：建立在知名的国际平台之上

10.4　讨论和总结

以上就技术/科学知识、市场知识以及商业知识等与知识密集型企业的自主创新能力和全球市场的关系，对 10 个企业案例进行分析。这为国际市场影响的研究提供了有力支撑。这 10 个案例让我们了解致力于自主创新的当代中国企业家的国际市场观念，这与本书第 5、11 和 12 章的研究紧密关联。

图 10.1 就全球市场对 10 个案例企业的技术/科学知识、市场知识以及商业知识等三方面的影响分析结果进行汇总。全球市场影响可以总结为无、弱、中等和高这四个层次。

表 10.1 清楚表明，总体上看，全球市场的影响很弱。在 30 个研究点中，其中 10 个为无影响，15 个为弱影响，4 个为中等影响，只有 1 个为高度影响。本研究与依赖国外直接投资或模仿西方技术的传统中国创新路径截然不同，为人们呈现了全新的图景。

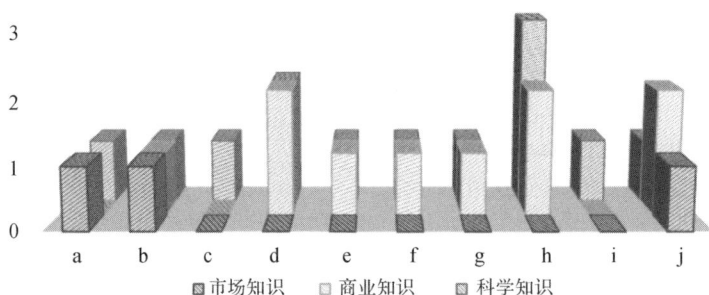

图 10.1　全球市场对中国自主创新的影响

　　如果我们进一步分析每一个知识维度,我们会捕捉到其中一些差异。

　　就市场知识角度而言,所有案例企业均表明对全球市场不感兴趣。他们不依靠来自全球市场的投资或产品,而且由于庞大的中国国内市场为其提供了无限的商机,各企业都不需要特意迎合国际用户的需求。通常认为亚洲国家的企业主要对来自西方世界的产品和创意进行成本效益相关的利用式开发,而这些案例企业与传统视角下的中国企业在全球创新系统中的角色截然不同。尽管这些发现只是基于有限的案例分析,但也提出了一些十分有趣的问题,例如未来的创意和创新的起源地是哪儿,以及这些创新将给哪些地方带去收益等。这提出了另一个潜在挑战,即西方企业在创新和开发方面相对于中国企业的竞争优势问题。

　　就商业知识而言,大多数企业认为全球市场对他们的影响较低,只有少数儿家企业认为全球市场的影响程度为中等。这个结果与全球商业知识的传统研究同样存在显著区别。传统观点认为,通过特定能力的业务外包(如生产)等形式,商业知识从发达国家扩散到欠发达国家。然而,在这些案例中看不到这个情况。对中国知识密集型企业产生一些影响的商业知识具有更多的概念属性,例如已经在其他地方采用的商业模式(例如 iTunes 模式)以及国际趋势(如工业 4.0 计划),这些概念性的商业知识被用作企业灵感和创意开发。

　　就专业技术知识而言,所有的案例企业都表明其运行或多或少受到了全球市场的影响,其中两个企业分别表示影响为中等或高。这一点并不令人意外。就知识范畴而言,全球市场对各家企业的影响最高。传统研究中,专业技术知识通常与国外直接投资以及国外技术的改良/模仿密切相关(如Cheung,2011)。然而,这类全球市场对技术知识的影响在本研究的中国案例企业中并没有发现。

　　10 家案例企业中，大多数企业都具有"互联网＋"企业的特性。这几家企业已经意识到企业运营依赖通信技术，这些通信技术在全球众所周知，而且许多这类技术发展经常出现在国际开源论坛。正因为如此，这些企业虽然意识到全球技术知识确实对他们产生了不同程度的影响，但是也表明企业自身也部分参与到了其他全球知识的研发中。因此，全球市场对技术知识的影响是双向的学习过程，而不是与改良／模仿策略所包含的单向过程。

　　即便是在专业技术知识方面受到全球市场影响特别大的案例企业，也展现了与众不同的融入全球知识的路径。这些企业积极投资西方研发企业，并与西方科研机构建立联盟和合作关系，以期在其主要业务领域中直接参与最新知识的研发。中国企业的对外直接投资（ODI）还是较新但发展快速的现象，不仅因为对外直接投资被视为中国企业和投资资金采用的一种独特的战略，而且被视为是中国创业企业的独特而清晰的知识和创新战略。中国企业对外直接投资的地理分布十分明显。根据 Casanova et al.（2015）的数据显示，中国绝大多数的对外直接投资对象是其他亚洲国家，只有 4％ 的对外直接投资选择北美。本研究中的案例企业投资目的国包括加拿大、美国和德国。

　　总之，案例分析表明，本研究所涉及的当代中国企业总体上认为全球市场知识对其知识基和创新活动的影响非常有限。这些企业家所追求的商业机会很大程度上受到其互联网平台运用的可行性影响。如果网络平台运用得当，这些企业容易触及庞大的中国国内市场。本研究中的多位企业家一致认为，互联网、互联网运行所需要的通信技术以及铸就大市场的线上客户资源等很少存在国内知识和全球知识的明显区别。此外，这些企业认为自己既是知识的贡献者，也是知识的使用者。

　　概况而言，我们的研究结论呈现了两点有趣发现：①当代中国创业者比以往创新和全球化研究中的更高度重视企业自身研发与管理创新的能力；②互联网对中国创业者具有较强的重要性。这为更好地理解中国创新体系动态性与企业和全球市场互动这两者的关系创造了一种全新的维度。

参考文献

Casanova，C.，Garcia-Herrero，A.，Xia，L.（2015）．Chinese outbound foreign direct investment：How much goes where after roundtripping and offshoring? BBVA Research Working Paper，15/17．

Cheung，T. M.（2011）．The Chinese defense economy's long march from imitation to innovation．Journal of Strategic Studies，34(3)：325-354．

Fagerberg，J.，Godinho，M. M.（2004）．Innovation and Catching-up．In：Fagerberg，J.，Mowery，D.，Nelson，R.（eds.），The Oxford Handbook of Innovation．Oxford：Oxford University Press，pp. 514-544．

Freeman，C.（1995）．The 'National System of Innovation' in historical perspective．Cambridge Journal of Economics，19：5-24．

Gong，X. F. Y.（2011）．Indigenous and foreign innovation efforts and drivers of technological upgrading：Evidence from China．World Development，39(7)：1213-1225．

Huang，Y.（2008）．Capitalism with Chinese Characteristics．Cambridge：Cambridge University Press．

Lazonick，W.，Li，Y.（2012）．China's path to indigenous innovation．Conference Proceedings to Society for the Advancement of Socio-Economics，MIT，Cambridge MA．

Li，Y.，Zhang，C.，Liu，Y.，Li，M.（2010）．Organizational learning，internal control mechanisms，and indigenous innovation：The evidence from China．EEE Transactions on Engineering Management，57(1)：63-77．

Liao，D.，Sohmen，P.（2001）．The development of modern entrepreneurship in China．Stanford Journal of East Asian Affairs，1：27-33．

Liu, F., Simon, D., Sun, Y., Cong, C. (2011). China innovation policies: Evolution, institutional structure, and trajectory. Research Policy, 49: 917- 931.

Malerba, M., McKelvey, M. (2016). Conceptualizing knowledge intensive entrepreneurship: Definition and model. In: Malerba, M., et al. (eds.), The Dynamics of Knowledge Intensive Entrepreneurship. London: Routledge.

Malerba, M., McKelvey, M. (2020). Knowledge-intensive innovative entrepreneurship integrating Schumpeter, evolutionary economics, and innovation systems. Small Business Economics, 54: 503-522.

McKelvey, M., Lassen, A. H. (2013). Managing Knowledge Intensive Entrepreneurship. Cheltenham, U. K. : Edward Elgar.

Tse, E. (2016). The Rise of Entrepreneurship in China. Forbes online. Accessed July 18th 2017 at https://www. forbes. com/sites/tseedward/ 2016/04/05/the-rise-of-entrepreneurship-in-china/ # 683150803efc.

Xavier, S. R., Kelley, D., Kew, J. (2013). Global Entrepreneurship Monitor, Global Report. London: Global Entrepreneurship Research Association.

Yin, R. K. (1994). Case Study Research: Design and Methods. London: Sage Publications.

第11章　人工智能与中国新兴技术企业知识创造间的关系研究

彼得·冯·苏伯格

摘　要:本章旨在从知识管理角度,探索新兴行业的中国高科技企业如何提升自身技术能力。本章关注人工智能领域,特别是视觉智能和检测系统相关的新兴企业。研究表明,在新兴产业中,由于市场需求很难被用户清楚表达出来,因此用户需要参与新产品开发过程,新产品的开发需要结合用户知识一起进行。本章表明在知识创造的田野测试和原型过程中存在隐性知识的前语言嵌入,而隐性知识的前语言化可以作为先进技术知识深入发展过程中知识外部化的有用工具。

关键词:中国;人工智能;知识创造;知识管理;隐性知识

11.1　引　言

本章介绍了一家中国知识密集型初创企业——云天励飞,该公司致力于视觉信息处理的人工智能技术的研发。本章着重关注企业科学技术的自主创新能力的发展以及在这个过程中科学知识和隐性市场知识的重要性。与第10章类似,本章关注重点是知识密集型企业的内部创新能力。

本章关注企业内部能力和企业关系如何发展以便获取市场上的隐性知识。换言之,本章强调在技术深度开发过程中初创企业与用户的关系。企业通过与用户的互动来识别市场机会和技术机会从而优化产品和服务

（McKelvey and Bagchi-Sen，2015）。用户是创新系统的重要一环。视觉知识的交互有助于企业创造所需知识，用来识别用户对相关产品和服务特性的需求。

视觉智能被定义为基于深度学习算法来分析视觉素材的硬件和软件解决方案。为了实现不同目的，如监控和安全，需要处理大量视觉数据以提取相关信息，因此，视觉智能技术产业依赖于人工智能和大数据。

为了更好地理解这类技术能力如何发展，本章案例分析采用了知识管理理论，特别是区分隐性知识和显性知识。Nonaka and Takeuchi（1995）提出了知识创造螺旋模型，也就是 SECI 模型（SECI 是社会化、外显化、融合化和内隐化四个英文词的缩写）。本章还把运营管理和神经活动的理论（Amalric and Dehaene，2016）运用于生产环节的可视化过程中，分析了企业发展技术能力过程中的挑战和应对措施，指出公司可以从田野测试和原型到知识外显化的过程中受益，并进一步开发先进的技术知识。

如何进一步发展技术以满足用户需求并不总是清晰明了。这也是一个有趣的且具有较强现实意义的问题。特别是在新兴技术产业，大家并不知道如何更好地明确客户需求以进行产品和技术的深度开发。先进的技术知识可能难以使用语言表达来进行知识外化。因此，非编码和非语言的知识就需要被看作是视觉智能技术开发的重要投入。中国鼓励技术创业，重视教育和科技，中国政府和企业也不断加强研发投入，促进了开发与人工智能相关先进技术的中国企业的涌现。因此，本章案例研究也提供了在新兴人工智能行业中国初创公司技术能力发展的相关见解。

11.2　与先进技术相关的知识创造理论

本章旨在丰富有关创业公司先进技术能力，特别是与中国创新系统中用户相关的知识创造的现有研究。虽然关于知识创造的许多现有概念模型包含相似的元素（Crossan and Berdrow，2003；Crossan et al.，1999；Hedlund，1994；Nonaka and Konno，1998），但是我们对于如何在不同的情境下将它们应用到先进技术中并不了解。这种知识创造理论的规范性原则建议言语交互以使隐性知识外显化。相比之下，本章探讨了在用户不了解技术知识,也可能难以明确其预期解决方案的情况下,中国初创公司如何与其他类型的知识合作来阐明用户未被满足的需求。在这种情况下,口头表达可能不足以成为技术专家开发人员和最终用户之间有效交流的工具,因此,本案例研究探讨促进互动的其他手段。

11.2.1　基于显性知识和隐性知识的模型

知识创造模型倾向于强调显性知识和隐性知识之间的区别(Crossan and Berdrow,2003;Crossan et al.,1999;Hedlund,1994;Nonaka and Konno,1998)。就现有的各类知识创造模型中,有研究表明 SECI 模型(Nonaka and Takeuchi,1995;Nonaka and Konno,1998)特别适用于产品创新(Crossan et al.,1999)。

SECI 模型具有四个关键模式,可以对单个模式或模式间的转化进行研究,如图 11.1 所示。

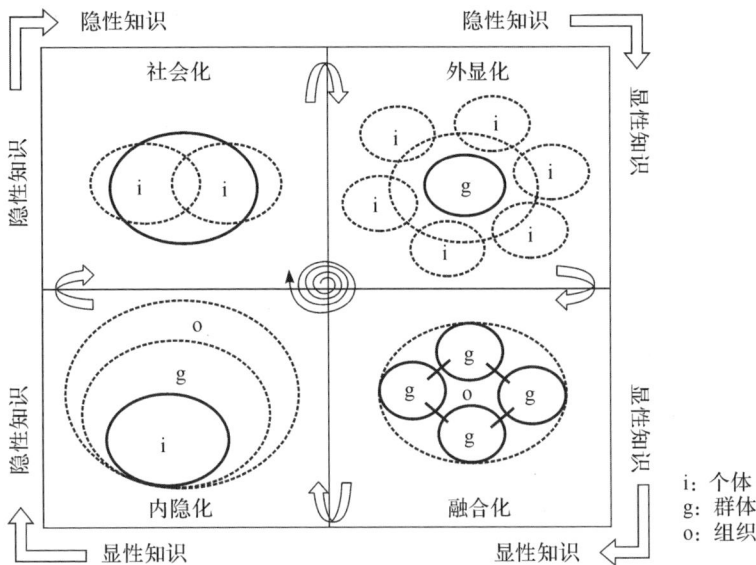

图 11.1　知识转化与自我超越过程的螺旋演进(Nonaka and Konno,1998)

在这个 SECI 模型中,知识被认为是显性的或是隐性的。社会化是从隐性知识向隐性知识的转化,外显化是从隐性知识到显性知识的转化,融合化是从显性知识到显性知识的转化,内隐化是从显性知识到隐性知识的转化。这些模式取决于个体、群体和组织之间的相互作用。SECI 模型概述了知识在隐性知识和显性知识中的迭代转换，解释了个体、群体和组织层面知识之间的关系。然而，这个隐性知识与显性知识相互转化的假设遭到了 Tsoukas（2003）的批评，他们的讨论集中在隐性知识和显性知识之间的区别，但这不是本章的重点，不进一步评述。本章着重探索除了口头语言形式外，隐性知识和显性知识是否以及如何相互补充。

11.2.2　社会化和外显化循环中的隐性和显性知识分解

以下我们讨论 SECI 模型如何解释在社会化和外显化两个循环中，与先进技术相关的隐性知识的创造以及隐性知识和显性知识转化。

显性知识被认为等同于编码的知识。编码化是"将知识转化为可以作为信息进行处理的消息的过程"（Cowan and Foray,1997）。许多诸如大数据和视觉智能等先进技术使知识编码成为可能，使得编码变得更便宜。以下对如图 11.1 中的所有四个模式进行分析。

在社会化模式，隐性知识向隐性知识转化发生在不同的行为者之间。为了更好地理解这种转化，Nonaka and Konno(1998)提出，有必要区分两种类型的隐性知识，即技术部分（比如诀窍）和认知部分（如心智模型和信念）。隐性知识向隐性知识的转化中，技术部分转化的一个例子发生在师徒关系中，师傅教授徒弟技能，例如铺砖建房。这种技术诀窍在人与人之间互相传递。在与用户的互动关系中，认知部分可能与技术部分同时发生。这时，掌握诀窍的人员会接触到一种新的心智模型或信念系统，这使他们能够形成关于如何使用诀窍的新见解（Søberg,2011）。例如，这会发生在具有先进技术技能的工程师与具有和他/她不同心智模型的潜在客户接触时。社会化模式表明，当技术诀窍和新的心智模型或信念系统融合时，这些技术可以用来帮助客户和了解客户。

此外，鉴于多样性有利于开发创造力（Beeby and Booth,2000），不同类型隐性知识的混合也可以培养创造力和知识创造。这就带来一个有趣的问题，也就是为了便于潜在客户掌握未来的诀窍，需要哪些其他类型的隐性知识。我们认为在原型和田野测试中，诀窍嵌入在隐性知识的前语言体现的元素中。这种嵌入式隐性知识有助于确定潜在客户未被满足的需求。因此，本章将进一步探讨不同类型的隐性知识如何相互补充。

在外显化模式中，SECI 模型假设知识是从隐性知识转化为显性知识。

基于作者之前对中国企业的研究(Søberg,2010),本章从一个新角度出发,认为应该考虑与未来技术变革速度相关的隐性知识向显性知识转化的成本。如果知识在未来很长时间内是有用的,有可能是有价值的,那么由于有更多的时间可以收回投资,因此可能值得投资进行编码。反之,由于这些投资受益的时间有限,编码可能不值得投资。因此,为了确定是否需要对知识编码,公司应该考虑技术发展如何迅速。在环境、行业或技术发展缓慢的公司中,知识编码往往更为相关(Ferdows,2006)。因此,一家公司可能会选择让显性知识和隐性知识互补,并决定将哪些要素从隐性知识转化为显性知识。

这些都将应用在下面的案例分析中,来探讨一家公司如何应用原型、田野测试或其他三维形式将部分隐性知识转化为显性知识。这被认为是隐性知识的前语言体现。

11.2.3　技术知识的非语言内容的重要性

为了进一步探索如何在图 11.1 模型中添加原型和田野测试等视觉知识,本节将对现有的苹果公司的研究以及其他学科的文献进行综述分析。

Crossan et al.(1999)把苹果公司作为案例来剖析语言发展对知识创造的重要性,他们认为,如果史蒂夫·乔布斯用了不同的隐喻,那么苹果公司的发展很有可能会完全不同。因此,Crossan et al.(1999)认为公司内部语言的发展会高度影响技术。然而,他们的研究结果与苹果企业的另一位创始人史蒂夫·沃兹尼亚克的说法大相径庭。根据 Wozniak and Smith(2006)所述,为了创造出一些具有革命性的创新产品,人们应该独立完成,而不是以团队或委员会形式完成。正如阿尔伯特·爱因斯坦曾说过:"文字对于思想的形成并不起作用。相反,思想形成更依赖于'特定符号和相对清晰的意象'"(Hadamard,1945)。这就意味着公司如何利用与用户的非言语交互来提升技术能力存在两种截然不同的观点。一种观点认为,语言对知识创造至关重要,如史蒂夫·乔布斯使用隐喻的例子。这个观点认为知识创造需要人们之间的口头互动,而为了进行这种互动,人们需要语言。与他人交流可以改进想法,识别未被满足的需求。另一个观点是,语言和沟通不是必需的,至少在技术发展的早期不是必需的,正如史蒂夫·沃兹尼亚克所说的那样。这个观点认为潜在的终端用户很难快速掌握特定的技术诀窍,由于他们不了解技术或技术的潜在应用,他们的需求很难得到具化。

其他领域文献可以为探索可视化和其他非语言形式的沟通在产品开发中的作用提供有用见解。一个领域是运营管理。相关文献表明对于某些类型的交互,文字简洁可能比宽泛的语言交互更有效率。因此,从字面上,我们可以理解为,"学习过程可以被比作生产过程"(Crossan et al.,1999)。在运营管理中,线性布局可以减少口头交流的需求,缩短了不同合作伙伴之间的差距。精益制造促进视觉管理和一目了然的透明度,这使得无须长时间的口头阐述就能分享关键信息成为可能。精益制造的另一个要素是定位相邻流程以及相邻流程的前后步骤。流程紧密结合(Bicheno and Holweg,2009)促使跨越不同流程步骤的隐性知识向隐性知识转化。在分解的情况下,这个流程步骤中的经营者可以向附近的经营者询问是否有问题,而不是求助其他经营者并尝试解释问题。流程步骤的共同定位使得企业可以利用不同经营者的集体经验更快地诊断和解决问题。

Amalric and Dehaene(2016)质疑了语言发展和口头交流对知识创造很重要这一概念推论。通过使用功能核磁共振成像(fMRI),可以确定大脑哪些部位在不同活动中是活跃的。当大脑进行诸如数学或立体思维等对技术知识的创造至关重要的活动时,大脑的其他部分比语言活动更为活跃(Amalric and Dehaene,2016)。

11.3 研究方法

案例研究目的是在某个特定领域提出一些有益的见解,从而加深人们对这方面的理解,适用于探讨复杂的真实现象(Yin,2009)以及研究事物的工作机制(Stake,2010)。案例的选择标准要包括以下几方面:首先,案例企业应该是中国新兴技术领域的一家运行良好的高科技领军企业;其次,该企业的业务既要包括硬件研发也要包括软件研发;最后,可以对这家企业进行实证访问。选择一家运行良好的领军企业的根本原因在于,这样可以判断出最佳实践。对新兴技术领域的关注可以纠正之前对现在的大型工业企业的经验式偏见,而且新创企业将来可能茁壮成长。中国不断加大研发和技术进步这两方面的投入,选择一家中国企业作为研究案例可以更好地理解中国国情下技术知识的创造。

　　数据采集要有半结构化的经理人访谈,同时还要有对职位较低的员工的观察与非正式谈话。研究人员主要采用模式匹配逻辑对经验数据进行分析(Yin,2009)。访谈以电子方式记录并转录下来,重要成果和文章初稿则送到调查对象手中听取意见,并认真吸取了他们对此的反馈。

11.4　案例企业云飞励天概况

　　云飞励天成立于 2014 年,主要提供视觉材料的人工智能解决方案,即通过使用深度学习算法分析视频材料的解决方案。两名创始人都具备海外留学经历,并且曾在佐治亚理工学院信号和图像处理中心一起工作(Hua,2016)。两位创始人还分别具备在中兴通讯、思科公司和摩托罗拉硬件研发方面的丰富经验。

　　该公司研发投入巨大,而且也为监控系统提供大数据服务。员工人数迅速增长,2016 年时,45 名员工中有 30 人从事研发工作。该公司产品有较好的应用,例如用于公安的具有面部识别功能的监控系统,因而有较好的现金流,且容易获得贷款。2015 年,云飞励天获得"孔雀计划"一等奖。该获奖奖金包括 2000 万元的视觉智能技术产业化资金,以及 2000 万元的五年低息贷款。视觉智能系统有许多潜在的应用,但是了解客户需求可能是一个挑战,特别是因为客户无法明确描述其所想要的产品。

　　云飞励天公司开发的软件和硬件技术有较多应用。一个成功应用的例子是,该公司赢得了帮助边防公安识别在到达厅生病的旅行者的投标。随着全球化的发展,识别患有 SARS 等流行性疾病的病例越来越重要,为此,该公司尝试识别通关的患者。在现有的技术中,触发温度报警的红外摄像机可以帮助人们检测发烧。然而,这种解决方案也会产生虚假警报,因为像茶杯和手机这样的物品通常比人类前额温度高,而且系统无法区分物体和人类。因此,现有的解决方案适合在机场使用,那里人们不允许携带茶水,而手机要在着陆后才能开启,尚未发热。然而,在陆路边境,该公司提供了一种替代解决方案,即当视频里的物体额温和颈部温度同时被确认为高温,系统才会报警。为了理解这一需求,开发人员不得不与客户一起体验生活,了解客户的问题。

以下访谈对话表明公司的一大挑战就是客户常常无法准确说出自身的需要："我觉得读懂客户并转化为可持续的业务内容需要很高的技能。这是一门艺术"（来自一位访谈经理）。

这也可以用于探索软件和硬件的相互依赖关系。到目前为止，该公司已经出售的解决方案包括了相机和算法。然而，客户购买新的相机费用昂贵，并且需要使用许多相机，这是因为通常随着相机的数量增加，使用这种技术的好处更为凸显。此外，不太可能有效地将所有视频资料从每个摄像机传输到后台或者云端进行分析。因此，使用带有嵌入式算法的芯片的摄像机，可以对视频材料提前进行分析，然后将有效的重要信息传回，这样无疑更加方便，效率更高。但是，现有芯片的一大问题就是无法升级。随着时代的发展，可以对芯片上的不同算法随时更新升级就显得愈发重要。该企业正在研发一款芯片，这种芯片能够兼容现有的摄像机，它还能把当下的解决方案的能耗减少 2%～5%，同时又不影响对系统进行持续升级。该企业旨在通过为客户提供带有运行这项技术的应用程序的先进芯片，把自己打造成视觉智能产业的"英特尔"。

然而，开发芯片代表了公司的一种新方法，对田野测试有影响。对于软件来说，在现场微调算法比预先测试更快，而芯片开发（作为硬件）与软件开发不同，其迭代的成本要高得多，花费的时间更长。在开始制造新芯片之前，公司应该考虑所有的可能性，并保证设计无误。错误的芯片原型几乎没有用。因此，在不同的测试模式下，公司需要同时解决软件和硬件问题。

11.5 将视觉智能和知识创造相结合

根据对案例研究的分析，表 11.1 提出了开发这种先进技术的四个主要挑战以及公司解决每个挑战的对策。

表 11.1　企业面临的主要挑战及对策

挑　战	企业对策
当顾客无法明确想要的内容时，了解顾客需求	社会化，以及与顾客共处；田野测试，并获得反馈；说服顾客这种方案是可靠的
进行太多的小组讨论	委派代表解决任务
研发需要大量资金投入	提供带有摄像头和算法的检测系统，签订合同，获取现金流；奖励和低息贷款；投资者购买公司股票
避免开发太多成本昂贵的芯片原型	在新的芯片开始生产前，考虑好所有的可能性并确保设计正确

　　第一个挑战是在客户无法明确表述想要的内容时去了解客户需求。通过 SECI 模型的视角来分析实证数据，可以看出，公司有较好的、对客户社会化的先进技能，即使客户无法较好地解释需求，公司仍能够了解客户的需求。因此，他们的解决方案是花时间与客户进行交流。当与客户进行社交时，例如通过访问边防，公司的工程师确定了这些客户未被满足的需求。这被认为是能够读懂客户并不断提供满足客户需求的技术的高技能。

　　第二个挑战是进行太多的小组讨论。我们的分析发现公司存在内部流程过多依赖言语外显化的问题。访谈表明，许多人宁愿将任务交给别人，而不是长期讨论这些任务。小组讨论是 SECI 模型的语言外显化，而且在这种情况下可能是无效的，因为口头讨论不太可能触发与解决高级技术问题所需的数学和空间思维相关的大脑部分区域（Amalric and Dehaene，2016）。小组讨论可以为解决问题提供新的视角，并帮助协调，但可能不足以创建解决方案。

　　第三个挑战是如何对研发进行大量的投资。公司从政府获得了低息贷款，享受人才政策。此外，它可以不断及时地提供解决方案，从而确保从客户处获得良好的现金流。成功的一部分原因可能是由于在项目期限之前就完成了测试。相比在解决方案实施之前记录每一条解决方案，公司更愿意在项目截止日期之前进行现场测试，并有足够时间进行优化。

　　第四个挑战是避免开发太多成本昂贵的芯片原型。在硬件方面，在开始制造新芯片之前，他们需要考虑所有的可能性并准确设计每一点。这需要与软件开发完全不同的工作方式。

　　因此，案例研究的分析表明，需要非语言工具来促进知识的产生，特别是使公司能够进一步发展和应用与用户未满足也未确定的需求相关的技术诀窍。

　　此外，这也是由于中国新兴技术大力发展的环境。如文献综述部分所述，与快速变化的新兴技术领域相比，基于现有技术的成熟行业里，显性知识更有可能以编码形式存在。过度关注"旧"行业可能使所产生的框架和假设（Boisot and Child，1999；Crossan and Berdrow，2003；Crossan et al.，1999；Hedlund，1994；Nonaka and Konno，1998）以及文献中的适用这些成熟产业公司的规范性原则产生偏差。新兴技术产业经历着快速的技术变革，客户无法全面掌握新技术，也无法准备描绘他们的需求。在这种情况下，一些隐性元素将长期成为隐性知识，这就要求一些隐性知识嵌入在原型和田野测试中，还有一些仍为隐性知识的形式。

　　相比之下，案例研究公司将原型和田野测试用作非语言知识，这丰富了SECI模型。在案例研究中，工程师通过田野测试展示他们所做的工作以及如何做来分享研究经验时，实现了公司内部的信息社会化。田野测试是一种非语言方式的隐性知识的外显化。对于客户来说，田野测试会降低风险，并直观展现某些功能如何使用，即使客户可能不知道这些功能是如何实现的。田野测试构成了客户与工程师的桥梁。当工程师持续进行田野测试以实施产业优化时，内部化就发生了。虽然田野测试关注软件算法，但新芯片的开发需要另一种方法。算法需要得到不断的改进和优化，而这需要花费更多的资金来开发芯片。

　　SECI模型过于强调现有的显性知识，而忽略了知识嵌入方式。Nonaka and Konno（1998）只提及将显性知识作为内部化步骤的一部分，其中现有的显性知识是模拟的一部分，可能被用作基于现有显性知识获得经验的垫脚石。然而，Nonaka and Konno（1998）忽略了体现隐性知识的三维人工制品，如原型，可以帮助隐性知识的外显化，同时保持知识的某些程度的隐性化。

　　相比之下，本案例研究的分析表明，这些工具是非语言方式。它们采用了显性和隐性元素的混合形式，并使公司更容易地跨越知识创造所需的不同阶段。因此，本章将隐性知识的前语言体现的概念作为SECI模型中必需的而目前缺少的元素。

11.6　结　论

本章探索了中国高科技创业公司背景下的知识创造,涉及采用基于先进算法的视觉信号处理人工智能新兴领域。本章重点介绍知识创造的模型,但也引入了运营管理和认知神经科学的新概念,以便探索和说明诸如原型和田野测试等形式的非言语交互的作用。这些可以被视为隐性知识的前语言体现。

我们建议管理者应批判性地反思在特定情况下的知识管理要求。他们应该考虑口头和视觉交流的相对有用性。语言更关注大脑的不同区域使用,而不是技术所需的内容,例如数学和空间思维等。因此,需要考虑工程师如何最好地将他们的诀窍外显化。此外,由于隐性知识的编码化可能取决于技术变革的速度,所以管理者在将隐性知识编码化时需要考虑投资回报的时间。

致　谢

中丹教育与研究中心对本项研究提供了宝贵的支持。笔者衷心感谢来自云天励飞的韩阳,感谢他无私的帮助和热情的支持。

参考文献

Amalric, M., Dehaene, S. (2016). Origins of the brain networks for advanced mathematics in expert mathematicians. Proceedings of the National Academy of Sciences, 113(18): 4909-4917.

Beeby, M., Booth, C. (2000). Networks and inter-organizational learning: A critical review. The Learning Organization, 7(2): 75-88.

Bicheno, J., Holweg, M. (2009). The Lean toolbox: The Essential Guide to Lean Transformation. Buckingham: Picsie Books.

Boisot，M. H.，Child，J.（1999）. Organizations as adaptive systems in complex environments：The case of China. Organization Science，10 （3）：237-252.

Cowan，R.，Foray，D.（1997）. The economics of codification and the diffusion of knowledge. Industrial and Corporate Change，6（3）：595-622.

Crossan，M. M.，Berdrow，I.（2003）. Organizational learning and strategic renewal. Strategic Management Journal，24(11)：1087-1105.

Crossan，M. M.，Lane，H. W.，White，R. E.（1999）. An organizational learning framework：From intuition to institution. Academy of Management Review，24(3)：522-537.

Ferdows，K.（2006）. POM forum：Transfer of changing production know how. Production and Operations Management，15(1)：1-9.

Hadamard，J.（1945）. The Mathematician's Mind：The Psychology of Invention in the Mathematical Field. Princeton：Princeton University Press.

Hedlund，G.（1994）. A model of knowledge management and the N-form corporation. Strategic Management Journal，15（Special summer issue）：73-90.

McKelvey，M.，Bagchi-Sen，S.（2015）. Innovation Spaces in Asia：Entrepreneurs，Multinational Enterprises and Policy. Cheltenham，U. K.：Edward Elgar Publishers.

Nonaka，I.，Takeuchi，H.（1995）. The Knowledge-Creating Company：How Japanese Companies Create the Dynamics of Innovation. New York：Oxford University Press.

Hua，C.（2016）. Chipping in the Future on Artificial Intelligence. China Daily. Updated 22 December，2016，accessed 14 April 2017 at www. chinadaily. com. cn/hkedition/2016-12/22/content_27742122. htm

Nonaka，I.，Konno，N.（1998）. The concept of "Ba"：Building a foundation for knowledge creation. California Management Review，40 （3）：40-54.

Stake，R. E. (2010). Qualitative Research：Studying How Things Work. New York：Guilford Press.

Søberg，P. V. (2010). Industrial influences on R&D transfer to China. Chinese Management Studies，4(4)：322-338.

Søberg，P. V. (2011). The transfer and creation of knowledge within foreign invested R&D in emerging markets. Journal of Technology Management in China，6(3)：203-215.

Tsoukas，H. (2003). Do we really understand tacit knowledge? In：Easterby-Smith，M.，Lyles，M. A. (eds.)，The Blackwell Handbook of Organizational Learning and Knowledge Management. Oxford：Blackwell Publishing，pp. 410-428.

Wozniak，S.，Smith，G. (2006). iWoz. Computer Geek to Cult Icon. How I Invented the Personal Computer，Co-Founded Apple，and Had Fun Doing It. New York：WW Norton & Company.

Yin，R. K. (2009). Case study research：Design and methods. Thousand Oaks：Sage Publications.

第12章　中欧汽车技术中心:吉利与沃尔沃汽车的中间联结者和全球化推动者[①]

金　珺,莫琳·麦凯维

摘　要:随着全球市场发展,越来越多的中国企业在欧洲建立自己的研发中心,以此来获取最新的技术,开发满足发展中国家当地市场需求的产品,以及实现往中国的技术转让。中欧汽车技术中心(CEVT)作为吉利汽车的一个全资子公司,它的发展表明了中国海外研发中心特定的战略作用。本章将中欧汽车技术中心这三年来的快速发展作为案例,探索 CEVT 在吉利全球化战略中所起的作用,以及在吉利发展成为一个真正全球化公司过程中,谁是推动者? 本章认为独立的技术公司可以作为中间人协调参与并购活动的双方公司,不仅是在并购后的新产品和技术发展方面,同时在全球市场战略方面也起到作用。本研究可对来自新兴国家成熟行业的公司全球研发战略制定及管理方面提供参考。

关键词:全球化;战略;研发中心;中欧汽车技术中心(CEVT)

12.1　引　言

全球化为公司提供了新的创新机会,本章主要研究中国公司通过全球

①　特别感谢中国国家自然科学基金(项目号:71172111,71232013,71672172)和浙江省自然科学基金(项目号:ly16g020010)对此项研究的资助。本章仅根据 CEVT 2019 年之前的情况进行分析,未考虑 CEVT 近几年的变化。

风险投资来实现全球发展的情况。越来越多中国企业的全球研发和全球发展吸引了相当多学者的注意，同时关于这方面研究的知识也在持续增长。学者探索是什么原因致使新兴国家（例如中国）的公司去海外获取知识，在这中间又遇到怎样的挑战和障碍，以及公司采取怎样的对策和政策措施（Chen，2004；von Zedtwitz，2005）。随着华为、阿里巴巴、腾讯、海尔的发展，学者对全球化和全球研发方面的研究和关注多集中在信息与通信技术行业以及电子行业中的中国跨国公司（Duysters et al.，2009）。中国最大一个并购事件是吉利集团并购沃尔沃汽车。2010 年，吉利集团（以下简称吉利）成功从受到金融危机影响的福特汽车手上收购了沃尔沃汽车（以下简称沃尔沃）。我们重点关注吉利收购沃尔沃之后最新的发展情况，因此，本章采用案例研究来探索吉利和沃尔沃之间如何通过中欧汽车技术中心（以下简称 CEVT）实现的合作来促进企业开展新形式的创新。

除了信息通讯产业和电子工业以外，中国制造业的全球研发是怎样的？例如中国汽车行业的全球研发。汽车工业历来被列为传统的规模密集型产业，因此，该行业的创新多在于对现有产品的改善（如安全性能或燃料里程数等）以及生产过程（如精益生产）。汽车行业通过供应链实现的生产全球化已经出现了几十年，最新则是参与全球价值链。全球价值链的出现为汽车企业提供了创新机会，让企业重新思考什么是全球汽车行业，以及如何在全球市场竞争。本章研究关注 CEVT 作为吉利的一个海外研发中心，它所起到的作用及其对吉利集团和吉利汽车全球战略的影响。

在这个案例中，中国吉利集团的目标不仅要撼动全球汽车工业，更要与国内外相关企业培养并建立紧密联系。为了获取汽车行业的先进技术，加入到汽车的高端市场，并成长为一个全球化公司，并购已然成为中国公司首选的全球化方法（Deloitte China，2016）。但中国汽车企业的全球研发仍然是一个有待研究的问题。

随着我国企业在欧洲和美国并购活动的增多，企业在并购后的命运一直受到行业、研究人员和官员的关注。吉利与沃尔沃之间的并购活动以及并购后的经营绩效也受到外界很多关注。由吉利集团和沃尔沃汽车在瑞典哥德堡联合建立的新研发中心，即 CEVT，却未引起重视。中欧汽车技术中心发展如何？该技术中心的愿景是"将吉利带向全球"，CEVT 又是如何实现这一愿景的？换句话说，CEVT 在吉利国际化发展中起到怎样的作用？

本书第 10 章重点关注了吉利汽车、沃尔沃和 CEVT 之间的知识转移和技术升级。基于对 CEVT 在吉利所扮演的角色、战略地位以及 CEVT 发展的分析基础上，本章则继续研究以下问题：CEVT 在吉利向全球发展过程中起到了怎的作用？ CEVT 在吉利的战略地位的研究将对新兴国家制造业全球化研发的理论和实践发展有所贡献。

12.2　研发全球化文献综述

全球化，也叫国际化，用来形容产品、服务，以及一些重要的生产要素（例如劳动力、资本）的跨国流动（Dunning and Lundan，2009）。对于创新和研发活动，创新全球化是用来描述全球各地发明创新的"全球化"现象（Archibugi and Michie，1995）。跨国企业在不同国家的活动，导致研发相关资源，如知识、研发人员、研发投资和新技术的跨国流动（Cantwell，1999）。

研发全球化的研究主要聚焦于几个特定方面：区位因素（Howells，1990；Le Bas and Sierra，2002；Demirbag and Glaister，2010）、出国驱动因素（Khurana，2006；Faeth，2009）、海外研发实验室类型（Casson，1991；Florida，1997）、新兴国家的海外研发，例如中国（Zhou et al.，2002；Chen，2004；Gassmann and Han，2004），以及其他国家。

此外，从公司的角度来看，创新全球化的很大驱动来自于技术因素。"研发全球化是一个关键的、几乎每个公司都必须作出的战略决策"（Khurana，2006）。此外，公司开展海外研发，以期获得：①技术和诀窍，通过与当地大学、私人实验室等合作来实现；②客户和市场（Chen，2004；Khurana，2006）。

近年来，随着中国国内市场的增长率爆炸式增长，以及其他领先发展中国家（如巴西、俄罗斯、印度）拥有良好的教育环境，同时劳动力成本低下，这些国家不断吸引着发达国家的跨国企业前来建立新的研发中心（UNCTAD，2005；Karabag et al.，2011）。此外，越来越多新兴国家的跨国企业正在迅速扩大他们进入先进国家的创新活动，通过技术导向的兼并和收购方式（并购）、绿地研发投资、海外研发、跨境创新合作，以此来实现技术的全球开发、技术全球合作以及全球技术源（von Zedtwitz，2005；Jin et al.，2014）。美国以及欧洲的一些国家（例如英国、德国），是新兴国家跨国企业海外研发的主要活动地点（Economist Intelligence Unit，2004）。

因为新兴产业和高技术产业是全球化的基于知识的产业，而且全球化创新在很大程度上是由技术因素驱动的（Florida，1997），所以新兴产业和高技术产业是需要采取全球创新战略的关键产业之一。例如，技术转移、外国直接投资（FDI）、能力转移（Sutton，2007；Dunning and Lundan，2009）和其他形式的跨境增值活动已经影响到了中国的一些行业，如软件产业（Plechero and Chaminade，2010）、信息通信技术产业（Bruche，2009；Wei et al.，2011）、医药产业（Wei et al.，2011；Wadhwa et al.，2008）等。汽车产业的全球研发得到了一些研究关注，特别是新兴国家的汽车企业在发达国家的全球创新和新兴产业中汽车产业的追赶。受到"走出去"政策的鼓励，越来越多的中国汽车企业进行对外投资，如并购、绿地投资等（Deloitte China，2016）。然而，新兴国家的汽车企业生产的汽车，像印度的塔塔、中国的吉利和奇瑞，出口到其他新兴国家，只有少数出口到发达国家。

随着国内的技术能力积累和反向工程实现（Cheung and Lin，2004），中国汽车行业逐渐开始专注创新全球化，通过提供更多参与国际市场的机会，帮助中国走出国内市场（Gan，2003；Richet and Ruet，2008；Balcet and Ruet，2011；Balcet et al.，2012），并通过创新实现赶超或跨越的目标（Balcet et al.，2012；Wang and Kimble，2013）。吉利2009年收购世界领先的传动产品制造商DSI实现全系列汽车传动技术内化和2010年收购世界著名汽车品牌沃尔沃就是很好的例子（Balcet et al.，2012；Gifford et al.，2015）。然而，与对其他产业的研究相比，对汽车产业创新全球化研究，尤其是并购后的管理和战略以及海外研发中心的研究远远不足。随着我国汽车行业企业并购和对外投资的增加，探索中国汽车企业全球创新的表现形式非常有必要。

此外，创新可能会改变这个行业。汽车工业历来被列为传统和规模密集型产业，这个行业专注于创新的方面主要体现在改善现有的产品（如安全或燃料里程）和生产过程（如精益生产）。汽车行业通过供应链实现的生产全球化已经出现了几十年，最新则是参与全球价值链。全球价值链的出现为汽车企业提供了创新机会，让企业重新思考什么是全球汽车行业，以及如何在全球市场竞争。

12.3　研究方法

案例研究是公认的一种探索性的研究方法（Yin，2009）。该方法可以根据参与实践的原则，帮助回答我们的研究问题（Voss，2009；Yin，2009）。通过案例研究，我们可以解释现实生活的现象，而这些现象若用结构严密的设计或预先指定的数据集来解释则会过于复杂（Voss et al.，2002；Yin，2009）。此外，案例研究非常适合阐明概念（Yin，2009）和构建理论（Eisenhardt，1989）。本章采用案例分析的方法，对中国汽车制造企业吉利的海外研发中心的全球化战略决策和战略角色进行了分析，认为该研究是中国汽车工业中一个被忽视的领域，也是成熟行业的研发全球化领域中一个缺乏足够研究的领域。

下面介绍的案例描述是基于深入访谈以及一系列英文、瑞典语和中文书面材料的背景上的。本研究的一位作者于 2014 年访问了位于杭州的吉利总部，听取了有关海外研发中心研发战略的介绍。2016 年，我们与 CEVT 高级经理进行了 2 次非正式访谈和 5 次正式访谈。每次访谈持续 1.0～1.5 小时。同时，本研究从网站和公司公开介绍文件中采集相关信息，用作背景信息来进行三方数据验证。另外还收集了其他附加数据。

12.4　中国汽车行业和 CEVT 的发展情况[①]

12.4.1　中国汽车工业的发展

中国汽车行业发展始于 20 世纪 50 年代，当时得到了苏联的技术支持以及中国政府的大量投资。到 1980 年，中国汽车产业已有遍布全国各地的 58 家汽车制造商、192 家组装公司，以及约 2000 家的零部件供应商（Gan，

_____

① 部分信息来自于 CEVT 官方网站：http://www.cevt.se/

2003）。随着 1978 年中国改革开放政策实施，受到潜在中国汽车大市场的影响，全球大量汽车企业投资中国汽车产业，自此中国汽车产业快速发展。例如，1985 年大众（德国）在上海建立了一家合资企业（上海大众汽车）。随后，其他许多世界著名的汽车制造商，如通用汽车、现代、本田、丰田、宝马等，也都在中国建立了合资企业。这很大程度上促进了中国汽车工业的发展（Li et al.，2016）。

当时中国汽车行业普遍采用"市场换技术"的策略，希望通过国外的全球领先汽车制造商投资的合资企业的技术转让，实现中国企业汽车产品开发能力以及研发能力的提升（Qiu，2013）。

自 2000 年中国加入 WTO 后，几十年来，中国汽车产业一直保持近 24％年均增长率（MOFCOM，2011）。自 2009 年之后，中国已经成为全球最大的汽车市场（Tang，2009），2016 的汽车产销均超过 2800 万辆（Auto-Stat，2017）。同时，中国也已成为全球最大的汽车生产国。随着中国汽车市场的不断发展，中国本土汽车企业也在快速发展。2016 年，中国本土汽车品牌在中国轿车市场的市场份额提高到 43.2％（Auto-Stat，2017）。然而，中国本土汽车制造商在制造技术和管理技术方面仍没有得到足够的改善（Tang，2012；Qiu，2013）。大众（包括一汽大众和上海大众）、通用汽车等仍是国内领先的汽车制造商，这就表明了中国汽车行业"市场换技术"策略的失败。但是与此同时，中国汽车企业也在竞争中不断成长。2017 年，吉利已经成为世界上最有价值的 500 个品牌之一（Brandirectory，2017）。

中国本土汽车企业的研发强度逐年上升至 3％，但为了进军汽车产业的高端市场，中国汽车企业需要更多的先进技术和专利。在中国政府的大力支持下，国内汽车制造商已经逐渐尝试并购外国汽车公司。根据德勤发布的《2016 中国汽车行业对外投资报告》显示，在过年的三年中，中国汽车企业完成了大量的并购交易（Deloitte China，2016）。例如，北京汽车收购萨博汽车的知识产权，浙江吉利用 18 亿美元从福特公司收购了沃尔沃汽车 100％的股份（Chandera and Widjojo，2015；Wan，2015）。但这些投资收购主要集中在汽车零部件上。此外，中国汽车企业的大部分国际投资都是由国有企业进行的。中国民营汽车企业又该如何在这种外向的投资浪潮中行动呢？这中间有很多开放性、挑战性的问题需要进一步去研究。

12.4.2　中欧汽车技术中心背景情况

吉利集团于 2010 年收购沃尔沃汽车，并于 2013 年建立了中欧汽车技术中心 CEVT。CEVT 是吉利集团自己建立的首家海外子公司。虽然在法律层面上 CEVT 是由吉利集团全资控股，隶属吉利汽车的一个研发中心，但实际上它是由吉利汽车和沃尔沃汽车共同经营的。自 2010 以来，吉利集团便开始生产吉利和沃尔沃两个品牌的乘用车，以及伦敦出租车品牌的出租车[①]。自 2013 年 9 月始，CEVT 开始由吉利汽车和沃尔沃汽车合作运营。

为了实现"带领吉利走向世界"的愿景，CEVT 致力于实现四个方面的工作使命：①成为汽车行业投入最有效的、以客户关注和技术为导向的工程中心；②定义和开发兼具价格竞争优势并突出质量和性能的世界级产品；③成为促进吉利集团走向成功的一支优秀团队；④成为吉利汽车走向欧洲的"前哨"。

致力于汽车架构开发、共享组件的开发和整车设计，CEVT 工作涵盖乘用车开发的所有环节，从车辆架构、动力系统和传动系部件，到车顶工程以及车辆的外观设计。通过模块化的技术方法，CEVT 正在开发一种用于顶级汽车上的新模块架构 CMA 平台，并基于 CMA 平台开发不同款型的汽车。历经三年时间，一些新车型推向市场，并形成了一个全球市场的全新品牌——领克汽车。

在三年的时间里，CEVT 从原来的 10 人成长为一个约 2000 人的研发公司，员工来自 22 个国家和地区。CEVT 位于瑞典哥德堡，大多数员工在哥德堡工作。在 CEVT 工作的员工，除中心自己的员工之外，还有沃尔沃汽车和其他公司的外包合同员工。此外，CEVT 参考现代公司管理建立了清晰的决策过程。虽然 CEVT 是中国公司投资的一家研发公司，但中高层管理人员大部分都不是中国人，只有一个副总裁是中国人。CEVT 董事会五人团队包括吉利汽车的首席执行官、沃尔沃汽车的首席执行官、CEVT 的首席执行官、吉利集团的首席财务官以及吉利集团董事长李书福的顾问。

----

① 2006，吉利集团和锰铜公司（英国）在上海成立了合资企业，以生产具有标志性的伦敦出租车。2013，吉利集团收购了锰铜公司所有的核心业务和资产以及合资公司的 48％股份。自 2013 起，伦敦出租车公司成为吉利集团的一部分。

12.5　讨论:CEVT 对吉利与沃尔沃汽车的作用

　　与中国其他很多汽车行业相比,作为一家私营公司,吉利在全球化方面走得更远。吉利通过全球化来提升技术和市场能力。吉利的全球化实现方法与德勤中国的报道(2016)所提及的全球化方法类似:①采用并购的途径,如对 DSI、伦敦出租汽车和沃尔沃汽车的并购;②开展绿地研发投资,例如 CEVT 的建立和运行;③产品出口亚洲和其他市场。吉利并购的企业包括汽车关键部件的供应商,如动力传动国际有限公司(DSI),以及汽车制造商,如锰铜公司(伦敦出租车)和沃尔沃汽车。

　　然而,虽然吉利收购了 DSI、锰铜公司、沃尔沃汽车,有了自己的海外子公司和全球品牌(沃尔沃汽车),但吉利集团,特别是吉利汽车仍不被广泛认为是一家真正的全球化公司和一个全球汽车品牌。我们认为主要有三个原因。①吉利在并购后,虽不断扩大市场和制造工厂规模,但这些仍集中在中国,而不是海外。例如,2010 年后,沃尔沃在成都和中国其他城市建造了中国生产工厂,且 DSI 在华工厂给吉利和国内其他汽车公司供应产品。②吉利在并购 DSI、锰铜公司、沃尔沃汽车之后,在吉利汽车与这三个品牌的运行方式上仍是相互独立、自主的。除了沃尔沃汽车,吉利与 DSI 和锰铜公司的交易并非众所周知。③DSI、锰铜公司和沃尔沃汽车的海外公司以及工厂并不是吉利自己建立的。这些为吉利走向全球提供了帮助,但在中国人的观念里,如果没有自己的海外子公司,吉利这个品牌和吉利汽车的运营仍不是真正意思上的全球化。因而,CEVT 作为吉利自己建立的第一家海外子公司,被认为是促使吉利集团和吉利汽车成为一家真正的全球化公司的一个机会。

　　本节通过分析 CEVT 在吉利和沃尔沃间所扮演的角色,来说明它是如何将吉利带向全球的。

12.5.1　CEVT 是吉利全球化战略的推动者

　　CEVT 的愿景以及对 CEVT 的访谈均表明该中心在吉利成为一家全球化公司的过程中起到关键作用。正如 CEVT 副总裁魏先生所说,吉利要成为一个全球公司,就需要全球的员工、全球的技术和全球的市场。多位受访者强调 CEVT 中高层管理者多数不是中国人。时任 CEVT 的公关总监龙先生曾提到,CEVT 不是一家中国公司,是一家国际公司。CEVT 作为一个平台,为吉利产品、人才以及研发系统全球化的完善和提升提供帮助。例如,产品规划和车辆生产线管理部门 50% 的员工在中国工作,另外 50% 在瑞典工作。在这个部门,90% 的负责产品定义和设计的工程师在中国工作,而负责生产线设计和管理工作的工程师则多数都在瑞典工作。

CEVT 的 CMA 平台是一个面向 CEVT、吉利汽车和沃尔沃汽车的开发平台,不仅用于吉利新车型的开发,而且用于沃尔沃新车型开发。基于 CMA 平台、面向全球市场进行产品开发是 CEVT 的首要工作,因而其全球战略也可视为一个产品导向的全球战略。基于 CEVT 平台,吉利集团可以结合沃尔沃高质量和吉利低价格优势开发新产品。为了能在三年内成功开发新产品,CEVT 面向全球招收技术以及其他岗位人才。正如上文所提到,现在 CEVT 哥德堡和 CEVT 杭州①的员工来自全球 22 个国家和地区。即使在 CEVT 杭州,没有一个员工是中国国籍。在外籍员工的眼里,CEVT 就是一家国际公司。也许正是因为 CEVT 的非中国国籍员工占比非常高,这家中国人成立的公司并没有受到中国文化的深刻影响。

访谈数据与网站公开信息所显示的一致,CEVT 的主要团队领导,例如商业项目部门、质量管理部门、研发部门等的部门负责人,都来自欧洲,如瑞典等。我们所访谈的高级管理人员中只有一位来自中国,但他的大多数工作经验都是海外的。这些都影响了 CEVT 的管理。此外,由于 CEVT 成立于瑞典,该中心遵循的是瑞典的法规。CEVT 哥德堡与 CEVT 杭州及其与吉利汽车之间通过频繁沟通和员工流动,使得 CEVT 的管理体制以及全球化公司的思想潜移默化地影响了吉利汽车的管理体制。

正如上文所提到的,CEVT 开发的一个新的汽车品牌领克推向全球市场,填补了吉利品牌和沃尔沃品牌间的市场。领克的新车型在 2018 年进入中国市场,之后进入欧洲和美国市场。为了确保新品牌的产品质量区别于沃尔沃汽车和吉利汽车,领克新工厂建立在中国的张家口和路桥。这些工

①　当时 CEVT 除了哥德堡研究中心外,还有在杭州的一个小分支机构,也就是 CEVT 杭州(现已撤销)。

厂只生产 CEVT 开发的新品牌汽车。这些新工厂实施新的治理系统，如汽车组件的集中采购系统等，这与吉利工厂原来的采购系统不同。随着新工厂的运行，这些工厂的治理体系将逐步渗透到吉利的管理体制中。

总之，作为一个海外研发中心，CEVT 不仅需要获取最新技术，向国外市场提供技术支持，并需要开发新技术和新产品（Chen，2004；Khurana，2006），而且需要负责开拓发达国家市场，吸引全球人才，推动新的治理体系的扩散，从而推动吉利的全球化，使其成为一家全球领先的汽车制造企业。简而言之，CEVT 不仅负责新的全球技术的开发，也负责全球市场的开发、新管理体制的建立以及新汽车品牌的开发。它的存在和实践将为丰富全球创新理论提供依据（UNCTAD，2005），使海外研发中心的作用从单纯的技术研发，扩展至全球技术、全球市场和全球人才战略实施的载体和推动者。

因此，我们认为，随着海外研发中心战略地位的增长，它可以作为新兴国家企业实现全球化（全球人才、全球市场、全球技术与全球品牌）的催化剂和中介者。

12.5.2 CEVT 作为吉利汽车和沃尔沃汽车的中间联结者

CEVT 在调节吉利汽车与沃尔沃汽车同吉利集团其他部分之间起到了润滑剂的作用。例如，虽然 CEVT 是一家产品开发公司，它的质量团队主要负责质量管理、管理体制以及新工厂（沃尔沃汽车的比利时根特工厂、领克的张家口工厂和路桥工厂）的集中采购，以此来生产基于 CMA 平台技术开发的新车型。此外，如上所述，CEVT 的 CMA 平台技术对沃尔沃汽车和吉利汽车的新产品开发是开放的。CEVT 哥德堡和 CEVT 杭州之间员工流动促进了两者之间的知识转移。同时 CEVT 杭州与吉利研究院共享办公室，这使得 CEVT 杭州与吉利研究院之间也存在知识转移。例如，CEVT 为吉利汽车杭州关键部件产品的开发提供技术支持。因此，CEVT 是连接吉利汽车和沃尔沃汽车之间生产和技术的节点。根据未来的战略规划，CEVT 也将给伦敦出租车提供技术支持。因此，我们假设 CEVT 是吉利集团的中间联结者（如图 12.1 所示），它连接着吉利集团、吉利汽车和沃尔沃汽车。我们将在未来详细分析吉利汽车、沃尔沃汽车和 CEVT 之间的技术转移，也可以参阅本书第 10 章的相关内容。

CEVT 这个中介组织的存在，可能是因为汽车的一些技术的研发需求

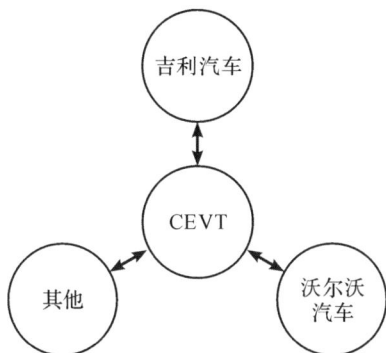

图 12.1　CEVT 在吉利控股集团中的中间联结者作用

和过程更像是手机的技术研发，而不是单纯的大量实物投资。另一个原因可能是福特（沃尔沃汽车的前所有者）与吉利集团之间的协议：在一定期限内，沃尔沃汽车原有的知识产权和相关汽车平台系统不能被吉利汽车使用。

12.6　总　结

本章主要说明在全球化时代，CEVT 如何帮助吉利进一步全球化。吉利的 CEVT 案例为一个公司全球化过程中的全球战略以及研发中心在企业全球化中的作用提供丰富的信息。海外研发中心可以作为一个推动者，支持来自新兴国家的母公司从全球人员、全球市场、全球技术和全球管理系统等方面成为真正的全球化公司。这将丰富全球化创新的理论，尤其在新兴国家公司的全球化创新方面。

本章的这个全球化案例隐含了一个理解：新兴国家的公司可以通过他们的全球研发战略提升其全球化。此外，CEVT 作为吉利汽车和沃尔沃汽车之间的中间联结者，其作用也许是减少并购后冲突带来的影响。这个案例也提供了一个新的角度来考虑并购后的策略。

从组织管理的角度，我们认为 CEVT 有一些非常灵活的特点。也许我们可以采用二元组织理论综述 CEVT 与吉利汽车和沃尔沃汽车之间的关系，进而在未来研究中分析 CEVT 在吉利集团的战略角色。

随着 CEVT 发展，CEVT 以及吉利汽车都在管理和策略上有所变化。

这可能是个协同进化过程。因此，可在未来对 CEVT 与吉利汽车、沃尔沃汽车的协同进化发展进行研究。2016 年 12 月，瑞典的一些机构投资了沃尔沃汽车，希望今后能在沃尔沃汽车上市的时候从股市获得较大回报。同时，吉利也购买了沃尔沃集团（生产沃尔沃卡车和重型机械）的股份。这导致一个新的跨国所有制问题：这个故事里什么是中国的，什么是瑞典的？此外，随着 CEVT 持续稳定的发展，CEVT 在吉利集团的战略地位会提升或者改变么？CEVT 是否会成为吉利集团欧洲领头公司，而不仅仅只是一家研究中心？所有这些吸引我们在未来对吉利集团、吉利汽车、CEVT 进一步研究。

参考文献

Archibugi, D., Michie, J. (1995). The globalisation of technology: A new taxonomy. Cambridge Journal of Economics, 19: 121-140.

Auto-Stat (2017). The Development of Chinese Auto Industry in 2016. Accessed on 08 February 2017 at http://www. auto-stats. org. cn/ReadArticle. asp? NewsID＝9619

Balcet, G., Ruet, J. (2011). From joint ventures to national champions or global players? Alliances and technological catching-up in Chinese and Indian automotive industries. European Review of Industrial Economics and Policy, 3: 1-24.

Balcet, G., Wang, H., Richet, X. (2012). Geely: A trajectory of catching up and asset-seeking multinational growth. International Journal of Automotive Technology and Management, 12(4): 360-375.

Brandirectory (2017). Global 500 2017: The Most Valuable Brands in 2017. Accessed on 10 February 2017 at http://brandirectory. com/league_tables/table/global-500-2017

Bruche, G. (2009). The emergence of China and India as new Competitors in MNCs' innovation networks. Competition and Change, 13(3): 267-288.

Cantwell，J.（1999）. From the early internationalization of corporate technology to global technology sourcing. Transnational Corporations，8(2)：81-92.

Casson，M.（1991）. Global Research Strategy and International Competitiveness. Cambridge，MA：Basil Blackwell.

Chandera，Y.，Widjojo，H.（2015）. Value creation through acquisition strategy：A study of Volvo's acquisition by Geely. International research Journal of Business studies，5(2)：129-143.

Chen，S.（2004）. Taiwanese IT firms' offshore R&D in China and the connection with the global innovation network. Research Policy，33(2)：337-349.

Cheung，K.，Lin，P.（2004）. Spillover effects of FDI on innovation in China：Evidence from the provincial data. China Economic Review，15：25-44.

Deloitte China（2016）. The Report on Outward Foreign Investment of Chinese Auto Firms in 2016（in Chinese）. Accessed on 10 August 2016 at：https://www2. deloitte. com/content/dam/Deloitte/cn/Documents/manufacturing/deloitte-cn-mfg-china-automotive-industry-outbound-investment-report-2016-zh-160606. pdf.

Demirbag，M.，Glaister，K.（2010）. Factors determining offshore location choice for R&D projects：A comparative study of developed and emerging regions. Journal of Management Studies，47（8）：1534-1560.

Dunning，J. H.，Lundan，S.（2009）. The internationalization of corporate R&D：A review of the evidence and some policy implications for home countries. Review of Policy Research，26(1/2)：13-33.

Duysters，G.，Jacob，J.，Lemmens，C.，Yu，J.（2009）. Internationalization and technological catching up of emerging multinationals：A comparative case study of China's Haier Group. Industrial and Corporate Change，18(2)：325-49.

Economist Intelligence Unit（2004）. Scattering the Seeds of Invention：The Globalization of Research and Development. Accessed on 10 August 2016 at http://graphics. eiu. com/files/ad _ pdfs/RnD _ GLOBILISATION_WHITEPAPER. pdf.

Eisenhardt, K.（1989）. Building theories from case study research. Academy of Management Review, 14(4)：532-550.

Faeth, I.（2009）. Determinants of foreign direct investment — A tale of nine theoretical models. Journal of Economic Surveys, 23（1）：165-196.

Florida, R.（1997）. The globalization of R&D：Results of a survey of foreign-affiliated R&D laboratories in the USA. Research Policy, 26：85-103.

Gan, L.（2003）. Globalization of the automobile industry in China：Dynamics and barriers in the greening of road transportation. Energy Policy, 31(6)：537-551.

Gassmann, O. , Han, Z.（2004）. Motivations and barriers of foreign R&D activities in China. R&D Management, 34(4)：423-437.

Gifford, E. , Holgersson, M. , McKelvey, M. , Bagchi-Sen, S.（2015）. Tapping into western technologies by Chinese multinationals：Geely's purchase of Volvo Cars and Huawei's hiring of Ericsson employees in Sweden. In：McKelvey, M. , Bagchi-Sen, S.（eds. ）, Innovation Spaces in Asia：Entrepreneurs, Multinational Enterprises and Policy. Cheltenham, UK：Edward Elgar Publishing, pp. 231-267.

Howells, J.（1990）. The location and organisation of research and development：New horizons. Research Policy, 19(2)：133-146.

Jin, J. , Wang, Y. , Vanhaverbeke, W.（2014）. Patterns of R&D internationalization in developing countries：China as a case. International Journal of Technology Management, 64(2-4)：276-302.

Karabag, S. , Tuncay-Celikel, A. , Berggren, C.（2011）. The limits of R&D internationalization and the importance of local initiatives：Turkey as a critical case. World Development, 39(8)：1347-1357.

Khurana, A. (2006). Strategies for global R&D. Research-Technology Management, 49(2): 48-57.

Le Bas, C., Sierra, C. (2002). Location versus home country advantages' in R&D activities: Some further results on multinationals' locational strategies. Research Policy, 31(4): 589-609.

Li, Y., Kong, X., Zhang, M. (2016). Industrial upgrading in global production networks: The case of the Chinese automotive industry. Asia Pacific Business Review, 22(1): 21-37.

MOFCOM (2011). Golden Ten Years: Explosive Growth of the Chinese Auto Industry. Accessed on 8 February 2017 at http://cwto.mofcom.gov.cn/article/n/201112/20111207872938.shtml

Plechero, M., Chaminade, C. (2010). Different competences, different modes in the globalization of innovation? A comparative study of the Pune and Beijing regions. Circle Working Paper, Paper No. 2010/03.

Qiu, X. (2013). Technology Transfer in Chinese Automobile Industry. Master of Science Thesis INDEK 2013: 108, KTH Industrial Engineering and Management Industrial Management.

Richet, X., Ruet, J. (2008). The Chinese and Indian automobile industry in perspective: Technology appropriation, catching-up and development. Transition Studies Review, 15(3): 447-465.

Sutton, J. (2007). Quality, trade and the moving window: The globalization process. The Economic Journal, 117: 469-498.

Tang, R. (2009). The Rise of China's Auto Industry and Its Impact on the U.S. Motor Vehicle Industry. Washington, DC: Congressional Research Service. Accessed on 9 February 2017 at http://digitalcommons.ilr.cornell.edu/key_workplace/688.

Tang, R. (2012). China's Auto Sector Development and Policies: Issues and Implications. Congressional Research Service.

UNCTAD (2005). Globalization of R&D and Developing Countries. Geneva and New York: United Nations.

von Zedtwitz，M. （2005）. International R&D strategies in companies from developing countries — The case of China. In：UNCTAD （ed. ）, Globalization of R&D and Developing Countries. Geneva and New York：United Nations，pp. 117-140.

Voss，C. （2009）. Case research in operations management. In：Karlsson，C. （ed. ）, Researching Operations Management. New York：Routledge，pp. 162-196.

Voss，C. ，Tsikriktsis，N. ，Frohlich，M. （2002）. Case research in operations management. International Journal of Operations and Production Management，22（2）：195-219.

Wadhwa，V，Rissing，B. ，Gereffi，G. ，Trumpbour，J. ，Engardio，P. （2008）. The Globalization of Innovation：Pharmaceuticals：Can India and China Cure the Global Pharmaceutical Market. Available at SSRN 1143472.

Wan，R. （2015）. Cultural Integration of Cross-Border M&A Activities in the Chinese Auto Industry：Case Study：the Acquisition of Geely and Volvo. University of Applied Sciences Bachelor Thesis，Helsinki. Accessed on 10 February 2017 at https：//theseus32-kk. lib. helsinki. fi/bitstream/handle/10024/89853/Wan_Ruoling. pdf? sequence=1

Wang，H. ，Kimble，C. （2013）. Innovation and leapfrogging in the Chinese automobile industry：Examples from Geely，BYD，and Shifeng. Global Business and Organization Excellence，32（6）：6-17.

Wei，Y. ，Liefner，I. ，Miao，C. （2011）. Network configurations and R&D activities of the ICT industry in Suzhou municipality，China. Geoforum，42：484-495.

Yin，R. （2009）. Case Study Research — Design and Methods. Thousand Oaks：Sage.

Zhou C，Delios，A. ，Yang，J. （2002）. Locational determinants of Japanese foreign direct investment in China. Asia Pacific Journal of Management，19（1）：63-86.

第 13 章　融入创新生态系统：
小米与华为的案例启示

梁兴堃,石先蔚,石涌江

摘　要:随着中国经济的快速发展,不少中国企业已经从默默无名的小企业发展壮大成全国乃至世界性的旗舰企业,并且拥有了强大的创新能力。传统的后发战略的研究着重探索后发企业如何培育和管理技术从而实现对业内国际领先企业的追赶,这些研究以单一企业的视角,强调技术追赶以及技术积累在追赶过程中是不可或缺的。然而,这些理论并不能完全解释我们近些年所观察到的中国企业的发展与追赶。因此,我们尝试以创新生态系统的视角,来解读近年来中国的后发企业及其后发战略。由于创新生态系统的复杂性、后发战略的情景性以及研究的探索性,我们采用归纳性案例研究的方法,针对两个典型而又互补的、极具创新能力的中国智能手机公司案例进行深入剖析。通过描绘小企业如何通过融入创新生态系统而发展成为创新企业,我们总结出创新生态系统视角下两种互补的后发追赶方式。不同于以往的后发战略研究,我们的案例分析揭示了创新生态系统视角这样一个更为全面的视角来理解与执行后发战略,并且强调了这一视角的重要性和内在机制。创新生态系统的视角下,后发企业未必只能通过技术来实现追赶,他们也能通过与生态系统的诸多角色互动获取、利用资源,进而共同创造价值以实现追赶与创新。

关键词:中国旗舰企业;创新生态系统;创新能力;后发战略;追赶

13.1　引　言

中国快速增长的经济也见证了中国企业，特别是创新企业和具有全球竞争力的企业的腾飞。这些旗舰性企业一扫过去世界市场对于中国产品和中国企业"山寨"或"劳动密集型组装企业"的刻板印象——因为这些旗舰企业在全球市场上有越来越强的表现，不仅提供价格合适的产品，而且这些产品具有很强的技术与创新特性。中国企业是如何转变为创新企业的这个问题已成了研究者们和企业家们的关注重点。

近年来，有研究探索了这些新兴的中国企业如何成长为国内乃至国际的行业领先者（Wu X et al.，2010；Wu W et al.，2012；Mu and Lee，2005）。这些研究强调了技术管理与技术驱动的后发战略（Cho et al，1998；Mathews，2002），因为他们观测到的大部分中国企业成功的关键在于学习技术以及长期大量的研发投入（Lee and Lim，2001）。大部分国内外学者都倾向于以单一企业的视角——用诸如后发企业的竞争优势（Mathews and Cho，1999.）或者后发企业所拥有的资源优势（Mathews，2002），来分析这些中国企业的成长。

这些传统理论的确准确地把握了技术追赶的特性，但是，它们并不能完全解释中国后发企业的发展，因为按照资源观，技术优势并不一定能成为竞争优势（Barney，1991）。而且，从研究趋势来看，最近战略管理领域也越来越多地采用了创新生态系统的角度去理解企业的创新与创新能力，这一角度强调核心企业与其他组织之间广泛存在的技术依赖（Ander and Kapoor，2010；Iansiti and Levien，2004），并且能够帮助我们理解在后发企业追赶的过程中，企业所处的情境与商业环境对于企业后发战略的影响。因而这一视角能够为中国企业的后发战略与追赶研究提供新的思路。

13.2　相关研究

13.2.1　后发企业与后发战略

我们认为,后发企业是已经或者潜在面临着两大战略劣势——技术隔离与远离尖端市场及消费者——的制造企业。Hobday(1995)和 Mathews and Cho(1999)认为,应当从战略目的、发展模式、组织学习这三个方面去解读后发企业。其中,后发企业肯定以追赶行业领先者为战略目的。Mathews(2002)进一步阐释认为后发企业是后进入某一行业的企业,但是这种后进入并非源自其自身的战略选择,而是基于历史必然性。所以,一般说来,后发企业是指那些与行业领先的企业相比,其初始资源贫乏且在市场与技术上处于劣势。但是,后发企业也有一些初始优势,比如注入成本低。后发企业可以利用这些初始优势从而在行业中立有一席之地。遵循这样的观点,中国的诸多企业都能被视为后发企业。

后发企业采用不同的战略来获取或者利用这些战略完成追赶所需的资源或者能力。这些战略即后发战略。后发战略相关的文献非常丰富,主要集中在东亚企业的案例,并且横跨了半导体行业和汽车行业等。20 世纪 90 年代以来,更多的研究者侧重于分析日韩的半导体企业。这些研究认为,通过代工实现跨公司创新、组织学习与技术跳跃是后发战略的核心(Hobday,1995;Cho et al.,1998;Mathews and Cho,1999;Mathews,2002)。另一些研究者认为技术轨迹与追赶流程——诸如路径跟随与阶段跨越在追赶战略中也非常重要(Lee and Lim,2001;Mu and Lee,2005)。近期的研究开始探索中国企业的技术追赶战略,这些研究者提出了二次创新、外部资源驱动的战略网络以及与外部联盟联合创新等后发战略(Mu and Lee,2005;Wu et al.,2009;Wu et al.,2010)。

总而言之,现在的后发战略研究都遵循 Cho et al.(1998)的框架,即后发战略是克服后发劣势、开发后发优势从而实现追赶的战略。这些研究以资源观为基础,讨论如何通过制造来培育和提高后发企业的创新能力和技术能力(Barney,1991;Mathew,2002)。

13. 2. 2　创新生态系统

随着网络、企业联盟等越来越重要和常见，它们挑战了资源观的传统观点。Dyer and Singh (1998) 认为，跨组织之间的联系可以提高一个企业潜在的资源获取能力，从而影响企业可以利用的资源及其带来的优势。Lavie (2006)更进一步提出了"扩展的资源观"，把组织之间的联系融入企业资源的考量之中。在此基础上，不少学者（Adner and Kapoor，2010；Ansari et al.，2016）提出了创新生态系统的视角来看待企业战略与创新。Moore (1993)认为，商业生态系统是"由一系列互动的组织和个人构成的经济社区，是商业世界的有机体。这种社区生产对客户有价值的产品与服务，而这些客户也是这一生态系统的一员。"Moore 还提出了商业生态系统演变的四个阶段。Iansiti and Levien (2004)则认为一个商业生态系统主要是由松散互连的企业构成的，这些企业共同创造价值并且分享价值。借用生态学的概念，他们提出了构成商业生态系统的企业以复杂的方式交互的观点。Shang and Shi(2014)进一步指出，构成商业生态系统的成员是多样化的，包括核心企业、供应端成员、需求端成员，以及那些促进整个生态系统成员创造价值却又不参与价值创造的中间媒介，诸如政府、大学等。

在商业生态系统的基础上，Adner(2006)提出了创新生态系统，并且指出企业需要在生态系统层面考虑其创新能力，因为生态系统中的多元成员对于单一企业的创新能力及通过这些创新来创造价值的能力都有着显著的潜在影响。Adner and Kapoor (2010)更进一步探索了这一影响机制，他们指出，创新生态系统的上游互补者、下游供应商以及客户对于核心企业的创新有着不同的影响，从而提出了创新生态系统的模式图（图 13.1 所示）。

大部分创新生态系统的研究主要讨论了先发企业如何利用创新生态系统来更大化创新的价值，而 Ansari et al. (2016)讨论了颠覆性创新者如何利用创新生态系统来与先发优势企业竞争。

值得一提的是，创新生态系统并不能简单地看成一个传统意义上的企业网络。Iansiti and Levien (2004)指出，以正确的方式把创新生态系统中每个简单的部分联系起来，可以使得单一企业解决凭一己之力难以解决的复杂问题，从而培育出新的能力。因此，创新生态系统的企业可以通过与该生态系统中的不同成员互动，以潜在地帮助该企业获取和利用资源或能力来

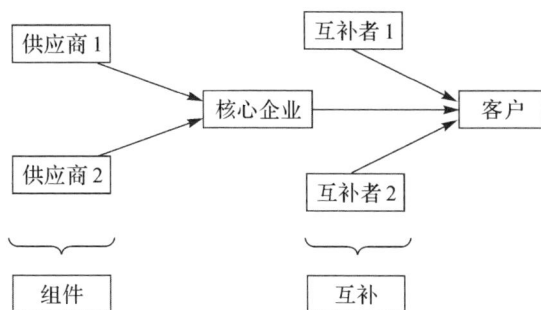

图 13.1　企业创新生态系统模式(Adner and Kapoor，2010)

解决更为复杂的问题。这些成员包括供应商、互补者、客户(Adner and Kapoor，2010)和其他中间媒介(Shang and Shi，2014)。

13.2.3　研究空白

基于上面的文献综述，我们认为从创新生态系统的角度进行研究，可以帮助人们更好地理解企业的后发战略和追赶过程。首先，现有的追赶战略的文献侧重于单一企业的视角和传统的资源观去探索后发企业的技术追赶与技术管理，并且忽略追赶的组织管理与情境问题。而现有的创新生态系统研究更多侧重先发企业。因此，我们认为，现有研究中的一个空白点是如何以创新生态系统的视角去解读中国后发企业的创新与追赶问题。因此，本研究关注的问题是"创新生态系统的视角下，中国后发企业是如何发展成为行业领头羊的？"

13.3　案例研究设计

如文献综述所示，与本研究问题相关的探索非常少。而且，中国企业的发展更加具有嵌入性，特别是有情境因素(诸如中国的政策、工业状况、国际商业环境等)的影响。这些因素都是后发企业需要考虑的。因此，考虑到本研究的探索较新和中国企业后发战略的复杂性，我们应当采用归纳性探索案例研究(Yin，2009)，因为案例研究法允许研究者通过与案例之间紧密交互来获取更多的信息，以了解复杂的现象。除此之外，后发企业的发展是一个过程，因此本研究也需要采用纵向设计（Miles and Huberman，1994）。

我们以理论抽样的方式进行案例选择（Siggelkow，2007）。首先，我们选取在信息通信技术（ICT）行业已经建立了创新生态系统的中国企业，并且选择一对极端案例来进行比较（Eisenhardt，1989）。选择 ICT 行业是因为传统的创新生态系统研究都是在 ICT 行业（Moore，1993；Iansiti and Levien，2004；Adner，2006），并且 ICT 行业需要继承硬件、软件和服务，因此更能体现生态系统的结构复杂性和成员多样性。然后，我们利用二手数据了解这些后发企业的追赶战略与过程，并发掘了华为和小米两个"极端"案例。

选择华为和小米这两个案例，有三点原因：①这两家企业差不多同时进入中国手机市场，并且已经逐步发展出成熟的创新生态系统，因此能够更为详尽地刻画融入生态系统的全过程；②这两家企业都已经发展成了最具创新力的公司，并且都是市场份额领先者，却有着截然不同的经营模式，因此可用于探索创新生态系统视角下的后发战略的多样性；③这两家公司都在自己的发展中明确提出了生态系统相关的战略，因而更具说服力。这些特征使得我们能够系统性地研究创新生态系统下中国企业的后发战略的特点。

本研究的分析单元是创新生态系统中的核心企业以及该企业与其他创新生态系统成员之间的互动。我们根据文献综述和背景调查设计了数据收集协议框架，主要包括两个部分：①核心企业的创新能力及其发展过程；②核心企业与其他创新生态系统成员的互动及其动态演化。根据这一框架，我们通过实地调研的方式（主要包括半结构化访谈等）收集一手数据。为了更好地探索与阐释，我们对每个公司进行了 2～3 次访谈。除了半结构化访谈，我们实地调研时，还参与或观察了小组会议、员工培训及员工日常工作程序。总之，我们进行了超过 40 位相关人员的深度访谈，本研究使用了其中的 28 次访谈，并对使用的访谈进行了转录。

我们在案例分析中尽量采取多来源证据三角验证的方式来证实相关概念（Yin，2009）。比如，我们在研究核心企业与其他成员的互动时，需要互动双方都有相关的一手数据以及相关的新闻报道或者内部文档，以勾勒出互动的全貌。此外，对于案例公司的创新，我们不仅从访谈者的言语中进行了了解，也要参考相关新闻、专利数据和行业报告，通过对两个案例的比较来判断数据收集是否进入理论饱和状态(Eisenhardt,1989)。我们根据扎根理论的方法,对收集的所有数据都进行三级编码(Miles and Huberman,1994)。

13.4　案例分析

13.4.1　华为如何融入创新生态系统

(1)华为融入创新生态系统的动机和努力

华为于 1987 年在深圳成立。华为是以进口香港的程控交换机的经销商身份起家的,现在已成为全球领先的网络与通信设备及服务提供商。这家不到 30 年的企业于 2016 年实现了 750 亿美元的销售收入。华为一直以其成功的创新与国际化闻名于世,有超过 70% 的销售收入源自其创新性产品在海外市场的优秀表现。华为非常重视研发和创新活动,仅 2015 年,华为研发投入超过 70 亿美元,占其销售收入的 15%;华为研发人员超过 8 万名,占其全球员工数的 45%。持续的研发投入使得华为有着优异的创新表现,正如一位研发经理所言:"华为一直坚持研发——每年 10% 以上的销售收入投入到研发之中,其中至少有 10% 用于相关的基础研究……华为能有现在的创新能力,很大程度上取决于我们的持续投入。"

华为融入创新生态系统的动机源自其客户导向的创新战略。创立之初的华为面临着严峻的行业竞争,除了刚刚进入中国市场的爱立信、思科、朗讯等具有技术和资金优势的跨国巨头,还有一些享有优惠政策的中兴、大唐等国有企业。面对这样的环境,华为当时的处境,正如一位经理所说,"进入高新技术行业,我们就一直考虑生存的问题,高新技术意味着高风险和高回报。我们面临的竞争来自思科和其他本土企业……所以要生存下来,我们必须与他们有所区别。"而创新与技术成为了华为区别于其他企业的核心,正如一位研发经理补充道:"在这样一个高新技术行业里面,企业必须有自己的技术优势,(特别是)我们的竞争对手在生产活动上面(还)有优势的时候,掌握技术就成了唯一的出路。"

最开始时,华为的研发活动集中于反向工程,以使得华为的研发团队能够掌握交换机的构架并且改造出更符合中国市场需求的产品。1994年，华为实现了交换机技术的第一次大突破，成功改造出了当时最先进的程控交换机。这一成果使得华为实现了盈利的第一次飞跃。正如一位销售经理介绍的："当时这一突破性产品使我们极大地获利……当时的管理团队决定要战略使用这笔利润……我们进一步投资了研发并希望以此构建起我们的技术能力。"

现在，持续的研发投入、国际化的研发机构和不断扩张的研发团队，使得华为成为越来越创新、越来越盈利的行业领先的跨国公司。

（2）华为融入创新生态系统的途径

华为与其创新生态系统中的诸多成员进行了互动，以融入该创新生态系统。这些成员包括客户、大学、创新集群、咨询公司、供应商、行业协会和工业标准化组织等。

华为以客户为核心的创新战略在其国际化的进程中不断发展完善。2000年左右，华为在欧洲拿到了第一笔来自德国的订单，从此开始将公司的重心转移到海外市场开发。由此，管理层也逐渐意识到掌握自己的技术是非常重要的。正如一位研发经理说的："我们能够从海外市场获利，技术是很核心、很关键的……这不仅仅是说掌握自己的技术能够提高利润率，我们更是意识到拥有了核心技术就能更好地满足这些海外的客户，因为他们的需求非常明确具体，而且要求也很高。"因而我们认为，华为融入创新生态系统源自其客户的需求以及华为与客户的互动。

在成功进军海外市场之后，华为开始招揽世界各地的人才，以扩充研发团队的规模。电信相关的人才招揽得益于华为与相关的研究机构甚至竞争队长的互动，吸引了这些研发人才加入华为的研发团队。为了支撑海外市场，华为还在国内陆续建立了若干开发中心，以招揽国内优质却更为廉价的电信工程师。这些新的开发中心都位于国内有最好电信技术的大学所在城市，这便于华为招揽当地工程师。一位工程师告诉我们："我毕业之后非常愿意待在这个[学校所在的]城市而不是去深圳，所以当时选择华为就是因为本地就有研发机构，而且离我们学校不远……"

1999年，华为在印度班加罗尔开设了第一家海外研发机构，从此开始了华为研发国际化的路程。班加罗尔拥有大量"质优价廉"的工程师资源以及密集的软件开发机构和生产商，这使得华为能够逐步发展自己的软件开发能力,并为现在大热的云服务打下了深厚基础。其实"高精尖"的电信技术都来自发达国家,这也逼迫华为继续开展研发国际化以培养自己的技术能力和研究能力。华为陆续在瑞典、美国等电信技术发达的地区建立了研究中心。正如一位海外经理说的:"我们在全球建立了一系列的研发中心。研发的全球视野非常关键,技术其实是源自世界各地的,不起眼的小地方可以带来全球的技术革命。"这些海外研究中心建立之初是用来技术扫描的,同时从有前沿技术的竞争对手、大学、创新集群等学习相关技术。这说明华为与相关创新集群等的互动与其核心研发领域息息相关。

行业协会和行业标准化组织也是华为融入创新生态系统非常重要的互动对象。华为经常通过这些组织、协会的年会或者相关活动来分享知识、学习技能。一位供应链部的负责人告诉我们:"我们参加了非常多的国际组织,让我们能够与更多的业界供应商、客户和友商进行交流。他们就像是一个平台一样,让我们可以互相学习,寻找合作对象并且了解业界新动态……我们现在不仅仅是参与,也在这些组织中有所贡献,承担一些责任,比如我们在好几个组织的委员会都有任职。我们也分享我们的经验,并借此推动我们的专利和标准成为行业标准。"

融入创新生态系统也需要在组织管理上有所变化。华为开展了一系列的组织变革来适应这个融入的过程。这些变革都是在华为与咨询公司的互动中建立并完善起来的,比如华为在与 IBM 在长期的互动中建立了华为的集成产品开发(Integrated Product Development),在与合益咨询和美世咨询的长期互动中建立了华为的人力资源管理体系。这些变革帮助华为应对日益增长的企业以及国际化的新需求。一位高管认为:"创新根植于我们公司和员工之中。我们需要不断变革才能创造更适合创新的组织和管理结构……我们也需要与时俱进,不断变革,也需要向其他公司学习这些组织管理技术。"

现在,得益于创新和技术能力的提升以及融入创新生态系统,华为已经与全球前 45 的顶级运营商都建立了伙伴关系,服务了全球 1/3 的人口,成为行业领先的跨国企业。自 3G 技术以来,华为积极地申请技术专利和行业标准,专利数已经占全球 WCDMA 基础专利的 7% 和 UMTS 专利的 5%,在全球位列前五。而 CDMA 方面,华为拥有超过 1000 项技术专利。强大的技术能力使得华为跻身为 3G 标准组织的 3GPP2 的核心成员。在 4G 时代,华为展现了更强的技术与创新领导力，华为专利数量占 LTE/SAE 核心标准的 1/4 和基础标准的 1/5，位列全球第一。此外，根据世界专利组织的数据，自 2007 起，华为是世界前五的企业专利申请者，在电信行业位列第一；2008—2014 年，华为在该组织的入档专利排在世界第一位。创新和技术上的强势表现也使得华为斩获了多项世界级大奖。

13.4.2　小米如何融入创新生态系统

（1）小米融入创新生态系统的动机和努力

作为中国智能手机市场的后来者，小米需要通过生态系统来整合市场上现有的资源以推出优质的产品，原因有二：①小米在初始阶段不具备自主技术创新所需要的资源与能力，而技术创新是与国际品牌竞争的关键。作为后来者，小米在初始阶段资源匮乏，也没有大规模设计和生产智能手机的经验。对小米来说，在短时间内通过自主研发获得技术是几乎不可能的。②2010 年前中国本土手机厂商的失败证明，如果想要追赶国际品牌，传统的低价（低质）战略已经走不通了。在小米刚刚进入智能手机领域时，苹果 4 手机已经引爆了整个市场。然而，高达 800 美元的价格使得很多年轻人无力消费。小米此时抓住机会，将产品定位于追求性价比的年轻人，充分把握他们的需求。对于这些用户来说，小米的手机在价格上远低于苹果，却又能提供类似的用户体验。这样一种以用户为中心的策略使得小米在市场上大受欢迎，但同时也要求小米能够协调生态系统中不同的公司来开发出相应的产品。

因此，小米没有在一开始就试图研发传统的核心技术（例如手机芯片等），取而代之的是进行增量性创新，即通过与生态系统的各成员互动以整合现有的创新和解决方案。

小米在融入创新生态系统上作出了很多努力。作为一个创业企业，小米一方面开拓市场，另一方面寻求整合。最开始的时候，小米通过深度优化安卓系统来推出自己的 MIUI 操作系统。通过 MIUI，小米成功吸引到了第一批用户，并且充分理解和把握了他们的需求。例如，小米通过各种粉丝们比较热衷的社交媒体与他们展开互动。这样的互动使得小米能够在市场上初步立足，并且充分地理解目标用户，从而将自己与其他使用低价策略的竞争者区分开来。小米市场部门的一名经理告诉我们："（我们采用了）以用户为核心的市场策略……我们不在传统广告上花钱。我们注重与用户沟通交流，开发出满足他们需求的产品。米粉们如果对我们的产品感到满意，也会愿意帮我们宣传。"

小米同时设计了一个三层的扁平组织架构。这样的组织架构大大加快了基层与决策层之间的信息流动，帮助小米更接近用户，对消费者的市场需求反应更加敏捷。扁平架构的另一个好处是可以更频繁、更迅速地构建跨职能部门的项目组。它能使小米更灵活地应对智能手机市场消费者快速变化的需求所带来的不确定性。

初创时期的小米还通过创始人团队的社会网络获得了一些隐性的资源，例如接触顶级供应商的渠道等。作为一个创业企业，想要说服顶级供应商为自己供货是一件非常困难的事情，不过小米创始人团队中有一些来自谷歌中国、微软和摩托罗拉的前高层管理人员，这些人对于智能手机生产的各个环节都有比较丰富的经验。例如，负责小米供应链并帮助小米成功获得顶级供应商零部件（例如芯片、屏幕等）的创始人曾供职于摩托罗拉中国的硬件部门。事实上，每一个联合创始人都有自己独特的背景和能力帮助小米生产出自己的智能手机。小米供应链部门的一个员工告诉我们：

"他（小米创始人）和周博士（曾供职于摩托罗拉中国硬件部门）的关系很好。后来周博士加入了创始人团队，帮助小米拿下顶级供应商。"

关键技术和解决方案的可得性和可用性还不能确保小米在市场上获得成功。小米使用的许多零部件与苹果、三星不相上下，但整机却便宜很多，这说明小米在成本控制上也做得非常好。小米采用了各种措施降低成本，包括消除用户和厂家之间的中间环节的官方网站直销；新机预购来降低库存、保证现金流；每年只推出一到两个新型号以获得规模经济效应及零部件、开模成本分摊下降带来的收益。

（2）小米融入创新生态系统的途径

小米融入创新生态系统的途径是通过各种正式与非正式的方式协调与各方的关系，并将这些关系嵌入到生态系统中。

当小米充分了解其潜在用户的需求后，市场定位会更加精准。小米刚要进入智能手机市场的时候，苹果手机因其卓越的用户体验和时尚现代的设计在年轻人中非常流行，但是它的价格对于很多年轻人来说太高了。与此同时，小米进入智能手机市场，并将产品定位于用实惠的价格提供与苹果手机相匹配的用户体验。有了清晰的定位，小米需要考虑如何获得相应的技术和解决方案来做出满足消费者需求的产品。在自主研发不可行的情况下，协调合作成了唯一可行的办法。因而，小米发展出了强大的协调能力来实现目标。撬动外部技术资源依赖于通过正式或者非正式的途径来协调创新生态系统中的供应商和配套厂商。

除了通过共同创始人在之前供职的业界知名公司中的一些个人关系以外，小米还通过与配套厂商的合作来获得一些技术。例如，小米与中国联通合作推出平价的4G手机。也就是说，小米需要扮演好一个整合资源者的角色，来协调和撬动外部的资源。这些资源大部分都是技术资源。需要注意的是，利用这些资源并不意味着消化或者理解这些技术细节。小米虽然使用了这些技术，但是并没有试图去内化它们。当然，这并不意味着小米一定没有这样的能力，只是因为从供应商或者配套厂商购买这些技术的使用权比自主研发要更加迅速、成本更低。这说明一个高度成熟、分工明确的产业和创新生态系统，是企业构建协调能力来撬动外部资源而不需要自主研发的一个重要前提，因为只有这样才能保证上游充分竞争，焦点企业才能够以较低的价格采购优质的零部件。

强大的协调整合能力并不意味着小米没有创新能力。恰恰相反，小米能够创新性地整合外部技术和解决方案生产出性价比很高的智能手机，说明小米具备很强的创新能力。然而，这样的能力相对容易被竞争者所模仿。小米的核心优势在于它可以将自己的价值创造策略嵌入到创新生态系统的参与者中（供应商、配套厂商和消费者），从而不断地加强与他们的合作关系。这是其他竞争者不易模仿的。例如，小米与消费者的交互不局限于线上，而是将其拓展到了线下的米粉俱乐部。这些米粉俱乐部是由消费者自发成立的，得到了小米的大力支持。小米官方的数据显示目前有超过90个城市拥有自己的米粉俱乐部，超过200所高校也创立了米粉俱乐部，为超过1000万消费者提供各类帮助。很多此类的俱乐部已经运营了超过5年的时间。这些俱乐部的作用是促进消费者之间的交流沟通，利用他们对小米产品的共同兴趣将大家聚集起来，创造一个互相学习、交流使用小米产品心得的环境。当消费者积极地参与到这些活动中时，他们也就变得更难流失了。这是因为，线下的交互使得消费者能够将自己的需求嵌入到小米的产品中，久而久之产生对小米产品的情感依赖。这样深度的线下沟通需要热情、兴趣和资金,更重要的是公司和消费者长年累月的共同努力。因此,即使线上的互动很容易被竞争者所模仿,这些线下的俱乐部创造了一个较强的壁垒,为小米创造了难以模仿的竞争优势。一位米粉告诉我们:"小米不仅利用网络平台、论坛和社交媒体(例如新浪微博)与我们互动,还通过粉丝自发成立的城市或者高校的 MIUI 俱乐部与用户进行线下的互动。例如,我就是我们大学米粉俱乐部以及北京米粉俱乐部的成员。(我在俱乐部中)可以和其他米粉分享使用经验,认识更多志同道合的朋友,共同探索小米的产品。"

　　相类似地,小米也试着将自己与其他成员(供应商、配套厂商等)之间的关系嵌入到生态系统中,使得价值创造过程中与成员之间的联系更加紧密。关系嵌入的过程非常耗时,且需要反复的交易慢慢积累起来。这种复杂而隐晦的过程不容易被识别出来。嵌入式的关系也加强了小米自身的创新,因为它能够减少理解用户需求、协调供应商和配套厂商的过程中产生的交易成本,并且有助于及时交付用户需要的产品。小米供应链部门的一位员工说:"……一开始,说服合作厂商尤其是一些顶级供应商花费了我们大量的时间精力,但是等到我们的产品在市场上卖得很好的时候,他们很愿意和我们续约,甚至是提供共同研发产品的机会……这是一个双赢的情形……"

　　同时,嵌入式关系也帮助小米通过相似的途径多元化了自身的产品线。小米智能手机成功之后,小米以其对用户需求的充分理解和积累下来的协调创新生态系统中核心成员的经验,成功进入了电视行业。推出小米电视的历程比之前进入手机行业要轻松得多,且不出意外地成功了。现在小米的产品线横跨了多个行业,通过协调生态系统的成员建立起了完备的创新生态系统。

13.5　讨论与结论

　　这两个案例展示了中国后发企业在与创新生态系统不同成员互动中的追赶过程。两个案例企业都与他们的客户、供应商、互补者及其他中间媒介进行互动。尽管每个公司有不同的互动方式,但不可否认的是,与这些创新生态系统成员的密集互动是这两个后发企业创新和追赶的关键。从这样的角度来看,我们认为创新生态系统为理解后发企业的追赶与创新提供了一种额外的视角。为了克服后发劣势，利用先发优势，后发企业不仅需要利用现有的企业资源，还需要通过与创新生态系统中成员的不断互动，来融入创新生态系统从而实现追赶。

华为与小米有着不同的侧重点：华为更加注重技术能力，小米更加侧重市场开发。尽管有着不同的侧重点，两家后发企业有着不同的初始资源和动机来融入各自的创新生态系统，但是其融入的过程却非常相似。我们可以总结出后发企业融入创新生态系统来实现追赶的一般过程。首先，后发企业资源匮乏，因此他们需要更加准确地了解客户需求来实现对有限资源的最大化利用，以生产出更为有吸引力的产品。两家案例公司一开始都以与客户频繁的互动来识别细分市场中的商机。由于资源匮乏，后发企业并不能完全靠自己的资源来生产产品满足消费者需求。相反地，他们需要与创新生态系统中的其他组织进行互动，利用这些组织的资源来提供产品以满足他们所识别的需求，完成价值创造。与传统研究（如 Cho et al.，1998）不同的是，制造能力和技术能力并非是追赶战略中必需的一环，而协调能力反而更为基础。

随着后发企业完成第一次的价值创造，这些企业开始积累经验和资源。初始成功带来的积累又使得这些企业可以与更多的合作伙伴以及其他行业的企业或者相关组织，从而实现进一步地扩展与发展，缩短与行业领导者的差距。通过不断积累进步，两个后发企业都已经融入了其创新生态系统并且实现了追赶。后发企业融入创新生态系统的动机和努力也会对后发战略的侧重点和执行产生深刻影响。比如华为更加侧重自己的研发投入来实现技术为基础的追赶战略，与之前研究中的案例非常一致。而小米则侧重于通过集成整合来实现追赶与创新，这是一种有别于传统技术追赶的途径。尽管如此，两种途径都是为了实现企业融入创新生态系统。

我们的案例分析也说明，融入生态系统的过程并不仅仅意味着与不同成员之间的互动，也需要与这些成员通过协调来实现共同的价值创造。后发企业通过与创新生态系统成员的互动以获取相关的资源和知识，但是这些资源和知识并不具备确保企业能够成功的创造价值。从两个案例来看，这两个后发企业在与生态系统成员互动之后，都开始了解这些合作成员的价值诉求，并且考虑如何将这些价值诉求融入自己的价值创造之中，从而能够共同地创造价值。因此，我们认为，融入创新生态系统后，企业的价值创造已经远远超出了企业甚至行业的边界,达到了整个生态系统的范围,从而使得更多的企业、组织能够在核心企业的价值创造中收益,无论这些组织是否直接参与了核心企业的价值创造。因而,这样的机制下,后发企业能够利用更多的资源,不仅仅是自己拥有的资源,还有那些可以通过互动和共同价值创造而利用其他成员的资源,从而更便捷地实现追赶和创新。这样一种价值分享机制也解释了为何后发企业需要融入创新生态系统来实现追赶、制定和执行其后发战略。

总而言之,我们的案例研究主要有两点理论贡献。首先,我们的案例研究补充了原有的技术追赶的研究(Cho et al.,1998;Mathews,2002),提出了新的视角来理解后发企业的追赶和创新问题。之前的技术追赶研究(Lee and Lim,2001;Mu and Lee,2005)都认为后发企业的创新是单个企业技术能力积累和进步的表现。我们的案例说明,后发企业的追赶与创新应当以创新生态系统的视角来解读,无论是否是以技术为核心的后发企业,其追赶不仅仅是单一企业的成长,而且与其创新生态系统的诸多成员息息相关,可以说是整个创新生态系统的成长。与传统的利用外部资源的视角(Mathews,2002)不同,创新生态系统的视角不仅仅强调从"外部"获取资源,更是具体指出了资源获取来自同一创新生态系统的不同成员,并且说明了这种整合获取资源的内在机制(Ander and Kapoor,2010),因而更能帮助后发企业制定更具体的、更有目标性的后发战略。

其次,我们的案例研究也说明后发企业融入创新生态系统有着不同途径,这些途径与后发融入创新生态系统的动机有关。我们的研究也说明了融入创新生态系统的具体过程,并且初步建立起了动机—途径的关联和内在机制。因此,通过揭示这些途径的具体过程,我们的研究也补充了现有的关于中国企业追赶策略的研究,那些研究更加侧重于战略制定以及战略分析,而忽视了具体的实现过程。通过与战略目的等分析结合,我们的研究也为联系后发战略制定、执行与追赶结果的关联提供了实证证据,而这些联系往往比较微妙,难以用定量的方法来发现。

最后,我们的研究也丰富了创新生态系统相关研究。传统的创新生态系统研究集中于先发企业如何利用创新生态系统实现价值最大化,而我们的案例提供了后发企业的视角,并且侧重于融入一个已经存在的创新生态系统,而非像先发企业一样需要重新培育一个创新生态系统。与 Ansari et al. (2016)的研究类似，我们也认为后发企业融入创新生态系统是获取资源的重要方式，并且获取的资源收到其融入动机和初始资源息息相关。

当然，作为探索新的案例研究，我们的研究也有其不足之处。我们并没有把后发企业融入的创新生态系统与先发企业建立的创新生态系统进行比较研究，因而后续研究可以进一步探讨一般的企业——无论先发后发——如何利用创新生态系统的视角来制定战略。除此之外，我们也认为可以考虑在本研究的基础上对相关的概念及其关系进行定量的检验。

参考文献

Adner，R. (2006). Match your innovation strategy to your innovation ecosystem. Harvard Business Review，84(4)：98.

Adner，R.，Kapoor，R. (2010). Value creation in innovation ecosystems：How the structure of technological interdependence affects firm performance in new technology generations. Strategic Management Journal，33(3)：306-333.

Ansari，S. S.，Raghu，G.，Kumaraswamy，A. (2016). The disruptor's dilemma：TiVo and the US television ecosystem. Strategic Management Journal，37(9)：1829-1853.

Barney，J. (1991). Firm resources and sustained competitive advantage. Journal of Management，17：99-120.

Cho，D. S.，Kim，D. J.，Rhee，D. K. (1998). Latecomer strategies：Evidence from the semiconductor industry in Japan and Korea. Organization Science，9(4)：489-505.

Dyer，J. H.，Singh，H. (1998). The relational view：Cooperative strategy and sources of interorganizational competitive advantage. Academy of Management Review，23(4)：660-679.

Eisenhardt，K. (1989). Building theories from case study research. Academy of Management Review，14(4)：532-550.

Hobday，M. (1995). East Asian latecomer firms: Learning the technology of electronics. World Development，23(7): 1171-1193.

Iansiti，M.，Levien，R. (2004). Keystones and dominators: Framing operating and technology strategy in an innovation ecosystem. Harvard Business School，Working Paper，pp. 3-61.

Lavie，D. (2006). The competitive advantage of interconnected firms: An extension of the resource-based view. Academy of Management Review，31(3): 638-658.

Lee，K.，Lim，C. (2001). Technological regimes，catching-up and leapfrogging: Findings from the Korean industries. Research Policy，30(3): 459-483.

Mathews，J. A. (2002). Competitive advantages of the latecomer firm: A resource-based account of industrial catch-up strategies. Asia Pacific Journal of Management，19 (4): 467-488.

Mathews，J. A.，Cho，D. S. (1999). Combinative capabilities and organizational learning in latecomer firms: The case of the Korean semiconductor industry. Journal of World Business，34(2): 139-156.

Miles，M. B.，Huberman，A. M. (1994). Qualitative Data Analysis: An Expanded Sourcebook (2nd ed.). Thousand Oaks: Sage Publications.

Moore，J. F. (1993). Predators and prey: A new ecology of competition. Harvard Business Review，71(3): 75-86.

Mu，Q.，Lee，K. (2005). Knowledge diffusion，market segmentation and technological catch-up: The case of the telecommunication industry in China. Research Policy，34(6): 759-783.

Shang，T.，Shi，Y. (2013). The emergence of the electric vehicle industry in Chinese Shandong Province: A research design for understanding business ecosystem capabilities. Journal of Chinese Entrepreneurship，5(1):61-75.

Siggelkow，N. (2007). Persuasion with case studies. Academy of Management Journal，50(1):20-24.

Wu, W., Yu, B., Wu, C. (2012). How China's equipment manufacturing firms achieve successful independent innovation. Chinese Management Studies, 6(1): 160-183.

Wu, X., Ma, R., Shi, Y., Rong, K. (2009). Secondary innovation: The path of catch-up with "Made in China." China Economic Journal, 2(1): 93-104.

Wu, X., Ma, R., Shi, Y. (2010). How do latecomer firms capture value from disruptive technologies? A secondary business-model innovation perspective. IEEE Transactions on Engineering Management, 57(1): 51-62.

Yin, R. K. (2009). Case Study Research: Design and Methods, 4th ed. London: Sage.

第14章　创新扩散视角下企业数字化营销转型的路径与策略

——以支付宝锦鲤事件为例[①]

王黎萤,金　珺,高鲜鑫

摘　要:在追求高价值回报的过程中,企业利用新兴网络生态进行产品及服务的创新扩散已逐渐成为数字化营销转型的重要趋势。本章首先分析了网络生态中创新扩散的新特征,指出创新主体可视化凸显、沟通渠道交互化、扩散周期极速缩短以及社会体系多极化为企业数字化营销转型提供新路径。其次在创新扩散新特征的基础上,通过对 2018 年支付宝在微博上发起的"中国锦鲤"事件的案例研究,探讨了企业数字化营销转型的实现路径,指出用户触达、沟通效率提升、极速整体营销和用户价值共创是企业数字化营销转型路径中的关键节点。最后,本章对数字网络生态下企业实现数字化营销转型提出应对策略。

关键词:创新扩散;企业数字化营销;支付宝锦鲤;数字网络生态

14.1　引　言

移动互联网的发展为企业开展数字化营销带来新的市场机遇与挑战。

---

① 本研究受国家社会科学基金重大项目"技术标准与知识产权协同推进数字产业创新的机理与路径研究"(项目号:19ZDA078)资助。

人工智能、物联网、大数据、区块链等智能技术正在成为企业数字化营销转型的重要技术基础，越来越多的企业已经从关注产品升级逐渐转向关注目标消费者的实际需求。在从"人口增量市场"向"人口存量市场"转变的过程中，依靠低价策略吸引用户的市场效果将会越来越差，市场更为看重用户黏性和复购率指标。企业只有对用户的潜在需求进行深度挖掘和积极引导，才能释放更多潜在的用户消费能力。企业数字化营销的目标也不再仅限于单一产品或服务的超高销量，而是更聚焦于用户的价值创造过程。企业通过数字化营销转型，在为用户带来体验更多产品与服务的可能性的同时，也为企业带来更加精准的用户需求、更加便捷满意的服务体验、更加高效的运作体系和更加协同的创新系统。然而，目前对于数字网络生态下创新扩散的新特征以及创新扩散视角下企业数字化营销转型的新路径还缺乏深入研究。本章在对创新扩散理论和数字化营销转型相关文献回顾的基础上，从创新、渠道、时间周期和社会体系等创新扩散的四大基本组成要素出发，对企业数字化营销转型路径进行探析，并通过对 2018 年支付宝在微博上发起的"中国锦鲤"事件的案例研究，给出创新扩散视角下基于社交媒体网络消费者群体的企业数字化营销转型的实现路径和应对策略。

14.2　创新扩散与数字化营销的理论溯源与发展

熊彼特在《经济发展理论》中指出，技术变革分为发明、创新和扩散三个阶段。创新扩散是技术变革中至关重要的一环，其作用远比创新本身更重要（孙冰等，2018）。田园社会学家们在社会学家塔尔德"模仿法则"、佩姆伯顿"正态累积曲线"等基础上，对新事物为何被放弃或被接受的发生过程进行了深入研究，此理论后来被称为"创新扩散"（王慧，2010）。罗杰斯认为，创新扩散是一段时间内，创新通过某种渠道在社会系统成员中传播的过程（Rogers，2003）。另外也有国内外的学者对创新扩散做出了自己的概念界定。例如 Colemen 强调技术创新扩散的过程是信息通过中介的两步或者多步流动的过程。国内学者傅家骥认为，企业技术创新扩散包含三个维度：企业内部的扩散、企业之间的扩散及二者相互作用的扩散。许庆端则提出，技术创新扩散是技术创新经过渠道在一个社会系统的成员之间传播并应用的过程(黄磊和陈珅,2014)。罗杰斯认为创新扩散有四个基本构成要素:创新、传播途径、时间和社会系统。同时,人们是否接受创新的决策过程和创新扩散的速率会受到创新的五个方面属性的影响:①相对优势,即创新是否能使人们认为其相对优于它所替代的事物;②兼容性,即创新是否与原有的价值、经验和需求相容;③复杂性,即创新成果的复杂程度是否易于人们理解和使用;④可试验性,即创新是否可以在有限的范围内进行尝试性实践;⑤可观察性,即创新成效是否可以明显地观察到(Rogers,2003)。由此可见,企业产品创新扩散的成功与否取决于四个要素的作用过程,同时也受限于创新本身的五个特性的影响。

互联网经济的发展,使得企业的营销策略越来越多从以产品为核心转向以消费者为核心。在数字时代,媒体的去中心化趋势日益明显,多种多样的社交媒体和个性鲜明的自媒体赋予了这个时代消费者和受众极大的媒介属性。"万物万联"的社交媒体,让媒介信息可以随时随地送达消费者(谭运猛,2017)。信息的碎片化和娱乐性致使用户对企业产品服务的品牌满意度和忠诚度都有所下降(Russo,2018)。在"创新＋变革"环境下的消费新时期,聚焦于消费者兴趣、地理位置、社群、行为轨迹等维度的"社群"将成为洞察目标用户的关键。在完整的消费者行为分析模型的支持下,以持续稳定的互动机制,基于某个点(兴趣、爱好、身份、需求)衍生出垂直化的社交关系链,打造差异化的营销矩阵,这种以"创新、变革"中的消费者使用需求作为营销策略发起点的新模式,将在新的历史时期发挥巨大的作用(谭运猛,2017)。有研究表明,在数字科技时代,用户通过新兴科技与企业产生有效互动满足自身切实需求的同时,也可以为企业的其他用户创造价值(Dellaert,2019)。另外,也有国内学者提出了以服务主导为逻辑的、企业与消费者协同演化的价值共创理论,指出企业与消费者拥有的互补性异质资源构成推动面向价值共创营销转型的资源基础;企业与消费者合作演化形成的协同演化动态能力构成推动面向价值共创营销转型的能力基础,具体由识别资源、共享资源和对接资源三种能力构成;企业与意见领袖、平民化中心两类特殊消费者的协同演化,构成两种营销转型路径:一是与意见领袖合作构建交易媒介,强化普通消费者的能力信任;二是与平民化中心合作构建交流媒介,提升普通消费者的情感信任(吴瑶等,2017)。随着社交媒体与企业产品服务营销之间相关性地增强,越来越多的企业开始采用和应用社交平台的用户关系管理(Barata,2018)。

综上所述,在数字网络生态下的企业数字化营销的转型路径面临着新挑战。新媒体传播环境赋予了消费者特殊的媒介属性,网络消费者的年龄属性、行为偏好等也都发生了极大的改变。部分学者已经关注到了企业与消费者协同演化的价值共创过程,但对价值共创的实现路径还未深入分析。本章将从企业创新扩散过程的视角来对企业数字化营销转型进行路径探析,并以2018年支付宝在微博上发起的"中国锦鲤"事件为实例开展验证,以期丰富数字网络生态下企业数字化营销转型路径的探索成果。

14.3　创新扩散视角下企业数字化营销转型路径研究

14.3.1　数字生态下创新扩散理论的新特征

数字生态下,传统创新扩散理论中的四大基本组成要素:创新、沟通渠道、时间和社会体系都发生了巨大的变化,呈现出不同于以往的新特征。

(1)创新主体的可视化凸显

Berger(2014)提出了产品或者信息之所以得以"疯传"的6大原则,其中之一是信息具有社交货币的功能。他认为,在数字网络社会中,信息具有除了信息价值本身之外的社交价值。也就是说,一个话题借助人与人的交谈进行传播的过程,很像一张被人们递来递去的纸币,话题就是承载着信息供人们进行交流的"社交货币"。因而,在数字网络生态中,企业作为信息的提供者需要构建自己的发声平台,以凸显自身在数字网络中的创新主体地位,而不再仅仅依赖于传统媒体的广告方式来进行新产品的推广传播。故而,在依托微信、微博等多样化的数字媒体生态之外,企业管理者也认识到构建发声平台的重要性,纷纷成立了自己的新媒体部门进行自有媒体账号的管理和维护。从企业现有的实践来看,微信公众号、微博以及抖音几乎成了企业自媒体矩阵中的"标配"套餐。虽然大部分企业已经有了自媒体宣传沟通的意识,但不同企业在这方面投入的资源和重视程度却存在很大差异。

(2)沟通渠道的交互化、多元化

随着互联网及移动互联网应用的全面普及,人与人之间的沟通方式发生了翻天覆地的变化,信息的传播渠道和媒介方式也呈现出多元化的特征,例如邮件、实时通讯、社区论坛跟帖、兴趣部落讨论等,都是目前网民进行思想碰撞的重要互动方式。身处其中的每个用户都是重要的信息传播源或传播节点,其传播行为对信息传播效果起着必不可少的连接作用,这类行为可以看作是个体用户的自传播行为。关于用户自传播的定义,社会实践者朱百宁在其著作《自传播:为产品注入自发传播的基因》中提出了一个得到业内专家广泛认可的定义,他认为自传播是指信息传播主体依靠时间、产品或推广活动中种种吸引人、触动人的因素,来引起个人或者机构的自发、多级的传播(朱百宁,2017)。由此可见,用户的时间和注意力分配情况决定了各类媒介平台的实际商业价值,企业选择媒介投放的依据也主要依赖于各类媒介平台的用户行为数据分析。网络空间这种传播媒介多元化、用户传播交互化的新型沟通特征必然对创新扩散的过程产生显著影响。

(3)扩散时间极大缩短

在"锦鲤"事件发生时,也就是截至 2018 年 6 月,微信朋友圈、QQ 空间的使用率分别为 86.9%、64.7%,基本保持稳定;微博平台在粉丝互动和内容分发层面的价值进一步深化,用户使用率为 42.1%,较 2017 年末增长1.2%,用户规模半年增长 6.8%(中国互联网络信息中心,2018)。以上社交媒体平台上用户人均日使用时长正在稳步增长,社交媒体平台的碎片化信息逐渐成为网民打发无聊时间的重要方式。基于以上用户行为偏好,信息的传播速度也随之变快。社交媒体平台上的每个用户都是一个信息传播源,同时也是其他信息的传播节点,无数个传播节点形成的网络结构为最短路径的传播方式提供了现实可能性。用户碎片化时间的注意力大部分都集中于社交媒体平台,为企业发布信息并获取用户关注并转发提供了便利性,也节省了传播时间和营销成本。

(4)社会体系的构成呈现多极化

随着移动网络的普及和便捷化,社交平台上的内容互动方式越来越成为众多网民结识朋友、交流想法的主要渠道。正是由于网民的不断加入,社交平台也成了品牌商家抢占目标用户心智的战场之一。另外,正如无网络时代的两级传播理论所描述的,说服类信息经由意见领袖到达信息接收者,"一对一"的人际传播在创新传播过程中发挥了重要作用。网络生态中同样存在着众多介于品牌商家与目标接收者之间的意见领袖,并且其中的传播路径更加交错复杂，主要表现为以下三点：①品牌商家的创新产品呈现生态化趋势，也就是创新的发起者很多时候是一个行业的所有利益相关企业，其影响范围更为广泛；②正是由于企业主体的丰富性，所涉及的早期创新接受者更为多元，合作关系往往呈现出跨界特征；③所有的目标群体都在接收者和意见领袖这两个身份之间不断转变，这本身是基于网络的交错型拓扑结构而造成的。美国社会学家格拉诺维特提出了基于网络社交的弱连接理论，该理论认为人与人之间的弱关系连接存在更为普遍，而且往往由于弱关系下不同的社交节点代表了不同圈层背景的人，所以基于弱关系的互动所创造的价值更多（邵明星和颜志军，2015）。相反，强关系连接下往往是具有相同生活环境和教育背景的人，所以相互的认知会有很高的重复特性，强关系下的交流并不能增加群体认知的厚度。基于此，社交媒体网络生态下，创新扩散过程中涉及的参与主体更为多元，区别于原本的两级传播结构，其社会体系逐渐呈现出多级传播的特征。

14.3.2　创新扩散新特征下企业数字化营销转型的实现路径

在数字网络生态中，公司创造价值、建立牢固的客户关系以从用户身上获取价值的过程，是企业对数字化营销转型重要的界定。数字化营销不仅仅是卖东西和做广告，更重要的是满足顾客及市场切实需要，生产产品并提供服务以满足顾客真实所需。通过为用户创造价值，企业也从用户身上得到了价值，价值形式主要包括销售额、利润和长期的顾客资产等。其中，用户可赢利关系的构建是超高价值整合营销方案的结果之一，所以本章将企业数字化营销转型路径的关键节点归纳为用户触达、沟通效率提升、极速整合营销、用户价值共创四个部分。相对应地，创新扩散视角下企业数字化营销的实现路径，可以归纳为理解市场需求触达用户、提高与用户之间沟通效率、建立整合营销方案和从用户获取价值创造利润及顾客权益四部分。

结合以上所得内容，在创新扩散的视角下，企业数字化营销的传播路径可以概况如图14.1所示。

（1）通过创新主体凸显实现用户触达

用户触达是企业宣传推广产品服务及公司形象极为重要的第一步。用户无法时刻关注到特定企业的产品和服务，需要企业积极地借助丰富媒介获取用户注意力。科技的发展带动用户改变了关注的信息渠道，企业的宣

创新扩散的基本组成要素 （新特征）	创新扩散视角下企业数字化 营销关键节点	创新扩散视角下企业数字化 营销实现路径
创新主体（可视化凸显）	用户触达	理解市场需求触达用户
沟通渠道（多元化、交互化）	沟通效率提升	提高与用户之间沟通效率
时间（极速缩短）	极速整合营销	建立极速整合营销方案
社会体系（多级主体）	用户价值共创	从用户获取价值创造利润 和顾客权益

图 14.1　企业数字化营销转型的路径与关键节点（来源：作者编制）

传推广阵地也随之改变。不同以往的是，数字网络时代，用户从关注信息发布者的权威性逐渐向关注信息内容本身转变，这为企业自己发声创造了可能。近来，社交媒体平台上以企业为主体的企业号的事件营销方式也正在变成一种主流趋势。因而，可以得出：在数字网络生态下，企业实现用户触达的方式越来越倾向于自我发声，打造自身创新主体形象。

（2）通过交互式沟通渠道实现沟通效率提高

沟通效率是指依据利益点，选择适当的时间、方式、手段，快捷、准确、及时传递信息产生的实效性和节奏感。有效度是指沟通对信息接受者影响的效果与程度（维基百科 MBA 智库，2013）。有研究表明，在沉浸式在线媒体（例如 facebook）中使用复杂的整合品牌战略，直接在社交层面建立年轻消费者与品牌之间的关系，可以实现营销人员在传统媒体中看不到的互动（Nicolla and Teresa，2016）。企业与用户之间的沟通效率关系到产品与市场需求的实际匹配度，沟通效率越高，意味着企业获取和挖掘用户的潜在需求越充分。而数字生态下，众多社交媒体平台为企业进行数字化营销提供了绝佳的交互式沟通渠道。

（3）通过扩散周期缩短实现极速整体营销

现代营销学之父菲利普·科特勒于 1992 年提出了跨世纪的整体营销理念。所谓"整体营销"，就是公司营销活动应该囊括内外部环境的所有重要行为者，其中包括供应商、分销商、最终顾客、职员、财务公司、政府、同盟者、竞争者、传媒和一般大众（菲利普·科特勒，2015）。前四者构成微观环境，后六者体现宏观环境。整体营销强调的是营销活动要拓宽空间视野，而不要局限于部分行为对象。依托于数字生态下信息扩散的短周期，企业可以实现敏捷的整体营销，通过一个事件营销来实现覆盖供应商及用户群体等多主体的整体营销方案。

(4)通过社会体系的多极化实现用户价值共创机制

用户价值共创机制是指用户、企业、供应商等通过直接互动为企业创造了独一无二的价值(Grönroos and Voima,2013)。以往的合作机制中,企业与上下游之间的关系往往是割裂的,分别有各自的运营机制。数字网络生态下,企业作为创新主体,可以通过自发的整体营销方案来实现上下游的价值共创,使得相关利益群体都能获得价值。从现有社交媒体平台运作来看,一般企业的事件营销过程中,企业本身媒体矩阵、各类第三方媒体、企业相关供应商以及用户网民等构成了其事件营销的主要参与者,形成了一个多主体参与的社会体系。实践证明,多极化的社会体系有助于企业用户共创价值机制的构建。

14.4　创新扩散视角下支付宝数字化营销转型的案例分析

14.4.1　支付宝锦鲤事件的背景介绍

2018年10月国庆长假期间,支付宝联合200多名全球合作商家一起做了一场微博锦鲤抽奖活动。9月29日下午2点,支付宝团队在其官方微博账号上发布了一条微博(图14.2(a)),原微博内容是:

"【祝你成为中国锦鲤!】十一出境游的盆友,请留意支付宝付款页面,可能一不小心就会被免单。这是我们给那些大家把支付宝带向全球的一点小心意。没出去浪的朋友要注意了!! 转发本条微博,我会在10月7日抽出1位集全球独宠于一身的中国锦鲤,怎么宠你? 请看评论区。"

而此条微博所称的评论区位置是一张集合了全球商家赠品的长图清单,礼品内容涉及包、鞋、衣服、化妆品、吃饭、SPA、加拿大巴黎罗马等旅游局的签证门票、新手机自拍、住宿、交通出行免单、飞行学院学习、不出门时所需的各类日常生活用品天猫国际免单等(图14.2(b))。

此次支付宝微博官方抽中国锦鲤活动的主要目的是借势国庆节来推广支付宝产品的国外场景使用功能,换句话说,就是国内用户在境外旅游或生

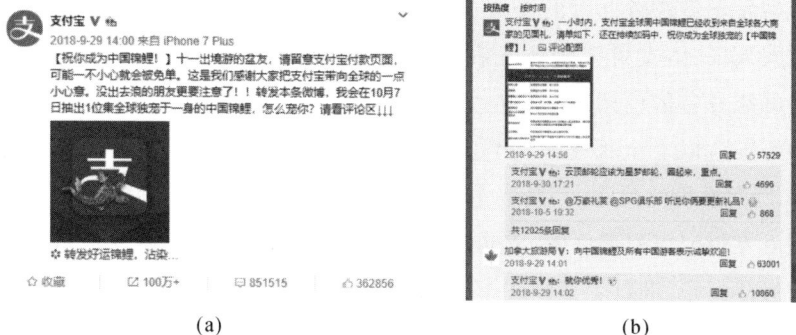

(a)　　　　　　　　　　　　　　(b)

图 14.2　中国锦鲤微博新闻和评论（来源：新浪微博）

活时，可以自由地使用支付宝。支付宝此次营销事件的社会关注度远超预期，并且事件结束的讨论热度甚至比参与期间还要活跃。但它并不是如外界所说的没有预热的冷启动，而是其团队精心策划的一次营销事件，甚至可以说此次营销还在持续进行中。

14.4.2　创新扩散视角下支付宝锦鲤的数字化营销路径分析

综上所述，此次支付宝锦鲤事件基本符合创新扩散视角下企业数字化营销的实现路径规律，概况见图 14.3。

创新扩散的基本组成要素（支付宝锦鲤事件）	创新扩散视角下企业数字化营销关键节点（支付宝锦鲤事件）	创新扩散视角下企业数字化营销实现路径（支付宝锦鲤事件）
创新主体可视化凸显（支付宝企业微博官方账号）	用户触达（活动上线6小时，该条微博转发突破百万）	理解市场需求触达用户（支付宝新功能的亿级用户触达）
沟通渠道交互化（微博转发、点赞、评论）	沟通效率提升（直至活动结果公布，事件一共获得了400多万的转评赞，活动曝光量达到2亿）	提高与用户之间沟通效率（通过微博社交媒体平台实现与用户的直接沟通）
时间缩短（短时间内实现广泛转发）	极速整合营销（创下四条企业微博账号纪录）	建立极速整合营销方案（有铺垫、有计划的营销整合方案）
社会体系多极化（全社会各个领域成员的参与）	用户价值共创（中国锦鲤"信小呆"微博粉丝一夜之间暴涨至71W，每条微博的转评赞高达万级以上真实互动）	从用户获取价值创造利润和顾客权益（通过用户的转发参与构建了"信小呆"2018中国锦鲤账号）

图 14.3　创新扩散视角下支付宝锦鲤事件的数字化营销路径（来源：作者编制）

（1）支付宝通过媒体矩阵实现用户触达

活动上线 6 小时，锦鲤微博转发就突破百万量级，支付宝由此成为微博史上转发量最快破百万的企业微博账号。研究发现，借助于新浪微博这一社交媒体平台，支付宝企业正在积极打造自己的企业账号社交媒体矩阵。相关的账号名称包括"支付宝""世界的支付宝""支付宝集分宝""支付宝安全中心"等，以上全部是官方认证账号。其中"支付宝"账号目前已吸引了1625万微博粉丝关注，其企业主体创新扩散能力可见一斑。在2018年国庆期间的支付宝锦鲤事件中，支付宝依托自身强大的创新主体地位，联合200多家海外商家，进行了奖励优厚的转发抽奖活动。社交媒体平台上，用户的转发成本极低。同时，此次空前的奖品力度也促使用户乐于去转发锦鲤信息到自身的微博社交圈，最终实现了极大范围的用户触达。

（2）支付宝借助交互式社交媒体实现用户沟通效率提高

直至活动结果公布，该事件一共获得了400多万的转评赞，活动曝光量达到2亿。获奖的网友微博ID为"信小呆"。中国锦鲤获奖结果公布后，同时有3~4条相关话题（包括"李现转发信小呆""锦鲤附体的经历""信小呆"等）一直占领着当天微博热搜前10位，并且居高不下。甚至还有很多网友惊呼，自己是在活动结束后才看到这个抽奖信息的。传统媒体营销方式往往是力求极大化地覆盖第三方媒体渠道，实现目标用户尽可能多地触达，但其实际的营销效果却很难有效评估。数字生态网络下，支付宝借助交互式沟通方式，与用户、合作伙伴实现实时在线直接互动。事件营销的实际效果也可以通过一系列用户行为和平台用户行为数据进行精准评估，极大地提升了企业与用户之间的沟通效率，也节省了沟通成本。具体的用户行为数据涉及转发量、点赞数、评论数以及评论的具体内容等。

（3）支付宝通过社交媒体的极速传播实现极速整体营销

据微博官方数据统计，支付宝锦鲤事件一共创下四条企业微博账号纪录：①该微博成为企业营销史上最快达到百万级转发量的单条内容；②该微博成为企业传播案例中迄今为止总转发量最高的内容；③相关话题占领热搜前10位的比例之高成为企业营销话题霸占微博热搜榜单最多的一次；④"信小呆"ID成为企业营销24小时内个人涨粉量最多的账号。从企业传统营销做法来看，企业与供应商等合作伙伴之间的关系依托于市场对产品的反馈及两者合作的稳定性；企业与用户之间的营销关系往往依赖于第三方媒介的信息传播和企业形象的构建。而此次支付宝锦鲤事件中，依托于支付宝企业自身社交媒体账号及新浪微博强大的社交网络用户资源，支付宝实现了供应商及用户群体的双向营销,真正实现了整体营销。支付宝作为此次锦鲤事件的发起者,一边向供应商募集奖励为其创造产品宣传价值,一边向用户实时补充锦鲤的奖励内容为其提供奖励价值,同时不断推进和扩展此次事件营销的整体影响范围,为自身提供活动营销传播价值,可谓是成功地借助社交媒体平台完成了一次极速整体营销。

(4)支付宝借助参与传播主体多极化实现价值共创机制构建

此次锦鲤事件还成功地打造了"信小呆"这一个体主体 IP 账号。作为唯一被抽中的中国锦鲤"信小呆",其微博粉丝一夜之间暴涨至 71 万。截至本章撰写时间,其微博粉丝活跃度依旧高涨,每条微博的转评赞高达万级以上,粉丝数已达到 120 万之多。该事件的影响力及网友关注持续性可见一斑。此次支付宝微博锦鲤事件案例中,参与主体主要可以分为四类:支付宝、品牌商家、意见领袖以及广大平台用户。逐一分析来看:①支付宝企业收获了极佳的整体事件营销传播价值,不仅自媒体账号增加了众多粉丝,而且产品功能也得到了有效传播;②品牌商家通过赞助"锦鲤"福利,收获了曝光量,提高了品牌知名度和产品知晓度,而实际的赞助商品价值又不至于要求单个商家耗费巨大成本;③在社交媒体平台上活跃的各类意见领袖们增加了自身粉丝黏性,同时自己价值也收获了品牌商家和平台的认可;④用户收获了参与的乐趣,得到了心理的满足,而网民"信小呆"则成了最开心的幸运儿。可见,此次创新扩散是一次四方共赢的整体营销活动。大多数情况下,共赢是一种稳定且总体价值最大化的方式,是可以得到延续的。支付宝通过此次多方利益相关者的合作,构建了一个用户价值共创的体制机制,其产生的价值可以延续至未来很大一部分企业营销活动中去。

14.5　企业数字化营销转型的应对策略及管理启示

数字网络生态下,企业之间的竞争越来越聚焦于用户心智的竞争而非产品本身创新功能的竞争。支付宝依托于社交媒体平台微博发起的锦鲤营销事件的成功进一步说明:一般企业在数字化营销转型的过程中,应尤其注重挖掘用户及生态合作伙伴的价值,以期构建一个价值共创的体制机制,最终实现多方共赢。本章基于创新扩散理论和案例研究对创新扩散视角下企业数字化转型的路径进行了探讨研究。研究发现，创新扩散视角下，企业数字化营销转型的关键环节可以分为用户触达、沟通效率提高、极速整体营销和用户价值共创机制构建四个部分。相对应地，创新扩散视角下企业数字化营销的实现路径可以归纳为：理解市场需求触达用户、提高与用户之间沟通效率、建立整合营销方案和从用户获取价值创造利润及顾客权益四部分。因此，创新扩散视角下企业数字化转型的应对策略是：①在用户触达阶段，企业可以通过数字网络生态下丰富的社交媒体平台打造自身独特的创新主体形象，凸显企业品牌在用户及生态合作伙伴中的形象地位；②通过自媒体矩阵的打造，实现与用户实时在线沟通的目标，更加精准地理解用户需求，提高与用户之间的沟通效率；③企业整体营销方案的策划要顾及包括供应商、分销商、最终顾客、政府、同盟者、竞争者、传媒和一般大众在内的尽可能多的群体利益，打造一系列可以实现多方共赢的事件营销活动；④企业要构建自身的价值共创体制机制，依托于数字网络生态，激发用户及合作伙伴价值。

本研究对一般企业营销管理的价值启示在于：大部分企业管理团队已经有依托新兴媒介渠道打造自身品牌与用户直接互动沟通的想法，但就整体现状来看，企业对这块的重视程度还不够，往往给到新媒体推广部门的资源也存在严重不足。通过本章的研究，可以让企业管理者看到企业自身自媒体矩阵的传播价值及其他用户价值和生态价值，促使企业重视自身创新主体形象的塑造工作。企业要改变原本产品服务信息传达完全依赖第三方媒体的做法，积极打造自身社交媒体账号矩阵，以期与用户及生态合作伙伴产生及时有效互动。企业要注重新兴媒介平台的使用，不是只有购买者才是企业的目标用户，任何一个活跃于社交媒体网络的网民都有可能为企业带来独特的用户传播价值。因此，企业在打造自身媒体矩阵的过程中，传达的信息内容以及方式应尽可能贴近大部分网民的需求，以便更好地挖掘其传播价值，为企业创新产品的宣传提供服务，从而构建企业自身有效的用户价值共创机制。新型媒介渠道不断涌现的时代，企业需要时刻关注市场动态，才能准确把握用户偏好，实现与用户的精准沟通。企业在策划数字化整体营销方案时，要基于数字网络生态中信息极速扩散的新特征进行线上线下联动营销，并且基于不同的社交媒体传播生态，整合各方资源进行全域营销。

参考文献

菲利普·科特勒（2015）．营销管理．上海：上海人民出版社．

黄磊，陈珅（2014）．企业技术创新扩散理论的研究综述．中国商论，(7)：
171-172．

邵明星，颜志军（2015）．弱连接关系在 SNS 平台中影响作用的实证研究．
北京理工大学学报(社会科学版)，17(2)：84-89．

孙冰，毛鸿影，康敏（2018）．创新扩散研究的演化路径和热点领域分
析——基于科学知识图谱视角．现代情报，38(6)：144-156．

谭运猛（2017）．洞见未来："创变"环境下的数字营销新趋势．声屏世界·广
告人，(11)：91．

王慧（2010）．创新扩散理论的提出、发展及应用．大众商务，(16)：44-44．

维基百科 MBA 智库（2013）．沟通效率．https://wiki.mbalib.com/
wiki/%E6%B2%9F%E9%80%9A%E6%95%88%E7%8E%87/（访
问日期 2019-03-21）．

吴瑶，肖静华，谢康，廖雪华（2017）．从价值提供到价值共创的营销转
型——企业与消费者协同演化视角的双案例研究．管理世界，(4)：
138-157．

中国互联网络信息中心（2018）．第 42 次《中国互联网络发展状况统计报
告》．http://www.cnnic.cn/hlwfzyj/hlwxzbg/（访问日期 2019-03-
21）．

朱百宁（2017）．自传播：为产品注入自发传播的基因．北京：电子工业出版
社，pp.29-400．

Barata，G.M.，Viana，J.A.，Reinhold，O.，Lobato，F.，Alt，R.
(2018). Social CRM in digital marketing agencies：An extensive
classification of services. 2018 IEEE/WIC/ACM International
Conference on Web Intelligence（WI）. 3-6 Dec. 2018，Santiago，
Chile，IEEE，pp. 750-753，DOI：10.1109/WI.2018.00009

Berger，D. J. (2014). Contagious：Why Things Catch On. 北京：电子工业出版社，pp. 24-30.

Dellaert，B. G. C. (2019). The consumer production journey：Marketing to consumers as co-producers in the sharing economy. Journal of the Academy of Marketing Science，47：238-254.

Grönroos，C.，Voima，P. (2013). Critical service logic：making sense of value creation and co-creation. Journal of the Academy of Marketing Science，41(2)：133-150.

Nicolla，C.，Teresa，D. (2016). Young consumer-brand relationship building potential using digital marketing. European Journal of Marketing，50(11)：1993-2017.

Rogers，E. M. (2003). Diffusion of Innovations (5th Edition). New York，NY：The Free Press.

Russo，I.，Confente，I.，Borghesi，A. (2018). Consumer satisfaction and loyalty in digital markets：Exploring the Impact of their antecedents. In：Rossignoli，C.，Virili，F.，Za，S. (eds.)，Digital Technology and Organizational Change. Lecture Notes in Information Systems and Organisation，Springer，pp. 141-148. https://doi. org/10. 1007/978-3-319-62051-0_12